雇用の変容と公的年金

Nishimura Jun
西村　淳
［編著］

法学と経済学のコラボレーション研究

東洋経済新報社

はしがき

少子高齢化の進展や経済の低迷の中，安定した不安のない老後を送るためには，高齢者の多くが収入を頼り，地域経済へも大きな貢献を果たしている年金制度の信頼性を確立することが重要である．

わが国の年金制度は，5年ごとに国勢調査を踏まえた人口推計，そしてそれに基づく財政再計算を行い，そのたびに少子高齢化が予想以上に進んでいるとして，負担の引き上げと給付の抑制を行う制度改革を長く繰り返し行ってきた．しかしながら，2004年改革において，厚生年金の保険料の引き上げは将来にわたり18.3%を上限として年金財政はその範囲内で賄うこととし，予想以上の少子高齢化や経済の低迷が起こった場合には，給付のほうを調整することとするマクロ経済スライドの仕組みが導入された．2012年には「税と社会保障の一体改革」によって，2004年改革の前提となっていた消費税の引き上げによる基礎年金国庫負担の引き上げが決まった．2004年改革の年金財政フレームが確立したことにより，基本的に年金財政の長期的な持続可能性は確保される仕組みとなっている．今後の課題は，このような長期的な財政均衡を前提に，年金制度の側から与件である雇用や経済の活性化にいかに寄与できるかといった観点で検討を行い，雇用の不安定化などの社会経済状況の変化に対応した年金制度を構築し，信頼性を確立するとともに，持続可能性をより強固にすることである．そのためには，こうした課題への対応に向けた客観的・長期的な観点からの学術研究が求められている．

本書は，年金と一体的な関係にある雇用が大きく変化しており，年金のあり方に大きく影響してきているとの認識の下に，公的年金と雇用に関する実証研究・比較研究・課題別研究を総合的に行ったものである．年金の研究には各分野の専門家の知識融合をはかる必要があるが，本書ではわが国でこれまで少なかった法学と経済学からの年金に関するコラボレーション研究として，筆者たちが約1年にわたり行った研究会での議論を踏まえたものである．公的年金の課題に対応するために客観的・長期的な観点からの学術研究が求められている状況にあって，法学研究者・経済学研究者を交えた学際的な研究を行うことができたのは，たいへん意味のあることであったと思う．なお，本書に収載した論文中，見解に及ぶ部分は，研究会ないし所属機関のものではなく，あくまで個人のものであることをお断りしておく．

本書の出版にあたっては，一般社団法人年金綜合研究所（坪野剛司理事長）と東洋経済新報社の村瀬裕己氏にたいへんお世話になった．ここに記して感謝いたします．

2015年３月

編　著　者

本書の問題意識と構成

西村　淳

本書は，公的年金制度はいかにあるべきかという問題意識に基づいて，とりわけ年金制度と雇用の関係に着目して研究を行ったものである．

わが国の年金制度は，雇用収入の中から保険料を支払い，老齢になった時に保険料拠出の見返りとして給付を受ける社会保険方式を中心としてきた．このような年金と雇用の密接な関係は，失業率が低く，生涯にわたり安定した雇用が確保されていることを前提としていたと言える．

しかしながら，とりわけ1990年代から，このような状況は大きく変化してきている．1990年代初めまで2％台で推移していた失業率は，その後急激に上昇し，2000年代初めには5％に達した[1)]．その後若干低下しているが，完全雇用という状況に戻ることはもはや期待できない．また，パート，派遣，契約職員等の非正規雇用労働者の雇用者全体に占める割合は，1990年代初めには20％未満であったものが，その後大きく増加し，35％を超えるに至っている[2)]．このような非正規雇用は，ライフスタイルの多様化に伴う働き方の多様化という面もあり，家庭と仕事の両立をしながら自分のペースで仕事をするケースや，かつて主流であった同一企業・終身雇用の下でキャリアアップしていくのではなく，専門的技能に基づいて転職や開業を行っていくケースなども見られる．一方で，正社員として働く機会がなく，やむなく非正規雇用で働いている者（不本意非正規）の割合も高くなっており[3)]，特に15～24歳の若年層で高くなっていること，夫婦共働きの女性のみならず世帯主の男性が非正規化していることが特徴になっている．非正規雇用には，雇用が不安定，賃金が低い，能力開発機会が乏しい等の問題がある

1)　総務省「労働力調査」．
2)　総務省「労働力調査平成25年（詳細集計）」．
3)　前掲注2）によれば，非正規雇用労働者全体の19.2％となっている．

が，現在の年金制度の下では老後所得の保障にも問題を生じることになる．現在の年金制度は，雇用形態・労働時間・働く場所などによって適用の仕組みが異なっているため，厚生年金の適用になっていない事業所で働く場合や，おおむね週30時間未満の短時間労働者は，事業主負担があり報酬比例給付がある厚生年金が適用されず，給付が低くなる．また，従来自営業者を加入者として想定していた国民年金の被保険者（第１号）の中に非正規雇用労働者が４割近く含まれており[4]，経済的に支払うのが困難[5]として保険料を支払わない人も多くなっている．こうした人たちは，老後になって十分な年金が受け取れず，所得保障に問題を生じる可能性が大きい．

また，女性の雇用を取り巻く環境も大きく変化している．1980年代にはまだ夫婦のうち男性が主な働き手となる片働き世帯が主流であったが，その後，共働き世帯数は継続的に増加し，1997年には共働き世帯数が片働き世帯数を上回ることとなった[6]．その後も共働き世帯は増加を続けており，片働き世帯数との差は拡大傾向にある．母子家庭も1990年代後半の50万世帯余から，2010年には76万世帯まで増加している[7]．このように，現在の年金制度が主に想定していた，男性世帯主が働き，女性は専業主婦として被扶養者となるというモデルは大きく変化している．一方で，わが国の女性の労働力人口は依然として30歳代後半を底とするM字カーブを描いており[8]，女性の平均勤続年数は男性と比べて低く，平均賃金も低い．2013年の平均勤続年数は男性の14.0年に対して女性は10.1年であり，決まって支給する現金給与額は男性37万5,700円に対し女性は27万600円となっている[9]．このような雇用の違いが，将来の年金額の差となって現れることになる．

さらに，年金との関係において重要なのは高齢者の雇用である．平均寿命の伸びと高齢化の進行により，年金の平均受給期間は伸び続けている．65歳時平均余命は，1990年の男性16.22年，女性20.03年から，2010年には男性19.08年，女性

4)　厚生労働省「国民年金被保険者実態調査（平成23年）」．
5)　前掲注４によれば，国民年金保険料を納付しない人の74％がこの理由をあげている．
6)　総務省「労働力調査特別調査」「労働力調査」．
7)　総務省「国勢調査（平成22年）」．
8)　前掲注２)．
9)　厚生労働省「賃金構造基本統計調査（平成25年）」における正社員・正職員における場合．

23.97年となり[10)]，今後も伸びていくと推計されている．こうした高齢者の雇用を促進し，年金を受給する側から年金を支える側に回るようにすることが課題となっている．わが国の高齢者の就業率は，2013年で男性が29.4％，女性が12.6％[11)]と諸外国と比べ高いとはいえ，年功賃金やそれと裏表の関係にある定年制の存在により，高齢者の雇用は抑制される仕組みになってきた．これまで，年金制度の側からの高齢者雇用の促進のための取り組みとして，雇用延長措置と一体的な支給開始年齢の引き上げや，賃金を得ている受給者の年金の一部を停止する在職老齢年金制度において支給停止割合を緩和することなどが行われてきた．このような制度改正が高齢者の雇用促進にどの程度影響があるかを検証し，今後に取り組むべき課題を明らかにすることも求められている．

本書は，このように年金と一体的な関係にある雇用が大きく変化しており，年金のあり方に大きく影響してきているとの認識の下に，公的年金と雇用に関する実証研究・比較研究・課題別研究を総合的に行ったものである．

第1部では，経済学系の研究者を中心に，年金と雇用に関する実証研究を行っている．

第1章「高齢者雇用と年金の接続――雇用政策および年金制度改革の影響評価」（山田篤裕）は，最近の雇用政策・厚生年金の制度変更が高年齢者の雇用と年金の接続にどのような影響を与えたかを評価している．まず，改正高年齢者雇用安定法（2004年）による支給開始年齢引き上げに応じた雇用確保措置の義務化を取り上げ，当該措置にもかかわらず，企業側には継続雇用時の年収水準の引き下げにより，継続雇用率自体を自由に操作する手段は残されており，実際，多くの継続雇用者は年収水準の大幅低下を経験したが，63歳の男性を例に評価すると，就業率は5％ポイント上昇し，低所得層では年金の減少分を就労所得で補うことに成功していたと分析している．また，老齢厚生年金受給資格者に対する基礎年金繰り上げ支給制度については，雇用と年金がうまく接続できなかった人々にとっての所得確保の手段として機能し，貧困リスクを人口全体の平均的水準未満まで引き下げていたとする．さらに，在職老齢年金制度（低在老）における一律

10）　厚生労働省「簡易生命表（平成23年）」．
11）　総務省「労働力調査（平成25年）」．

２割の年金支給停止ルールの廃止と定額部分の支給開始年齢引き上げに伴い，結果解釈に一定の留保はあるものの，低在老の就業抑制効果は消滅しつつあり，男性では2013年にすでに消滅した可能性があると分析している．このように，これまでのところ，定額部分の支給開始年齢引き上げに関し，雇用と年金の接続はおおむね順当に行われているようであると評価したうえで，被用者保険の適用拡大や女性の就業率向上等，将来的にさらなる支給開始年齢引き上げを選択した場合に直面する４つの課題について検討している．

第２章「雇用と年金の所得課税」（上村敏之）は，家計のマイクロデータを主に用いて，雇用と年金の所得課税を検討している．公的年金制度では，現役期の労働所得による所得分布が退職期の年金所得に関係をもたらす．雇用の多様化に伴う所得の不平等化に対しては再分配政策が支持されるが，日本の公的年金は所得課税において優遇されている点に着目する．拠出段階の年金保険料は社会保険料控除で全額非課税，給付段階の年金収入は公的年金控除によって大部分が非課税となっているためである．このような問題意識の下に，家計のマイクロデータを用いた独自のライフサイクル・モデルにより，ライフサイクルにおける所得が所得課税と公的年金制度を通した公的年金控除から受ける影響を考慮して，所得の割引現在価値から不平等尺度を計測している．分析結果によれば，所得階級間でも世代間でも，公的年金控除は不平等化をもたらす．控除金額×税率が可処分所得に影響するわけであるが，控除金額が一定でも税率が大きくなれば，可処分所得が増える．高い税率に直面するのが高所得階級であり，公的年金控除の存在が不平等化につながることから，公的年金控除は見直す必要がある，と結論づけている．

第３章「高齢者の所得格差と低所得問題」（四方理人・田中聡一郎）では，1994年から2009年の「全国消費実態調査」の個票データを用いて，高齢者の所得格差や貧困を検討している．分析結果によれば，この間，年金制度が成熟しているにもかかわらず，生産年齢層と高齢者の所得格差は縮小しておらず，また，高齢者内の格差についても，65～74歳においては所得格差の縮小が見られるものの，75歳以上の場合には大きな変化は無かった．所得格差の要因分析から，各時点においては同居の家族収入は高齢者間の所得格差を生む主な要因であったが，近年にかけての家族収入のシェアの縮小により，家族収入の変化は所得格差を縮小させていた．一方，近年になるほど年金収入の格差は拡大しており，高齢者自身の勤労収入などの市場所得の格差も大きいままであるが，家族収入による要因と相殺され，高齢者層における所得格差の拡大が観察されていない，と分析している．そして，高齢者の貧困率については1994年から2009年では低下しているが，医療費と介護費の自己負担による貧困率の引き上げ効果が他の年齢階級よりも大きいことも明らかにしている．

第2部では，法学系の研究者を中心に，年金と雇用に関する比較研究を行っている．

第4章「イギリスにおける『一層型年金』の創設」(藤森克彦）では，イギリスにおける最近の制度改革を紹介している．イギリスでは，「基礎年金」と「付加年金」の2階建て構造となっている現行の公的年金制度を改革して，2016年4月から，定額給付の1階建ての年金制度（一層型年金）が導入される予定である．この改革は，必ずしも雇用の多様化への対応を主眼に置いたものではないが，従来よりも雇用の多様化に対して中立的な年金制度になり，かつ就労インセンティブを高めていくと考えられる，と分析している．第1に，現役時代の保険料拠出額とは無関係に，一定の保険料拠出期間を満たせば，最低限の生活保障レベルを若干上回る水準の年金額を受給できる．所得再分配機能が強化され，低賃金労働者の老後の所得保障に資する．第2に，自営業者／被用者の区別なく，同一の年金制度に加入する．第3に，本人の保険料拠出に基づき支給されるので，配偶者年金，遺族年金，離婚時の分割年金制度は廃止される．これは，女性を中心に就労インセンティブを高める方向に作用すると考えられる．第4に，一層型年金は現行制度よりも，保険料拠出期間が長期に設定されているため，就労期間の長期化に向かうことが考えられる．

第5章「ドイツの年金保険の適用拡大——『労働者保険』から『稼得者保険』へ？」(福島豪）では，雇用が多様化し，新たな形態の自営業者が増加する中，ドイツの年金保険を自営業者に適用拡大する政策提案を検討している．ドイツの年金保険は「労働者保険」としての特徴を維持しているので，自営業者は原則として年金保険に加入していない．年金保険やそれ以外の公的年金に加入する自営業者は，特定の職業に就いている者に限られる．それゆえに，労働をめぐる環境の変化により従属労働と自営業を転々とする者が増えると，その者は自営業に就いている間は年金保険に加入できないことになる．従業員を雇わない低収入の自営業者が増加する中，自営業者にも年金保険の適用を拡大する「稼得者保険」構想がドイツで主張されている．ドイツの年金保険では，労働者の保険料は使用者が半分を負担する一方で，自営業者の保険料は自営業者が全額自己負担することになるので，稼得者保険構想では，自営業者の保険料負担に対する配慮が検討されている．

第６章「韓国における労働市場と公的年金制度――現状と今後のあり方」（金明中）では，韓国の労働市場の変化との関係における最近の年金改革について紹介している．韓国における労働市場の特徴としては，非正規労働者の割合が高いこと，若者（特に大学卒）の就職率が低いこと，女性が十分に活躍していないことがあげられるが，特に，高年齢者の多くが50～55歳の間で退職しており，年金の支給開始年齢である60歳とのギャップが発生し，所得の空白期間が発生していることが問題となっている．韓国ではこのような問題点を改善するために法律を改正し，2016年１月から60歳以上の定年を段階的に義務化することを決めている．公的年金制度は1988年から施行されているが，まだ給付面において成熟しておらず，公的年金からの給付だけで生活が維持できる高齢者はほぼ皆無な状況である．こうした中で，財政安定化のために1998年と2007年に制度改正が行われ，2007年の改正では所得代替率を長期的に40％まで引き下げていくこととなった．一方で，国民年金や特殊職年金などの公的年金を受給していない高齢者や受給をしていても所得額が一定水準以下の高齢者の所得を支援するために，2008年から公的負担による基礎老齢年金制度（2014年からは基礎年金制度）を実施し，約７割の高齢者に対して基礎年金を支給していることも注目される．

第７章「公務員の年金と雇用」（関ふ佐子）では，日本の公務員と民間雇用者の年金制度を比較して論じている．公務員の加入する共済年金制度は，2012年の法改正で厚生年金への統合と職域年金部分の廃止が決まり，退職給付の官民格差の解消を図る観点からの支給水準の引き下げと新たな公務員制度としての「退職等年金給付」の創設が行われた．この立法過程においては，官民の退職給付の比較がもっぱら行われたが，公務員制度としての年金制度のあり方については十分に論じられなかった．本章では，公務員の年金制度の変遷，公務の特殊性と服務規律維持のあり方を踏まえ，民間雇用者と比較した公務員年金制度のあり方について論じている．

第３部は，年金と雇用に関しての課題別研究を行っている．

第８章「マルチジョブホルダーへの厚生年金適用」（丸谷浩介）では，非正規雇用労働者への厚生年金適用の拡大が論じられる中で，マルチジョブホルダー（兼業を行う労働者）への厚生年金適用拡大の必要性について論じている．マルチジョブホルダーのかなりの部分は，生計を維持するために複数の職を兼ねる働き方を余儀なくされており，公的年金による生活保障の必要性が高いにもかかわらず，マルチジョブホルダーへの厚生年金適用拡大はいまだ十分に検討されていない．本章では，労働基準法・雇用保険法・労働者災害補償保険法など関連制度における取り扱いの現状等についての整理を踏まえ，マルチジョブホルダーへの厚生年金適用基準の検討と適用拡大に伴う問題の論点整理を行っている．マルチジョブホルダーへの厚生年金適用拡大は必要であり，労働時間等の通算方法や費用負担，事務手続き等が問題になる．技術的な問題にとどまらず，厚生年金の制度趣旨や連帯のあり方など，規範原理に立ち返った議論が再度必要になる，と考察している．

第９章「女性の年金権と雇用――第３号被保険者制度と就労・育児の評価」（常森裕介）では，女性の雇用から見た公的年金制度のあり方について，特に第３号被保険者制度に着目して検討を行っている．主に専業主婦を対象とした第３号被保険者制度は，女性の年金権の確立に貢献し，現在も女性の老後の所得保障において重要な役割を果たす一方で，公平性の観点から制度の見直しが何度も検討されている．本章では，現行の第３号被保険者制度の枠組みを維持することを前提に，働き方やキャリアの多様性を許容し，同時に所得保障ニーズを充足する制度のあり方について考察する．就労や育児に従事する者を公的年金制度の中で多様な形で評価し，それらの諸活動に従事する者が保険料や給付の面で利益を得られるような制度を構想する．同時に就労や育児に従事しない第３号被保険者については，老後の所得保障ニーズが存在することを考慮し，配偶者に対し一定額を加算する方法を検討している．

第10章「年金給付の権利の規範的基礎としての雇用」（西村淳）では，年金を中心とした所得保障の権利の規範的基礎としての雇用について，日英比較を踏まえて論じている．近年，失業や非正規雇用の増加などの雇用の不安定化により，職場など社会保障の支え合い集団が弱体化して負担が増加し，年金制度に支持を得られにくい状況になってきた．社会保障の負担を誰が何のためにするのかという観点から，年金，そして社会保障の権利の正当性が問われるようになってきている．従来の生存権論を乗り越え，社会保障の受給の権利は就労など社会保障を支える何らかの貢献行為を基礎とするのではないかという視点に立って，社会保障の権利の基礎づけを問うことが改めて求められているという問題意識である．日英両国の所得保障制度史における権利の規範的基礎を見ると，就労や拠出などによって給付を得るという「貢献に基づく権利」が抽出でき，また，安定した雇用の下での「貢献を前提とした制度」から不安定な雇用を前提とした「貢献を支援する制度」へと変化していることを見てとることができるとし，所得保障のみならず医療や介護などを含めた社会保障一般について，就労を，そして一歩進んで，育児介護などを含めて広く「貢献」を社会保障の権利の基礎として考えることを提案している．受給権の裏には拠出や雇用などの貢献義務があることに着目することによって，要支援者が貢献できるようになるための支援する側の義務と，要支援者もその能力の限りにおいて積極的に貢献行為を行う義務を導き出すことができ，社会保障の具体的な制度設計への含意として，「貢献支援原則」「多様性原則」「納得原則」の３つを見てとることができる，としている．

目　次

第1部　年金と雇用の実証研究

第1章
高齢者雇用と年金の接続
――雇用政策および年金制度改革の影響評価*

山田篤裕

1　はじめに

厚生年金支給開始年齢の引き上げに伴い，雇用と年金の接続が懸念されている．高年齢者の就業率が高いにも関わらず，わが国で雇用と年金の接続が注目されるのは，他の先進諸国と比較して就労所得が老後を支える重要な所得源となっているからである（清家・山田［2004］）．

周知のように，すでに2001年から2013年にかけて，男性では段階的に特別支給の老齢厚生年金定額部分（以下，定額部分）の支給開始年齢が60歳から65歳まで引き上げられた．さらに2013年から2025年にかけ，特別支給の老齢厚生年金報酬比例部分（以下，報酬比例部分）の支給開始年齢も60歳から65歳まで引き上げられる予定である（女性はいずれも５年遅れ）．この支給開始年齢の引き上げと同時に，老齢厚生年金受給資格者に対する基礎年金繰り上げ支給制度も導入されたところである．

一方，定額部分の支給開始年齢引き上げがすでに始まっていた2004年時点で，一律定年制のある事業所は７割で，そのうち９割が定年年齢を60歳に定めていた．また定年制のある事業所のうち継続雇用制度があるのは７割で，さらに継続雇用制度がある事業所のうち原則として希望者全員を継続雇用するのは２割ほどしかなかった（厚生労働省，［2006a］，pp. 146-149）．したがって，多くの高齢者が雇用と年金の接続に問題を抱えている可能性があった．

こうした雇用と年金の接続問題に対応するため，2004年の高年齢者雇用安定法

＊　本稿は『年金と経済』第32巻４号（2014年１月刊）のpp. 10-19に掲載された「支給開始年齢引き上げ，繰り上げ支給，高年齢者雇用安定法改正，在職老齢年金制度改革が『年金と雇用の接続』に与えた影響」の転載である．

改正は，2006年4月以降，65歳未満の定年の定めをしている企業に，定額部分の年金支給開始年齢の段階的引き上げに伴い，その支給開始年齢まで雇用者（高年齢者）に雇用確保措置を講じることを義務づけた[1]．

また，その就業抑制効果のため多くの労働経済学者によってこれまで批判されてきた在職老齢年金制度については，2004年の年金改革により，60歳台前半の在職老齢年金制度（以下，低在老）による一律2割の年金支給停止ルールが廃止（2005年施行）された．

以上のように，厚生年金支給開始年齢の引き上げによって生じた雇用と年金の接続問題は，雇用政策では①改正高年齢者雇用安定法（以下，改正高齢法）による支給開始年齢の引き上げに応じた雇用確保措置の義務化，年金制度では②老齢厚生年金受給資格者に対する基礎年金繰り上げ支給制度導入，③在職老齢年金制度（低在老）における一律2割の年金支給停止ルールの廃止，により対策が講じられてきた．

小稿の目的は2つある．第1に，これら3つの制度変更が，雇用と年金の接続にどのような影響を及ぼしたか評価することである（第2 ～ 5節）．第2に，それを踏まえ将来的にさらなる支給開始年齢引き上げを選択した場合に直面する4つの課題について検討することである（第6節）．

2　改正高齢法（2004年）への企業の対応

2.1　改正高齢法（2004年）への企業の対応に関する理論モデル

そもそもなぜ年金支給開始年齢に伴う雇用延長は難しいのだろうか．それを考えるにあたって便利な理論モデルがある．図1-1の左パネルは，ラジアー（Lazear, [1979, 1986]）に基づき，定年が有る企業における労働者の年齢，労働者の生産性すなわち限界的な労働による生産物の価値（V）と，賃金（W）との関係を示している．VとWはイコールに設定する理論モデルが多いが，このモデ

1)　2006年の施行時，すでに男性では定額部分の支給開始年齢は62歳になっていた．また，施行後の2006年6月1日現在，51人以上規模企業のうち16％は，改正高年齢者雇用安定法に基づく雇用確保措置が未実施であった（厚生労働省［2006b］）．

ルでは乖離している．ラジアーの議論の重要なポイントは，労働者の限界的な生産物の価値（V）が直線AEで示されるように，仮に年齢にかかわりなく一定であったとしても[2)]，直線BDで示されるように年齢とともに賃金（W）が上昇するように設定することが（つまり本来ならイコールであるべきVとWを年齢に応じてわざと乖離させることが），労働者の努力水準を企業が不完全にしかモニタリングできない場合には合理的となることを説明している点にある．

強制退職がT時点（定年年齢）で行われるのは，その時点でWをVが上回っているからにほかならない．そうでなければ企業側に労働者を強制退職させる理由は無いからだ．さらに逆向きに考えると，それでは収支が釣り合わないので，それ以前の段階でVがWを上回っている期間があるはずである．それが入社時点から点C（$V=W$）までの期間である．点CからWはVを上回り，後払い賃金分の面積ABCが面積CDEと等しくなるT時点で，企業は強制退職すなわち定年を設定することになる．

労働者は努力水準を落としている（したがってVが低くなっている）ことが発覚した場合には，解雇されて後払い賃金分（CDE）を失うため，そうした行為は抑制される．さらに，このような暗黙の後払い賃金契約を結ぶことは，労働者にとっても努力水準を高く保たせ，結果的に（入社時から定年時までの）平均的なVを高くさせ，平均的なWを高める．つまり，労働者にとっても結果的に賃金が高くなるというメリットがあり，結局，こうした後払い賃金契約は労使双方にとってメリットがあるため，そうした契約が実際に結ばれることになる[3)]．

T時点（例えば60歳）を超えて雇用確保措置を義務づける改正高齢法に対応するには２つの方法が考えられる．１つは，賃金プロファイルをBDからBD'へと傾斜を緩やかにすることである（図１-１の左パネル）．新たな後払い賃金$C'D'E'$

2)　このモデルを実務者に説明すると，しばしば「年齢にかかわらずVが一定であると仮定するのは非現実的だ」という指摘を受けることがある．しかし，別に年齢とともにVが上昇しても良い．あくまでも，Vが一定であったとしても，議論が成り立つことを強調するための仮定であり，ラジアーによるモデルの結論はこの「Vが一定である」との仮定には依存していない．

3)　どのような企業で傾きの急な賃金プロファイルが採用されるのか，あるいはアメリカより日本の賃金プロファイルの傾きが急なことの理由説明についてはLazear［1998］の第11章にまとめられている．近年の実証分析においても川口他［2007］が製造業労働者の賃金について確認している．

図1－1　ラジアー・モデルに基づく改正高齢法への企業の対応

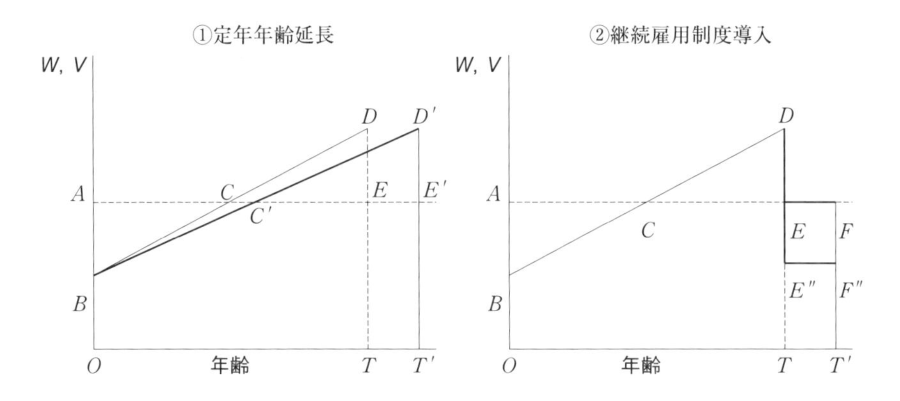

はABC'とつりあう．その結果，雇用はT時点からT'時点まで継続される．しかし，この方法では全年齢層での賃金引き下げが必要になり，その調整のためにかかるコストを考慮すると，施行まで2年間しかなかった今回の改正では採用するのが難しい選択肢である．

もう1つは，図1－1の右パネルで示されるようにT時点で限界的な生産物の価値まで（EFまで）賃金を下げ，高齢者を継続雇用する方法である．しかしこの場合には，企業にとって高年齢者をT'時点まで継続雇用するにはリスクが生じる．後払い賃金が清算された後なので，企業にとっては労働者の努力水準の低下を防止することが難しくなるからである[4]．そこで限界的な生産物の価値未満の賃金で（$E''F''$で）高齢者を継続雇用することが考えられる．その際には，在職老齢年金と高年齢雇用継続給付[5] があるので，これらの公的給付を組み合わせることで，企業は労働者にとっては限界的な生産物の価値以上の年収（＝賃金＋公的給付）を提示できる可能性がある．その場合には，労働者も賃金自体は$E''F''$に設定されていたとしても公的給付を組み合わせて継続雇用を望む可能性がある．

---

4)　もちろん，T時点でもう一度BD間のように賃金後払い契約を結ぶ可能性も考えられる．しかしTT'は短期間であるので，そうした契約が現実に結べるのかは疑問である．

5)　高年齢雇用継続給付とは，60～64歳の就業者のうち60歳時点と比較し賃金が25％以上下落した人を対象として，2年間受給可能で最大で賃金額の15％分を補填する賃金補助金である．

2.2　改正高齢法（2004年）への実際の企業の対応

実際，60歳以上の社員を継続的に雇用するために取り組みを行っており，かつ過去３年間に継続雇用制度の活用実績がある企業において，継続雇用者の賃金水準決定にあたって特に考慮された点について表１－１で確認しよう．「定年到達時の賃金水準」と回答している割合が最も多く，半数を占めている．しかし「在職老齢年金」や「高年齢雇用継続給付」の受給状況を考慮している企業もおのおの３割に達している．このことは図１－１の右パネルで示したような賃金調整方法と整合的であり，少なくない割合の企業で継続雇用者の賃金を決める時に公的給付を勘案していることを示している．

また定年到達時と比較して再雇用・勤務延長活用者の年収水準はかなり低く抑えられていることも図１－１の右パネルで示したモデルと整合的である．表１－２では，継続雇用者に保証している年収水準と賃金および継続雇用率を示している．年収には，賃金以外に公的給付（在職老齢年金や高年齢雇用継続給付）や企業年金などをここでは含んでいる[6]．60歳以降の継続雇用措置を講じている企業の半数近くは，公的給付や企業年金などを組み合わせて年収水準６～７割を保証している．一方，継続雇用する場合には，年収水準を半分以下に設定する企業も３割程存在している．再雇用・勤務延長制度活用者の賃金月額は，定年到達時の年収とほぼ同程度の場合には31万円であるが，年収水準の３～４割程度しか保証しない企業では10万円にすぎない．

興味深いことに，賃金と継続雇用率の関係について見ると，賃金が低いほど継続雇用率も低くなる傾向にある．定年到達時の年収の８～９割程度であれば，定年到達時と比較した継続雇用率は７割であるが，定年到達時の年収の３割未満だと継続雇用率は３割となる．他の条件を一定にそろえた統計分析によれば，60歳到達者の賃金を１％引き下げると，継続雇用希望率を４～６％下落させる（山田［2007］）．このことは２つのことを意味する．第１に改正高齢法は年金支給開始年齢までの雇用確保措置を義務づけているが，企業側には，定年到達後に継続雇用する高齢者の年収水準の引き下げを通じ，継続雇用率を自由に操作する

6)　同調査によれば，年収水準設定に，実際に公的給付を組み合わせている企業は７割，また企業年金を組み合わせている企業は３割である（山田［2007］）．

表1－1　再雇用・勤務延長制度活用者の年収水準の決定に関して特に考慮した点（複数回答）

特に考慮した点	(%)
業界他社の状況	24.5
担当する職務の市場賃金・相場	16.0
定年到達時の賃金水準	52.2
初任給水準	6.6
在職老齢年金の受給状況	30.1
地域別最低賃金	5.0
退職金の受給状況	1.0
高年齢雇用継続給付の受給状況	30.6
その他	5.0
(N＝519)	100.0

（注）　調査対象は農林水産業，鉱業などを除く業種に属する全国の従業員規模300人以上の民間企業から母集団を反映するように層化抽出されている．ここでは，そのうち60歳以上の社員を継続的に雇用するために取り組みを行っており，かつ過去3年間に当該継続雇用措置の活用実績がある企業に限定している．調査詳細については労働政策研究・研修機構［2007］を参照されたい．

（出所）　労働政策研究・研修機構［2006］『高年齢者の継続雇用の実態に関する調査』に基づき筆者計算．

表1－2　定年到達時と比較した再雇用・勤務延長活用者の年収水準，月額賃金（万円）および継続雇用率

年収水準	構成比（%）	月額賃金（万円）	継続雇用率
定年到達時の年収			
とほぼ同程度	5.0	30.7	64.8
の8 ～ 9割程度	14.8	30.3	69.2
の6 ～ 7割程度	48.4	22.2	65.8
の半分程度	22.2	16.6	55.3
の3 ～ 4割程度	8.9	10.2	50.3
の3割未満	0.8	3.6	31.3
(N＝519)	100.0	21.5	62.3

（注）　調査対象および集計対象については表1－1に同じ．

（出所）　表1－1に同じ．

手段が依然として残されているということである．第2は改正高齢法により継続雇用されたとしても，就労所得が低く抑えられ，所得確保上の問題を抱える高齢者が存在するかもしれないということである．

第１の問題への対応は最後の節で議論することにして，第２の問題について次節でさらに検討しよう．

3　定額部分の支給開始年齢引き上げと改正高齢法による所得分布への影響

60歳代前半の就業率が改善した様子は，図１－２のマクロの数字で確認できる．老齢厚生年金（定額部分）の支給開始年齢引き上げが始まった2001年以降，それまで趨勢的に低下傾向にあった60歳代前半の就業率（男性）は反転し，さらに改正高齢法が施行された2006年以降，その上昇幅はさらに大きくなっている．リーマンショックに伴う景気後退により一時的に就業率は低下したとはいえ，その後はまた上昇傾向にあることが読み取れる．

より精緻な，他の条件を一定にそろえた統計分析でも，改正高齢法による，就業率上昇の効果が確認されている．例えば山本［2008］では，個人を継続的に追跡調査した慶應義塾家計パネル調査に基づき，55歳時点で雇用者だった人の60～62歳の就業率が改正前の５割から，改正後は７割へと大幅に上昇したことを

図１－２　年齢階級別就業率（男性，1968～2012年）

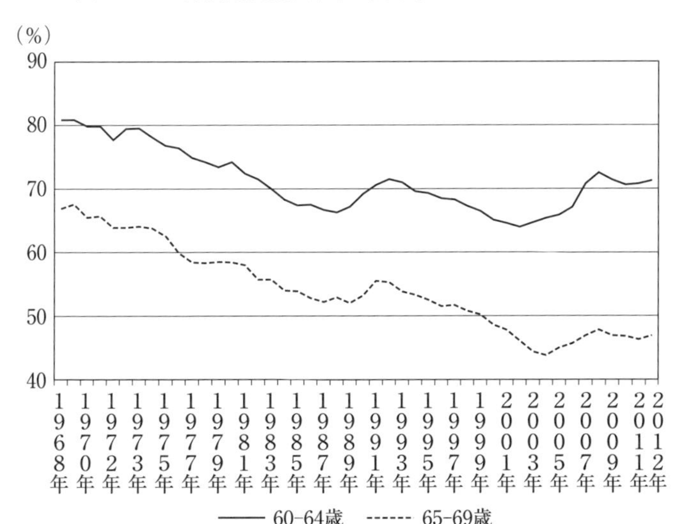

（注）沖縄の本土復帰に伴い，1973年の数値は２つある．

（出所）総務省『労働力調査（長期時系列）』に基づき筆者作成．

確認している．

このように近年の制度改正により高年齢者の就業率は上昇しているが，前節で確認したように，たとえ継続就業されても，多くの企業では継続雇用後の賃金を大幅に下げている実態がある．そのため，定額部分の支給開始年齢が上がり，その分の年金給付額の低下を，継続雇用による賃金では十分に補えていない可能性が懸念される．

そこで，2010年度の特別支給の老齢厚生年金（定額部分）の支給開始年齢の63歳から64歳への引き上げを例に，それに伴う改正高齢法による雇用確保措置による雇用と年金の接続への影響を示したのが図1－3である．この図では，被用者職歴[7]を持つ男性の63歳時点における公的年金を含む本人収入月額（万円単位）の分布について，定額部分の支給開始年齢の63歳に到達した1946（昭和21）年度生まれコーホートと，支給開始年齢が64歳となった（つまり63歳時点では定額部

図1－3　公的年金を含む本人収入月額の分布
（男性，63歳時点，被用者職歴，生まれ年度別）

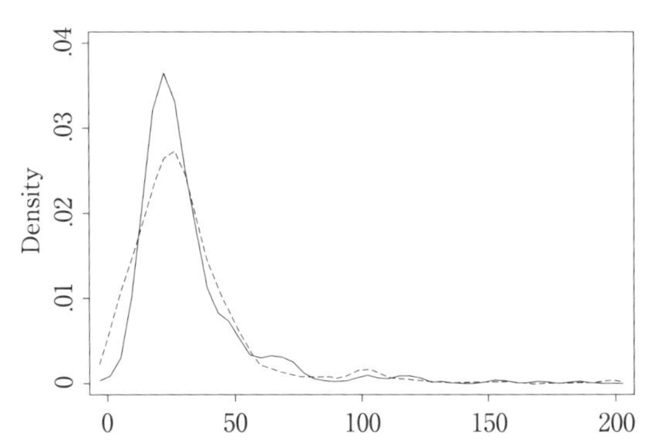

（出所）厚生労働省『中高年者縦断調査』に基づく筆者推計（山田［2015］）．

7) 厚生労働省『中高年者縦断調査』の第1回の問28では，これまでどのような働き方をしてきたか，その職歴について質問している．男性の職歴で最も多いのが「①ひとつの企業等に20年以上勤務している（いた）」で全体の半分弱を占めている．次に多いのが「②勤め先は変わったが，同じ分野の仕事に20年以上従事している（いた）」で2割を占めており，「③①，②以外で20年以上仕事（自営業を除く）に従事している（いた）」が1割を占める．①～③を合計すると男性の職歴の4分の3を占め，このサンプルを「被用者職歴グループ」と本節では定義する．

分を受給していない）1947（昭和22）年度生まれコーホートを比較している.

定額部分を63歳から受給できた1946年度生まれと比較し，（繰り上げを受給しないかぎり）64歳からしか受給できない1947年度生まれの，63歳時点での本人収入分布は改善されている．特に低所得のほうで1946年度生まれと比較し，1947年度生まれのほうで分布密度が相対的に低く（実線が点線を下回っている），中央値付近のほうでは分布密度が高い（実線が点線を上回っている）.

公的年金受給額は1947年度生まれのほうが63歳時点では（繰り上げ受給しないかぎり）定額部分を受給できない分だけ低いので，この分布変化は改正高齢法による雇用確保措置による就業率上昇[8)]に伴う，就労所得増大によるものと理解される．つまり，特定コーホートに着目した分析結果ではあるが，定額部分の支給開始年齢が上がり，その分の年金給付額の低下を，継続雇用による賃金で補えていることが示唆される.

4 貧困リスクに対する繰り上げ受給の効果

前節で見たように，老齢厚生年金の支給開始年齢引き上げと改正高齢法という組み合わせは，特定コーホートでの分析結果に基づけば，それなりに機能しているということを確認できた．その背景には，改正高齢法による後押しもあり，雇用と年金の接続が果たされているということ以外に，雇用と年金の接続がうまくいかなかった場合に，繰り上げ受給という手段が存在していることも関連していると考えられる.

実際，他の条件を一定にそろえた統計的分析によれば，55歳以降において定年あるいは定年前に離職した際に失業すると，繰り上げ受給を選択する確率が10%ほど高くなることが確認されている（山田［2012］)．このことは，雇用と年金の接続がうまくいかなかった場合には，繰り上げ受給という手段が利用されていることを示唆するものである.

問題は，繰り上げ受給した場合に，十分に貧困リスクを回避することができる

8) ここでは示していないが，同じく厚生労働省『中高年者縦断調査』に基づく筆者推計によれば，1946年度生まれと，1947年度生まれとを比較すると，63歳時点における就業率は，1947年度生まれのほうで５%ポイント高い（山田［2015］).

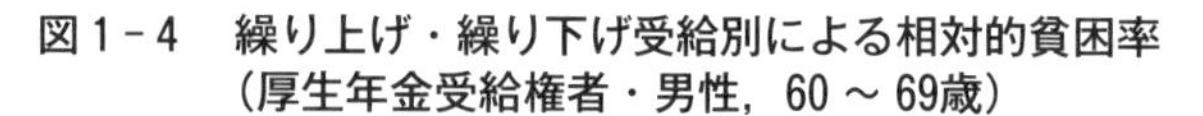

図1-4　繰り上げ・繰り下げ受給別による相対的貧困率（厚生年金受給権者・男性，60～69歳）

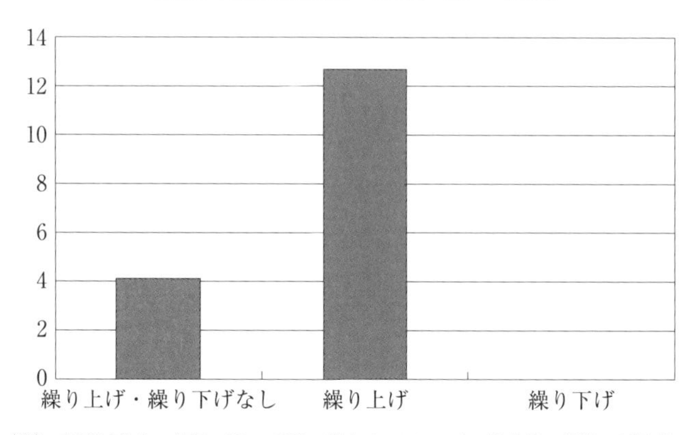

（注）調査対象は，全国の55～69歳の男女で，ここでは55歳当時に民間の雇用者であった60～69歳の男性かつ老齢厚生年金の受給資格者に限定している．調査詳細については労働政策研究・研修機構［2010］を参照されたい．また相対的貧困線は等価所得（2009年7月）月額10.8万円に設定している．多重比較検定（Scheffe）で，繰り上げ受給者の相対的貧困率は，繰り上げ・繰り下げなし，繰り下げと比較し，それぞれ5％，10％有意水準で高い．

（出所）労働政策研究・研修機構［2009］『高年齢者の雇用・就業の実態に関する調査』の個票に基づく筆者推計（山田［2012］）．

かどうかである．

この点を確認するため，厚生年金受給権者が繰り上げ・繰り下げ受給した場合の相対的貧困率を図1-4に示している．相対的貧困線は，ここでは等価所得10.8万円（月額）未満と定義している[9]．

繰り上げ受給者の相対的貧困率は，繰り下げ受給者あるいは繰り上げ・繰り下げのどちらも選択しなかった人々と比較して統計的に有意に高い．繰り下げ受給者の相対的貧困率は0％，そして繰り上げ・繰り下げのどちらも選択しなかった人々の相対的貧困率は4％である．それに対し，繰り上げ受給者の相対的貧困率は13％であり，繰り上げ・繰り下げのどちらも選択しなかった人々に比べて3倍

9）等価所得とは世帯規模によって異なる家計の規模の経済性を調整するため，世帯収入（税込み）を世帯員数の0.5乗で割って計算された調整世帯収入であり，経済協力開発機構（OECD）などでも採用されている．また，月額10.8万円という数値は，厚生労働省［2009］で公表されている2006年の相対的貧困線（＝中位等価所得の50％）を2009年価格で評価したものである．

高くなっている.

ただし，厚生労働省［2009］によれば全人口の2006年の相対的貧困率は16％であるので，それに比べれば低いことになる．したがって，失業など，雇用と年金の接続に失敗した人々にとっては，繰り上げ支給制度は所得確保の万能薬とは言えないが，それでも人口全体の平均的な貧困リスクを勘案すれば，貧困リスク低減の役割を果たしていることになる.

5　低在老による就業抑制効果の変化

在職老齢年金制度による就業抑制効果については，これまで多くの経済学者により何度も実証的に確認され，問題視されてきた[10]．しかし，2004年の年金改革により，低在老における一律２割の年金支給停止ルールの部分は廃止（2005年施行）された．この制度改革により，低在老による就業抑制効果がどのように変化したか，筆者の知るかぎり研究蓄積は少ない．その大きな理由の１つは，これまでの研究で使用されてきた厚生労働省「高年齢者就業実態調査（個人調査）」が2004年以降，10年近く実施されていないからである[11].

一律２割の年金支給停止ルールの廃止および特別支給の定額部分の支給開始年齢の引き上げによる影響は図１-５で示されている．左パネルでは在職老齢年金制度の適用を受ける高年齢者が直面する，①2004年の年金改革以前の一律２割の支給停止ルールが存在していた時の予算制約（灰色の実線），一律２割の支給停止ルール廃止後，②定額部分の支給開始年齢引き上げ前の予算制約（黒色の実線），③引き上げ後の予算制約（点線）を比較している．また右パネルでは，これらの予算制約に基づき，低在老による年金支給停止額を年金と賃金の合計額で割った平均税率を比較している.

図１-５で示されるように，まず一律２割の支給停止ルールの廃止により，就業開始時の予算制約の屈曲が無くなり，上方にシフトした（左パネル①と②の予

10）　簡潔なサーベイについては，（山田［2012］）を参照されたい.

11）　３節で紹介した厚生労働省『中高年者縦断調査』は同一個人を毎年追跡した貴重な調査ではあるが，『高年齢者就業実態調査』と比較すると在職老齢年金制度に関する調査項目がないため，制度変更による就業抑制効果の変化を分析するのは非常に困難である.

図1-5　在職老齢年金制度による60歳台前半層の予算制約と平均税率

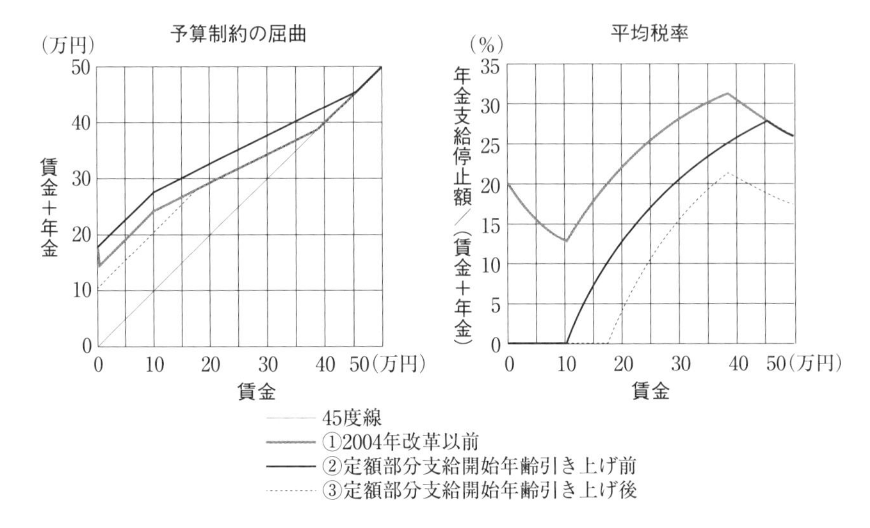

(注)　60歳台前半層の年金額（基本月額）の設定として，①2004年改革以前および②特別支給の老齢厚生年金の定額部分の引き上げ前のケースについては17.4万円，③引き上げ後のケースについては10.4万円を用いた．これらの数値は，厚生労働省『平成21年度厚生年金保険・国民年金事業年報』の年齢別老齢年金受給権者平均年金月額（旧共済を除く）男子62歳（＝定額部分支給年齢開始後の世代）103,509円と63歳（＝定額部分支給年齢開始前の世代）174,800円を参照・引用した．なお，図中の予算制約はいくつかの屈曲点がある以外は滑らかであるが，実際には異なる賃金でも同じ標準報酬月額相当額の幅に入るため，賃金の上昇に伴い標準報酬月額相当額が変化するごとに細かく屈曲する．また在職老齢年金制度の適用を受ける就業者は，60歳台であれば標準報酬月額に応じた厚生年金保険料をさらに支払っており，加えて高年齢雇用継続給付を受給している場合もあり，この図はそれらの要素を勘案せず簡略化されていることに留意する必要がある．

(出所)　在職老齢年金制度の支給停止ルールに基づき筆者推計．

算制約線の比較)．このことにより，賃金の低いほうで，賃金上昇につれ，支給停止ルールの平均税率が低くなる部分が消滅した（右パネルの①から②への平均税率の変化)．次に，定額部分の支給開始年齢引き上げにより，低在老による支給停止調整は，定額部分支給前の年齢については報酬比例部分のみにしか及ばなくなった．これにより，予算制約線と平均税率は下方にシフトした（左右パネル②と③の予算制約線の比較)[12]．

低在老による支給停止調整が定額部分まで及ぶのは2009年時点では63～64歳

12)　なお65歳以上の老齢基礎年金（と経過的加算部分）については，在職老齢年金制度による支給停止調整の対象とはならず，報酬比例部分のみが調整対象となっている．

のみである．そこで，労働政策研究・研修機構［2010］のデータを用い，繰り上げ受給を選択しないかぎり特別支給の老齢厚生年金の定額部分を受給できない60～62歳と，受給可能な63～64歳とに細分化し，他の条件を一定にそろえて統計的に分析すると，在職老齢年金制度の就業抑制効果は，60～62歳では確認できなかったが，63～64歳では確認できた（山田［2012］）．

ただし，この分析結果には一定の留保がある．というのも労働政策研究・研修機構［2010］のデータは，厚生労働省がかつて実施していた『高年齢者就業実態調査』の７分の１程度の規模であり，在職老齢年金制度の効果が十分に検出できていない可能性や，60～62歳については改正高齢法による継続雇用の推進で就業抑制効果が相殺されている可能性が考えられるからだ．2004年以降，実施されていない『高年齢者就業実態調査（個人調査）』を復活させ，より大規模なデータに基づく厳密な追試が待たれるところである．

とはいえ，もしこの結果が正しいとすれば，特別支給の老齢厚生年金（定額部分）の支給開始年齢が65歳に引き上げられた2013年時点で，男性では低在老の就業抑制効果が消滅した可能性がある．

6　おわりに――支給開始年齢を引き上げる際の課題

本稿では特別支給の老齢厚生年金の支給開始年齢の引き上げに伴う，①改正高齢法（2004年）による雇用確保措置の義務化，②老齢厚生年金受給資格者に対する基礎年金繰り上げ支給制度導入，③在職老齢年金制度（低在老）における一律２割の年金支給停止ルールの廃止，が雇用と年金の接続にどのような影響を与えたのか，近年の筆者の研究を中心に紹介しながら評価してきた．

その評価をまとめれば，以下の４点になる．第１に，改正高齢法（2004年）は定額部分の支給開始年齢までの雇用確保措置を義務づけたが，企業には継続雇用時の年収水準の引き下げにより，継続雇用率自体を自由に操作する手段が残されている．そのため多くの高齢者は，継続雇用されていても大幅な年収水準低下に直面している．

第２に多くの継続雇用者は年収水準の大幅な引き下げに直面しているとはいえ，定額部分の支給開始年齢が64歳に引き上げられた2010年度前後における，63歳の男性を例に評価すると，就業確率は５％ポイント上昇し，特に低所得層で年金の減少分（＝定額部分引き上げ）を就労所得で補うことに成功している.

第3に，老齢厚生年金受給資格者に対する基礎年金繰り上げ支給制度は，定年前後に失業したような，雇用と年金の接続がうまくいかなかった人々にとって，所得確保の手段として実際に機能しており，人口全体の平均的な貧困リスク未満まで，そのリスクを低減させることに成功している.

第4に，（前節で述べたような結果解釈に一定の留保はあるが）低在老における一律2割の年金支給停止ルール廃止と定額部分の支給開始年齢引き上げに伴い，低在老の就業抑制効果は消滅しつつある．したがって，定額部分の支給開始年齢が65歳となった男性では2013年にその就業抑制効果は消滅した可能性がある.

以上のように，限られたデータに基づく評価であるが，これまでのところ，定額部分の支給開始年齢引き上げに関し，雇用と年金の接続はおおむね順当に行われているようである．しかし，マクロ経済スライドが発動し，他の先進国と比較して相対的に低い公的年金給付水準（OECD［2011］）がさらに緩やかに下がる場合には，今後，就労所得が一段と重要な高齢期の所得源となっていく可能性がある．さらに，推奨する支給開始年齢を66歳以上に引き上げるなど，就労所得をより重視する政策を選択するならば，少なくとも4つの課題に直面することになる．第1の課題を除く3つの課題は，ここ2 ～ 3年以内にスピード感をもって解決すべき緊急の課題である.

第1の課題は，継続雇用時の大幅な所得の落ち込みを修正しつつ，継続雇用率を引き上げ[13]ることである．ただし，定年年齢の強制的引き上げなど，より強力な手段を取るべきではない．新卒採用が多い企業ほど定年年齢を61歳以上にしていない，あるいは定年制を廃止した企業は少ないという相関関係があり，また正社員が増えているような労働需要が旺盛な企業において高年齢者の継続雇用率は自然と伸びているからである（山田［2007, 2009］）．高齢者の継続雇用の進展の後押しはあくまで，企業の高年齢者への労働需要の拡大に沿う形で行うべきである．最も望ましい手段は，図1-1の左パネルの理論模式の応用であり，長期的に教育・訓練機会を増やすことにより，労働者の人的資本量を増加させ，労働

13）　高年齢者雇用安定法は2013年にも改正された．主な改正内容は，①継続雇用制度の対象者を限定できる仕組みの廃止，②継続雇用制度の対象者を雇用する企業の範囲の拡大，③義務違反の企業に対する公表規定の導入，④高年齢者雇用確保措置の実施および運用に関する指針の策定である.

者の生産性，すなわち労働の限界的な生産物の価値（V）を引き上げ，賃金カーブの傾きは変更せずに定年年齢を引き上げることである．生産性を引き上げることを通じて平均賃金も上昇する（つまり，賃金カーブの傾きを緩やかにする手段とは異なり，定年到達前の全従業員の賃金を切り下げる必要がない）ので，労使双方にとって望ましい手段である．

第2の課題は，非正規雇用に対する被用者保険の一層の適用拡大である．生産性向上の源泉である教育・訓練機会の多くは，正規雇用に対するOJTが中心となっている現状を踏まえると，非正規雇用率の上昇は，生産性向上の観点からは望ましくない[14]．非正規雇用が増える要因は，正規・非正規雇用間の解雇規制の不均衡を指摘する研究（OECD［2004, 2013a］）もあるが，被用者保険の適用範囲の設定により大部分の非正規雇用者に対する社会保険のコストは企業側が負担しなくてもよいという，労働コストの不均衡の存在も考慮しなくてはならない．また国民年金の被保険者の非正規雇用化は未納問題の一因であり，将来的な低年金・無年金者を生み出す構造的要因ともなっている（駒村他［2008］）．

第3の課題は，女性の就業率向上である．紙幅の都合上，本稿では詳しく立ち入ることができなかったが，日本の高齢単身女性の貧困率は他の先進諸国と比較し突出して高い．その理由は，夫の死亡に伴う就労収入の途絶と低い年金給付水準が原因であることが確認されている（山田他［2011］）．これを避けるには，壮年女性の就業抑制要因を取り除き，高齢女性の就業率改善につなげていくことが重要である．しかし，日本では壮年女性の就業率，とりわけ正規雇用者比率は，他の先進国と比較して低く，賃金の男女間格差が大きくなっている（OECD［2013b］）．常態化した長時間残業，保育サービス不足，学童保育サービス不足など，子育てをしながら正規雇用で就業継続しにくい環境の存在，配偶者控除や正規・非正規雇用者間での被用者保険の適用格差がもたらす就業抑制効果は，かねてから指摘されており，一刻も早くこれらを取り除く必要がある．残念ながら，人口集団的に大きい第2次ベビーブーマーは40歳台に突入し，最も政策効果が期待されるタイミングは過ぎ去りつつある．

第4の課題は，マクロ経済スライドは，年金給付水準が低い場合でも一律に引

14）　金他［2010］は，パートタイム労働に代表される非正規雇用の増加が労働の質上昇を長期的に減速させたことを明らかにしている．

き下げの影響を及ぼすため，今後，就労所得に期待できない，低所得の高齢者[15]に対する所得保障政策を再構築する必要がある．被用者職歴については，これまで雇用と年金の接続がうまくいかなかったとしても，60歳台前半にはまだ報酬比例部分が存在しており，所得確保上，大きな役割を果たしていた．しかし，2013年から報酬比例部分の支給開始年齢引き上げが開始されたため，（繰り上げ受給しないかぎり）雇用と年金との間に所得の空白期間が生まれることとなった．したがって，2013年に改正高齢法が継続雇用や継続雇用後の賃金に与えた効果や，繰り上げ支給制度による貧困リスク回避効果が十分か見極めたうえで，低所得の高齢者にどのような対策が必要であるかを早急に検討する必要がある．

【参考文献】

川口大司・神林龍・金榮愨・権赫旭・清水谷諭・深尾京司・牧野達治・横山泉［2007］「年功賃金は生産性と乖離しているか――工業統計調査・賃金構造基本調査個票データによる実証分析」『経済研究』第58巻1号, pp. 61-90.

金榮愨・深尾京司・牧野達治［2010］「『失われた20年』の構造的原因」『経済研究』第61巻第3号, pp. 237-260.

厚生労働省［2006a］『平成16年高年齢者就業実態調査報告』厚生労働省大臣官房統計情報部.

厚生労働省［2006b］『平成18年高年齢者雇用状況集計結果（別表）』. http://www.mhlw.go.jp/file/04-Houdouhappyou-11703000-Shokugyouanteikyokukoureishougaikoyoutaisakubu-Koureishakoyoutaisakuka/2_1.pdf（アクセス日2015年3月20日）

厚生労働省［2009］『子どもがいる現役世帯の世帯員の相対的貧困率の公表について』. http://www.mhlw.go.jp/stf/houdou/2r98520000002icn.html（アクセス日2010年9月30日）

駒村康平・丸山桂・山田篤裕［2008］「就業形態の多様化に対応するための年金制度改革」『日本年金学會誌』第27号, pp. 23-31.

清家篤・山田篤裕［2004］『高齢者就業の経済学』日本経済新聞社.

田中聡一郎［2013］「市町村民税非課税世帯の推計と低所得者対策」『三田学会雑誌』第105巻4

15）その際，どの高齢者を低所得者とみなすかどうかの判断基準や資産をどのように評価するかも鍵となる．現役世代と比較して相対的に控除（公的年金等控除）額が大きいことを勘案すれば，単に住民税非課税世帯を低所得とみなして良いのか，あるいは低所得であっても住宅資産を持つ高齢者と持たない高齢者をどのように低所得者対策上，区別するのか，さらに資産額，資産収入をどのように把握するのかなど，高年齢者における「低所得」基準の設定自体にも課題が残されている（田中, 2013；田中・駒村, 2013）.

号, pp. 55-78.

田中聡一郎・駒村康平［2013］「消費増税時の低所得者対策――高齢者への偏重避けよ」『日本経済新聞』11月15日朝刊, p. 27.

山田篤裕［2007］「高年齢者の継続雇用義務への企業の対応――賃金・年収水準調整を中心に」『労働政策研究報告書』No. 83, pp. 69-90.

山田篤裕［2009］「高齢者就業率の規定要因――定年制度, 賃金プロファイル, 労働組合の効果」『日本労働研究雑誌』No. 589, pp. 4-19.

山田篤裕［2012］「雇用と年金の接続――在職老齢年金の就業抑制効果と老齢厚生年金受給資格者の基礎年金繰上げ受給要因に関する分析」『三田学会雑誌』第104巻 4 号, pp. 81-99.

山田篤裕［2015］「特別支給の老齢厚生年金定額部分支給開始年齢引上げ（2010年）と改正高年齢者雇用安定法による雇用と年金の接続の変化」『三田学会雑誌』第107巻 4 号, pp. 107-128.

山田篤裕・小林江里香・Jersey Liang［2011］「なぜ日本の単身高齢女性は貧困に陥りやすいのか」『貧困研究』第 7 号, pp. 110-122.

山本勲［2008］「高年齢者雇用安定法改正の効果分析」樋口美雄・瀬古美喜・慶應義塾大学経商連携21世紀COE編『日本の家計行動のダイナミズムIV』所収, 慶應義塾大学出版会.

労働政策研究・研修機構［2007］「高齢者継続雇用に向けた人事労務管理の現状と課題」『労働政策研究報告書』No. 83. http://www.jil.go.jp/institute/reports/2007/083.htm（アクセス日2013年11月15日）

労働政策研究・研修機構［2010］「高年齢者の雇用・就業の実態に関する調査」『JILPT調査シリーズ』No. 75. http://www.jil.go.jp/institute/research/2010/075.htm（アクセス日2013年11月15日）

Lazear, E. P.［1979］“Why Is There Mandatory Retirement?”, *Journal of Political Economy*, Vol.87, No.6.

Lazear, E. P.［1986］“Retirement from the Labor Force”, in Orley Ashenfelter and Richard Layard (eds.), *Handbook of Labor Economics*, North-Holland, Vol.1, pp. 305-355.

Lazear, E. P.［1998］*Personnel Economics for Managers*, John Wiley & Sons, Inc., New York（樋口美雄・清家篤訳『人事と組織の経済学』日本経済新聞社, 1998年）.

OECD［2011］*Pensions at a Glance 2011*, OECD Paris.

OECD［2004］*Employment Outlook*, OECD Paris.

OECD［2013a］*Employment Outlook*, OECD Paris.

OECD［2013b］「雇用アウトルック2013――日本に関する分析」. http://www.oecdtokyo2.org/pdf/theme_pdf/employment_pdf/20130716EmploymentOutlook2013_cntnt_japan_jp.pdf（アクセス日2013年11月15日）

第2章
雇用と年金の所得課税

上村敏之

1　はじめに

雇用の形態によって加入する公的年金制度が異なるために，現役期の労働所得による所得分布は，退職期の年金所得による所得分布に関係をもたらす．雇用の多様化は，家計の生涯にわたる所得分布に影響を与える．過度な所得の不平等化は社会的に望ましくないため，政府による再分配政策が支持される．高齢化に伴い，マクロ面でも公的年金の給付は増大しており，再分配政策としての公的年金税制は，政策的にますます重要となっている．

公的年金制度と所得課税は連動している．公的年金にかかる税制を，一般に公的年金税制と呼ぶ．日本の場合は，家計に対する公的年金税制は，次のような仕組みになっている．第1に，拠出時の年金保険料は全額が社会保険料控除で非課税となり，所得税と住民税の所得控除として課税ベースから差し引くことができる．第2に，給付時の年金収入には，公的年金控除が適用できる．公的年金控除や社会保険料控除といった所得控除は，所得税や住民税の税額計算において，課税所得を算出する際に使われる．

表2-1にあるように，公的年金控除は1988年税制に創設された．1988～1989年税制の定額控除は80万円（65歳未満の者は40万円）で，最低控除額は120万円（65歳未満の者は60万円）であった．1990～2004年税制では，定額控除は100万円（65歳未満の者は50万円），最低控除額は140万円（65歳未満の者は70万円）に拡充された．

現行の公的年金控除は，最低控除額が65歳以上の者に120万円，65歳未満の者に70万円となっており，50万円の定額控除を差し引いた年金収入において，360万円までの部分は25%，720万円までの部分には15%，720万円を超える部分には

表2－1　公的年金控除の制度の変遷

●1988年税制創設～ 1989年税制

定額控除　80万円（65歳未満の者　40万円）
定率控除（定額控除後の年金収入に対し）
360万円までの金額　25％
720万円までの金額　15％
720万円を超える金額　5％
最低控除額　120万円（65歳未満の者　60万円）＞給与所得控除の最低控除額　57万円

●1990年税制～ 2004年税制

定額控除　100万円（65歳未満の者　50万円）
定率控除（定額控除後の年金収入に対し）
360万円までの金額　25％
720万円までの金額　15％
720万円を超える金額　5％
最低控除額　140万円（65歳未満の者　70万円）＞給与所得控除の最低控除額　65万円

●2005年税制以降

定額控除　50万円
定率控除（定額控除後の年金収入に対し）
360万円までの金額　25％
720万円までの金額　15％
720万円を超える金額　5％
最低控除額　120万円（65歳未満の者　70万円）＞給与所得控除の最低控除額　65万円

5％が控除として認められている．公的年金控除の拡充については，年金収入を過度に優遇しているとの批判があり，2005年税制以降では最低控除額と定額控除が縮小されている．

それでも，依然として年金収入が優遇されているという批判は根強い．過去には，基礎年金の国庫負担率を引き上げるために，年金収入への課税を強化して財源を捻出している．また，現在進行中の「社会保障と税の一体改革」においても，公的年金控除のあり方について議論がなされている．議論の背景としては，拠出時の年金保険料が社会保険料控除によって非課税であるうえに，給付時の年金収入も公的年金控除によって大部分が実質的に非課税であることが影響している．

表2－2では，主要国の公的年金税制を比較している．拠出段階は本人負担分に注目する．拠出時の年金保険料については，日本とフランスが全額控除，ドイ

表2－2　主要国における公的年金税制

			日　本	アメリカ	イギリス	ドイツ	フランス
拠出段階	給与所得者	事業主負担分	損金算入	損金算入	損金算入	損金算入	損金算入
		被用者に対する給与課税	無し	無し	無し	無し	無し
		本人負担分	控除有り（全額）	控除無し	控除無し	控除有り[2]（限度額有り）	控除有り（全額）
	事業所得者	本人負担分	控除有り（全額）	1/2 所得控除	控除無し	控除有り[2]（限度額有り）	控除有り（全額）
給付段階	老齢年金		課税	一部課税[1]	課税	一部課税[3]	課税
	遺族年金		非課税	一部課税[1]	課税	一部課税[3]	課税
	障害年金		非課税	一部課税[1]	課税	一部課税[3]	課税
	所得計算上の特例措置		控除有り	所得算入の特例有り[1]	特例無し	所得算入の特例控除および控除有り[3]	控除有り[4]

（注）　1）公的年金の一部（50%）は，原則として総所得に算入される．ただし，当該公的年金およびそれ以外の所得を勘案して税法に定められた暫定所得（provisional income）が一定水準未満の場合は，公的年金は総所得に算入されず，また暫定所得が一定水準以上の場合は，総所得に算入される公的年金は増額される（最大85%）．

2）年金保険料および疾病保険，介護保険等の社会保険制度に対する社会保険料と生命保険料の合計額に対する実額控除（ただし，限度額有り）または概算控除が認められる（ただし，概算控除は給与所得者の源泉徴収段階のみ適用）．

3）受給が開始された年度に応じて，給付額の一定部分が課税対象となる（受給開始が2005年以前の納税者は課税対象となる割合が50%，2006年以降の納税者は50%から毎年上昇）．また，当該部分について，他の一定の年金給付の課税対象部分と併せて，年102ユーロ（1.4万円）の控除が認められる．

4）年金額に対する10%の控除（最低控除額374ユーロ（5.0万円），控除限度額3,660ユーロ（49.4万円））が認められる．

（備考）　邦貨換算レートは，1ユーロ=135円（裁定外国為替相場：平成25年（2013年）11月中における実勢相場の平均値）．なお，端数は四捨五入している．

（出所）　財務省資料「主要国における公的年金税制」（2014年1月現在）より注も含めて引用．

ツが限度額を設けた控除，アメリカが2分の1を控除，イギリスは控除無しとなっている．給付時の年金収入については，日本とフランスは課税するものの，控除が存在する．イギリスは特例無しに課税となっている．

租税の経済理論によれば，拠出時と給付時のどちらか一方の所得に課税するべきとなる．その理由は，特定の所得を，税制上，過度に優遇することは避けるべきだからである．例えば，拠出時の年金保険料が非課税であれば，給付時の年金収入には課税することが望ましい．この観点から考えれば，日本とフランスは，他の主要国よりも公的年金を優遇していると言えよう．

本章の問題意識は，このような背景を持つ公的年金控除が，どのような再分配効果を持つのかについて検討することにある．雇用形態が異なれば，拠出する年金保険料の形態が異なる．給与所得者は定率の年金保険料を拠出するが，短期労働者は定額の年金保険料を拠出する傾向にある．これが公的年金制度を通じた給付時の年金収入の大きさに反映され，家計のライフサイクルにおける所得分布にも影響する．雇用の多様化が進む中で，世帯も様々な異質性を持つようになる．そのため，世帯の多様な異質性を考慮した再分配効果の評価が重要になっている．

公的年金制度は，現役時の所得から年金保険料を拠出し，退職時に年金給付を受けるという，長い時間にまたがる制度である．制度が家計に与える影響は，家計がライフサイクルのどの時点でどのような制度を経験するかで違ってくる．一時点の評価よりも，過去から将来にわたる制度を反映させ，家計のライフサイクルから評価することが有益である．そのため，世帯の異質性と時間軸を考慮して公的年金控除の再分配効果を評価することが必要になる．

以上より本章は，時間の経過を考慮した家計のライフサイクルの視点から，家計の異質性を表現できるマイクロデータを用いる分析を行う．時間の経過を考慮しつつ，世代間のみならず，世代内の所得格差を測定し，公的年金控除の再分配効果を評価する．

本章の構成は以下のとおりである．2節では既存研究を紹介する．3節では分析手法について，ライフサイクル・モデルの概要とタイル尺度の定式化について示す．4節ではデータの加工方法，5節では分析結果について記載し，むすびとする．

2　既存研究と本章の視点

税制や社会保険制度について論じた既存研究は多数あるが，本章に関連するものとして，家計のマイクロデータを扱った研究を中心に見ていくことにする．

表2-3にあるように，家計のマイクロデータを用いて，税制や社会保障の再分配効果について評価している既存研究がある．具体的には，阿部［2000］，大石［2006］，府川［2006］，田近・八塩［2006］，小塩・浦川［2008］，小塩［2009, 2010］，田中［2010］，高山・白石［2010］，北村・宮崎［2012］，大野他［2013］，田中・四方・駒村［2013］などがある．以下，いくつかの既存研究の概要につい

て言及する.

阿部［2000］は，厚生労働省『所得再分配調査』の個票データを利用し，社会保険料が現役層の不平等度を悪化させ，中でも医療保険料や年金保険料の逆進性が，現役層の高齢世代であるほど高いことを示している.

表2-3 既存研究の概要

既存研究	データの取り扱い	データ（年）	分析区分	分析対象
阿部［2000］	一時点	所得再分配調査（1990年，1993年，1996年）	所得階級・世代	社会保険料
大石［2006］	一時点	所得再分配調査（1987年，1990年，1993年，1996年，2002年）	所得階級・世代	所得課税 社会保険料
府川［2006］	一時点	所得再分配調査（1987年，1990年，1993年，1996年，2002年）	全世帯と特定世帯（現役世帯，高齢世帯，低所得世帯）	所得課税 社会保険料
田近・八塩［2006］	一時点	国民生活基礎調査（2001年）	所得階級・世代	所得課税 社会保険料
小塩・浦川［2008］	一時点	国民生活基礎調査（1998年，2001年，2004年，2006年）	所得階級・世代	所得課税 社会保険料
小塩［2009］	生涯ベース	国民生活基礎調査（1998年，2001年，2004年，2006年）	所得階級・世代	所得課税 社会保険料
小塩［2010］	生涯ベース	国民生活基礎調査（1998年，2001年，2004年，2006年）	所得階級・世代	所得課税 社会保険料
田中［2010］	一時点	国民生活基礎調査（2001年，2004年，2007年） 所得再分配調査（1993年，1996年，1999年，2002年，2005年）	所得階級・世代・家族構成	所得課税・消費税 社会保険料・給付
高山・白石［2010］	一時点	全国消費実態調査（2004年）	所得階級・世代	消費税
北村・宮崎［2012］	一時点	全国消費実態調査（1984年，1989年，1994年，1999年，2004年）	所得階級・世代	所得課税 社会保険料
大野他［2013］	生涯ベース（家計データを集計・平均化して突合）	国民生活基礎調査（2010年） 全国消費実態調査（2009年） 家計調査（2009年）	所得階級・世代・家族構成	所得課税・消費税 社会保険料・給付
田中・四方・駒村［2013］	一時点	全国消費実態調査（1994年，1999年，2004年，2009年）	所得階級・世代	所得課税 社会保険料

大石［2006］と府川［2006］も『所得再分配調査』の個票データを用いて，世代内の所得格差を評価している．大石［2006］は，現役世代の世代内格差により，税と社会保険料による再分配後の所得格差が広がっているとした．府川［2006］は総世帯の所得格差の拡大が1980年代と比べて1990年代に広がり，それが勤労世帯の当初所得の格差だけでなく，低所得世帯の社会保険料の逆進性による所得再分配政策の機能低下によるものであるとした．

小塩・浦川［2008］は『国民生活基礎調査』の個票データを用いて，2000年以降には所得格差が縮小傾向にあり，所得再分配政策は高齢層に限定的であることを示している．小塩［2009］は利子率を一定として生涯所得額と生涯負担額を算出して生涯ベースととらえ，一時点と同じように低所得者層の社会保障負担に逆進性が認められることを明らかにしている．大野他［2013］も，『全国消費実態調査』，『国民生活基礎調査』そして『家計調査』を用い，一時点に加えて生涯ベースで税と社会保険料を評価して，類似の結果を導出している．

田近・八塩［2006］は，社会保険料控除と公的年金控除に注目し，これらの控除が廃止された場合の影響を考察している．社会保険料控除や公的年金控除によって年金世帯の税と社会保険料負担が現役世帯よりも低いことを指摘した．

高山・白石［2010］は，『全国消費実態調査』の匿名データから所得階級別世代別家族構成別に消費税の逆進性を示し，田中［2010］は『国民生活基礎調査』と『所得再分配調査』から消費税の逆進性を明らかにしている．

以上の研究では，厚生労働省『所得再分配調査』，厚生労働省『国民生活基礎調査』，総務省『全国消費実態調査』といった家計のマイクロデータを用いて，税制や社会保障制度についての再分配効果を明らかにしている．なお，『所得再分配調査』と『国民生活基礎調査』は３年おき，『全国消費実態調査』は４年おきに報告されている．

既存研究の分析手法を見れば，複数年のマイクロデータを一時点で評価し，それらの分析結果を比較することで，再分配効果を相対的に評価する研究が多い．また，所得階級，世代間，家族構成といった家計の属性によって分類することで，全体の再分配効果を分離する試みがなされている．

このように，一時点の所得や消費によって評価する方法もあれば，生涯ベースという概念で，再分配効果にアプローチする方法も見られる．既存研究による生涯ベースのアイデアは，一時点で生きている年齢の異なる家計のデータをつなげることで，あたかも家計の一生を示すようなデータに加工し，そのデータに基づいて再分配効果を測定する方法である．

しかしながら，この方法は，時間の経過を考えて生涯ベースのデータを加工しているわけではない．結局は，一時点の異なる家計のデータを生涯ベースとして解釈していることになる．しかしながら，ある時点の家計は，過去の税制や社会保障制度にも直面していたはずであり，将来の税制や社会保障制度にも直面していくことになる．

そこで本章では，時間の経過を考えることで家計のマイクロデータを拡張し，ライフサイクルの観点から割引現在価値によって所得を評価することで，所得に影響を与える公的年金控除の再分配効果を測定する．

なお，時間の経過を考慮したライフサイクルの概念を用い，税制や公的年金制度を評価する既存研究として，橋本・林・跡田［1991］，前川［2004］，中嶋・上村［2006］，橋本［2009］などがある．

これらの既存研究は，1つの世代に代表的家計を想定する特徴を持っている．この分析手法は，世代間の評価を行うには都合がよい．しかしながら，家族構成や就業状況などによって生じる世代内の所得格差を評価することができない．税制や公的年金制度は，世代間はもちろんだが，世代内の所得格差にも影響を与えるため，世代内の家計の異質性の視点から評価することが重要である．

3　ライフサイクル・モデルによる分析手法

本節では，本章の分析手法について述べる．まず，家計のマイクロデータを用いて構築される，時間の動きを考慮したライフサイクル・モデルにより，公的年金控除が持つ再分配効果を評価する方法について述べる．その後，ライフサイクルでの所得の割引現在価値の不平等度を評価する指標としてのタイル尺度の定式化を行う．

3.1　家計のライフサイクル・モデル

本章では，時間の動きを考慮した家計のライフサイクルにおける予算制約が，所得課税や公的年金制度を通した公的年金控除から受ける影響を考察する．分析対象は，世帯主がいて配偶者やその他の世帯構成員からなる家計であり，その添え字をiとする．

図2－1にあるように，世帯主が就業開始年齢（$a=a_1$）に到達した時から，年金支給開始年齢（$a=a_n$）の前年の退職年齢（$a=a_n-1$）までの勤労期に，家計iは世帯主の労働による収入W_a^Hを得る．この家計に配偶者がいる場合は，同様に配偶者の労働による収入W_a^Sを得る．労働による収入は，雇用の多様性を考慮して，産業別の賃金や短期労働か否かが反映される．これらの想定により，本章のライフサイクル・モデルでは，家計は所得に関して異質性を持つ．

なお，本章では就業開始年齢a_1は20歳とする．退職年齢は，公的年金制度によって定められている年金支給開始年齢a_nに応じて，性別および年齢別に決められる．

就業開始年齢から退職年齢に至るまで，世帯主の収入W_a^Hと配偶者の収入W_a^Sに対しては，所得税（N_a^HおよびN_a^S），住民税（L_a^HおよびL_a^S）が課税され，さらに年金，医療，介護保険制度に基づく社会保険料（P_a^HおよびP_a^S）を拠出する．便宜上，世帯主の収入W_a^Hは配偶者の収入W_a^Sよりも大きいと想定する．所得課税の所得控除は世帯主の収入に対して，世帯属性を反映して適用する．この時，拠出された年金保険料には社会保険料控除が考慮される．

この家計iの世帯主が退職し，年金支給開始年齢（$a=a_n$）に到達してから死亡

図2－1　家計のライフサイクル・モデルのイメージ

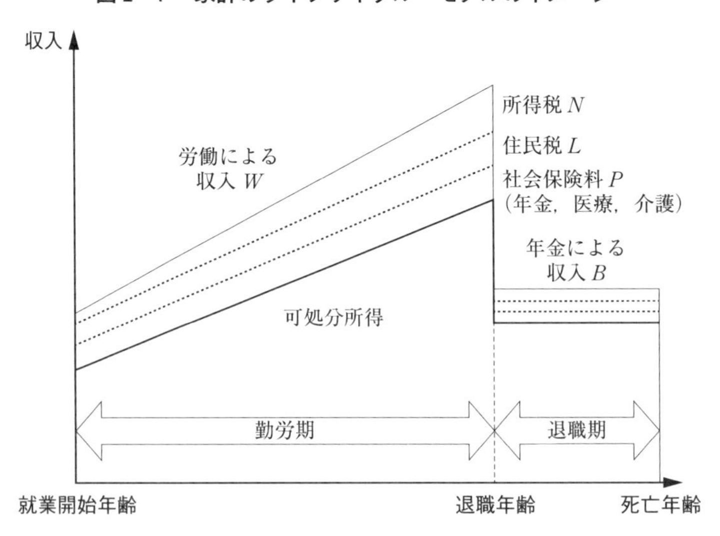

年齢（$a=a_d$）までの退職期に年金給付B_a^Hを受ける．家計iに配偶者がいる場合，配偶者の年金給付B_a^Sも同様であるが，年金支給開始年齢と死亡年齢は性別によって異なる．死亡年齢は性別で異なる平均寿命を想定する．年金給付に対しても，所得税と住民税が課税されるが，この時には公的年金控除が考慮される．

家計iは，他の家計から遺産を受け取らず，就業開始年齢a_1の時点での貯蓄はゼロだと仮定する．さらに，世帯主と配偶者以外のその他の世帯構成員の収入や貯蓄は無視する．

世帯主および配偶者と同様に，その他の世帯構成員，例えば同居する子どもや親なども，時間とともに年齢を重ねる．子どもについては平均結婚年齢に到達すれば，家計iから独立すると考える．同居する親などが死亡年齢に達した場合は，その家計からいなくなる．平均結婚年齢も性別によって異なる．世帯主と配偶者のどちらもが死亡年齢に達した時には，その家計も消滅すると考える．

以上のような想定の下で，家計iのライフサイクルにおける予算制約式は，現在割引価値にすることで（1）式に定式化できる．

$$(1)\quad \sum_{a=20}^{a_d}\frac{C_a}{P_t}=\sum_{a=20}^{a_d}\frac{W_a^H+W_a^S+B_a^H+B_a^S-N_a^H-N_a^S-L_a^H-L_a^S-P_a^H-P_a^S}{P_t}$$

なお，各年齢における家計iの名目の消費額をC，物価水準をPとしている．添え字tは年を示している．この時，家計iの世帯主の生まれ年をbとすれば，$t=b+a$の関係がある．例えば，2004年（$t=2004$）に世帯主が35歳（$a=35$）ならば，この世帯主は1969年（$b=1964=t-a$）に生まれている．

先の（1）式の右辺は可処分所得の割引現在価値を示しており，家計iは可処分所得を用いて消費Cを行うことで効用を得ている．そのため，可処分所得の割引現在価値の大きさが，家計iの消費Cを規定し，家計iの効用を左右する．

そこで本章では，公的年金控除が可処分所得の割引現在価値に与える影響について，不平等尺度を用いて分析を行う．公的年金控除が所得に与える影響を分離するため，２つのパターンで所得Yを定義する．

$$(2)\quad Y_A=\sum_{a=20}^{a_d}\frac{W_a^H+W_a^S+B_a^H+B_a^S-N_a^H-N_a^S-L_a^H-L_a^S-P_a^H-P_a^S}{P_t}$$

$$(3)\quad Y_B=\sum_{a=20}^{a_d}\frac{W_a^H+W_a^S+B_a^H+B_a^S-\hat{N}_a^H-\hat{N}_a^S-\hat{L}_a^H-\hat{L}_a^S-P_a^H-P_a^S}{P_t}$$

すなわち，Y_Aは労働による収入に年金給付を加えた所得に，所得税と住民税，さらには社会保険料を控除した可処分所得の割引現在価値（ケースA）である．また，公的年金控除を仮に廃止した場合を可処分所得の割引現在価値Y_B（ケースB）とする．ここで，$\hat{N}$と$\hat{L}$は，それぞれ公的年金控除を廃止した場合の所得税と住民税である．

これらの2つの所得Y_AとY_Bを用いて，公的年金控除が家計のライフサイクルにおける所得にもたらす再分配効果を，不平等尺度を用いて計測する．

3.2　タイル尺度

前節のライフサイクル・モデルによって得られた2つの所得Y_AとY_Bに対して，不平等尺度であるタイル尺度を使うことで，公的年金控除がもたらす再分配効果を評価する．タイル尺度を用いる理由は，様々なカテゴリーに分解できる特徴を持っているからである[1)]．本章では，所得階級と世代の違いによってタイル尺度を分解する．以下，タイル尺度を定式化しよう．

総数nの家計の所得分布$Y=(Y_1, Y_2, \cdots, Y_n)$のタイル尺度$T$は以下のように定義される．

(4)　$$T=\log n-\sum_{i=1}^{n} s_i \log \frac{1}{S_i}=\sum_{i=1}^{n} s_i \log ns_i$$

ただし，s_iは以下のようにシェアに変換した所得分布であり，$\sum_{i=1}^{n} s_i=1$である．

(5)　$$s_i=\frac{Y_i}{\sum_{i=1}^{n} Y_i}$$

ここでs_iを用いてタイル尺度$T(s)$を示すと次のようになる．

(6)　$$T(s)=\sum_{i=1}^{n} \frac{s_i}{n\mu} \log \frac{s_i}{\mu}$$

1）所得分布を評価する指標には，タイル尺度のほかにも，ジニ係数，アトキンソン尺度，キング尺度，相対分散など，多くの不平等尺度が存在する．どの尺度を選ぶかは分析目的による．本章がタイル尺度を選んだ理由は，分析対象の所得分布を分割してグループ化した時に，グループ別およびグループ間の不平等度が，全体の不平等度にどれだけ影響しているかという寄与度による分解が簡単にできる点で有用な性格を持つからである．寄与度とは，ある変数の変数に対して，それぞれの要因がどれだけ影響しているかを表すものであり，グループ別の不平等度にウェイトを乗じて求められる．詳しくは青木［1979］などを参照．

ただし，μはシェアに変換した所得分布s全体の平均値である．

(7)　$\mu = \frac{\sum_{i=1}^{n} s_i}{n}$

続いて，シェアに変換した所得分布sをカテゴリーに分解する．タイル尺度は様々なカテゴリーに分解することができるが，ここでは例示として，所得階級を3つに区分し，第Ⅰ分位s_L，第Ⅱ分位s_M，第Ⅲ分位s_Hに分解するパターンを示す2)．各カテゴリーのシェアは，次のように区分できるとする．

(8)　$s_L = s_L(s_1, s_2, \cdots, s_j),\ s_M = s_M(s_{j+1}, s_{j+2}, \cdots, s_k),\ s_H = s_H(s_{k+1}, s_{l+2}, \cdots, s_n)$

ここで所得分布sは所得が少ない順番に並んでいるとして，第Ⅰ分位のシェアs_Lのデータ数はj個，第Ⅱ分位のシェアs_Mのデータ数は$k-j$個，第Ⅲ分位のシェアs_Hのデータ数は$n-k$個となっている．各カテゴリーの平均値については以下のとおりである．

(9)　$\mu_L = \frac{\sum_{i=1}^{j} s_i}{j},\ \mu_M = \frac{\sum_{i=j+1}^{k} s_i}{k-j},\ \mu_H = \frac{\sum_{i=k+1}^{n} s_i}{n-k}$

各カテゴリーの割合sと平均値を用いて，各カテゴリーのタイル尺度を算出する．

(10)　$T(s_L) = \sum_{i=1}^{n} \frac{s_i}{j\mu_L} \log \frac{s_i}{\mu_L},\ T(s_M) = \sum_{i=j+1}^{k} \frac{s_i}{(k-j)\mu_M} \log \frac{s_i}{\mu_M},$

$T(s_H) = \sum_{i=k+1}^{n} \frac{s_i}{(n-k)} \log \frac{s_i}{\mu_H}$

各カテゴリーのタイル尺度を合算し，全体のタイル尺度$T(s)$を表現する．なお，$T(s_L, s_M, s_H)$は，カテゴリー間のタイル尺度である．

(11)　$T(s) = V_L T(s_L) + V_M T(s_M) + V_H T(s_H) + T(s_L, s_M, s_H)$

(12)　$T(s_L, s_M, s_H) = \log n + V_L \log \mu_L + V_{LM} \log \mu_{LM} + V_{UM} \log \mu_{UM} + V_H \log \mu_H$

ここで，各カテゴリーのウェイトVは次のように表される．

(13)　$V_L = j\mu_L,\ V_M = (\mathrm{k}-\mathrm{j})\mu_M,\ V_H = (\mathrm{n}-\mathrm{k})\mu_H,\ V_L + V_M + V_H = 1$

したがって（11）式は，カテゴリー内のタイル尺度にウェイトを乗じたカテゴ

2)　本章の実際の分析では5分位と世代（世帯主の年齢）に分解する．

リー内寄与度と，カテゴリー間のタイル尺度であるカテゴリー間寄与度の和で示されている．本稿ではタイル尺度を，２つの所得に対して適用することで，公的年金控除の再分配効果を計測する．

4　データの加工方法について

本章のモデルによる分析を実施するには，ライフサイクルにおける所得の割引現在価値が必要である．そのベースとなるデータには，総務省［2004］『全国消費実態調査』匿名データ（以下，匿名データ）「２人以上の世帯」を用いる[3)]．ただし，2004年時点で自営業の世帯や高齢者だけの世帯は，分析対象のデータから除いており，実際に分析に使用したのは22,640レコードである．

2004年時点の匿名データより，世帯主と配偶者それぞれの「性別」「年齢５歳階級」「勤め先収入」「続柄」「就業・非就業の別」「企業規模」「産業符号」「職業符号」，そしてその他の世帯員については「年齢５歳階級」（15歳未満のみ「年齢各歳」）「性別」のデータを得る．なお，「　」内はデータ名を示している．

世帯主と配偶者の2004年時点の年齢は，５歳階級区分の中央値に設定した．15歳以上のその他の家族構成員についても，2004年時点の年齢を５歳階級区分の中央値に設定する．本章のモデルでは，時間を１年だけ過去にさかのぼれば，世帯主，配偶者，その他の世帯員の年齢も１歳少なくなり，１年だけ時間が経てば，世帯主，配偶者，その他世帯員の年齢も１歳増えるような形で，時間の経過を想定する．

図２-２には，ここで解説するデータの加工方法と分析方法の概要が示されている．匿名データをベースに用い，他の統計データを補助的に使って世帯別の就業開始年齢から退職年齢までの労働による収入を算出し，それをもとに年金収入を計算し，それらの収入に対する所得税および住民税を計測する．これらをもとに，家計の就業開始年齢から死亡年齢に至る所得を得て，可処分所得の割引現在価値から，タイル尺度を計算する．

3）　総務省［2004］『全国消費実態調査』の匿名データには，単身世帯と２人以上の世帯の２種類があるが本章では２人以上の世帯を使用する．なお，本章の分析で用いているデータセットは，統計法に基づいて，独立行政法人統計センターから匿名データの提供を受け，独自に作成・処理したものである．

図２－２　データの加工方法と分析方法

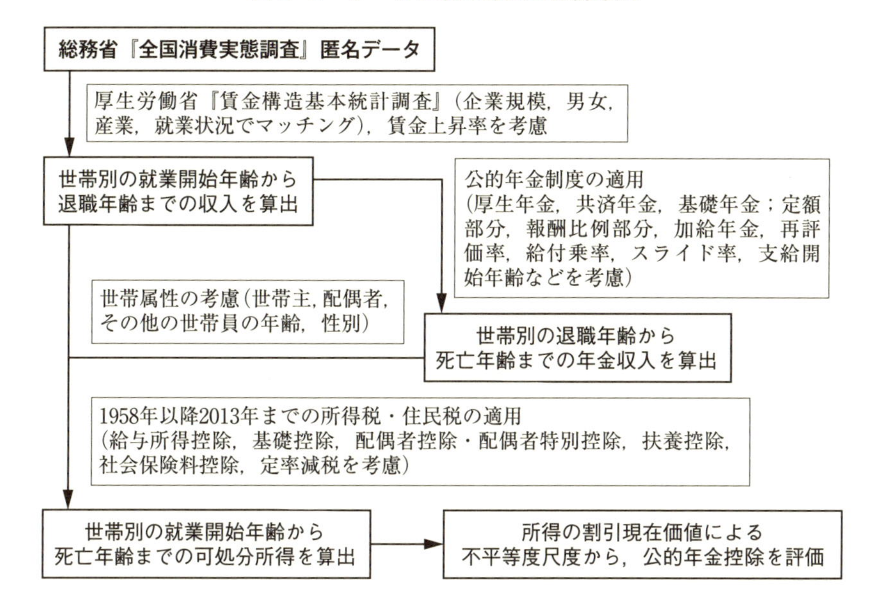

以降では，具体的な作業手順について解説する．

4.1　労働による収入の計測

匿名データの2004年時点の世帯主と配偶者の「勤め先収入」をもとにして，過去および将来の世帯主の労働による収入W_a^Hと配偶者の労働による収入W_a^Sを計測する．なお，データにおける世帯主と配偶者の「勤め先収入」を比較して，配偶者の「勤め先収入」が大きい場合は，配偶者を世帯主として考える．

また，匿名データの「勤め先収入」には賞与が含まれていないことに注意しなければならない．ここでは，2004年時点の就業状態が将来的に持続すると仮定して，世帯主と配偶者の「性別」「年齢５歳階級」「就業・非就業の有無」「企業区分」「企業規模」「産業符号」「職業符号」のデータに基づき，過去および将来の労働による収入を，賞与を含めて推計する．

世帯主または配偶者の職業が民間企業の場合は，2004年の厚生労働省『賃金構造基本統計調査（賃金センサス）』の男女別，産業別，企業規模別，年齢別，学歴計「きまって支給する現金給与額」および「年間賞与その他特別給与額」のデータを用いる．基本的に5歳刻みのデータが年齢区分の中央値にあると考え，1歳刻みになるように線形補間を行い，各年齢の労働による年間収入を推計する．この際，「きまって支給する現金給与額」と「年間賞与その他特別給与額」から得られる給料に対する賞与の倍率（賞与倍率）についても，男女別，産業別，企業規模別，年齢別に計算しておく．

そのうえで，年齢による年間収入の増加率を計測し，その増加率を2004年時点の匿名データの世帯主と配偶者の「勤め先収入」に適用することで，過去および将来の労働による収入を推計する．さらに，先の賞与倍率を用いることで，過去および将来の賞与の収入も得る．

ただし，これらは2004年の実質値であるから，名目賃金上昇率によって名目値に修正する[4)]．以上を各年齢で合計することで，名目の過去および将来の世帯主の労働による収入W_a^Hと配偶者の労働による収入W_a^Sを計測する．

世帯主または配偶者の職業が国家公務員の場合は2004年の人事院『国家公務員給与等実態調査報告書』行政職，学歴計，年齢別「平均給与月額」，地方公務員の場合は2004年の総務省『地方公務員給与実態調査』全地方公共団体，一般行政職，学歴計，年齢別「平均給与月額」を用い，民間企業と同様に年間収入の増加率を計算する．

公務員の場合は，賞与倍率が不明であるため，民間企業の平均的な賞与倍率を適用することで賞与を推計した．公務員についても，民間企業の場合と同じようにデータを加工し，名目の過去および将来の世帯主の労働による収入W_a^Hと配偶者の労働による収入W_a^Sを計測する．

以上より，就業開始年齢から退職年齢まで，過去および将来の世帯主の労働による収入W_a^Hと配偶者の労働による収入W_a^Sが得られた．

4.2　年金収入の計測

続いて，家計の年金収入を計測する．ライフサイクル・モデルにおいて年金収入は，所得の割引現在価値の大きい部分を構成するため，非常に重要である．

4）過去および将来の名目賃金上昇率のデータは，2009年の厚生労働省「財政検証関連資料」および2012年の「第5回 社会保障審議会　年金部会年金財政における経済前提と積立金運用のあり方に関する専門委員会　資料3－3」より取得した．

現在，公的年金改革により，年金支給開始年齢は60歳から65歳へ引き上げられる途上にあり，生まれ年によっても性別でも年金支給開始年齢が異なっている．本章では，年金支給開始年齢に到達した世帯主もしくは配偶者は，退職して死亡するまで年金給付を受け続けると想定する．なお，死亡年齢は男性が78歳，女性が85歳とした[5]．

年金収入については，世帯主または配偶者の職業別に，国民年金，厚生年金，国家公務員共済年金，地方公務員共済年金に区別する．職業別に分けられるとはいえ，公的年金制度は類似する制度を持っている．すなわち，定額部分と報酬比例部分については，下記の式によって計算される．

(14)　定額部分=定額単価×定額部分の乗率×被保険者期間の月数×物価スライド率×改定率

(15)　報酬比例部分=(2003年3月以前の期間の標準報酬月額×給付乗率×2003年3月以前の被保険者期間の月数+2003年4月以後の期間の標準報酬額×給付乗率×2004年4月以後の被保険者期間の月数)×物価スライド率×改定率

過去および将来の世帯主の労働による収入W_a^Hと配偶者の労働による収入W_a^Sより，それぞれの標準報酬月額または標準報酬額を計算する．その際，按分計算によって，2003年3月以前の標準報酬月額には賞与を含めず，2003年3月以降の標準報酬額には賞与を含めている．定額部分の年金給付，さらには標準報酬月額と標準報酬については上限も設定している．

それぞれの公的年金制度における定額単価，定額部分の乗率，給付乗率，物価スライド率，改定率を考慮して，世帯主の年金給付B_a^Hと配偶者の年金給付B_a^Sを推計する．ここで，乗率については，生年月をもとに按分計算し，世帯主と配偶者の誕生年に合うようにした．

なお，世帯主または配偶者が短期労働者の場合は，定額部分のみの年金給付となる．また，配偶者と子どもに対する加給年金や，国家公務員共済年金と地方公

5)　厚生労働省［2004］『簡易生命表の概況　表2　平均寿命の年次推移』によれば，男性の平均寿命は78.64歳，女性の平均寿命は85.59歳である．

務員共済年金については職域部分についても，ここで扱う．

4.3　所得課税と社会保険料の計測

以上の作業により，就業開始年齢から退職年齢までの世帯主の労働による収入W_a^Hと配偶者の労働による収入W_a^S，さらには年金支給開始年齢から死亡年齢までの世帯主の年金給付B_a^Hと配偶者の年金給付B_a^Sが得られた．これらに対して，所得税と住民税を課税する．

所得税と住民税については，給与所得控除，基礎控除，配偶者控除，配偶者特別控除，扶養控除，社会保険料控除，公的年金等控除の各種の所得控除を考慮し，超過累進構造の税率表に基づく税負担額を計測した[6]．将来の所得税と住民税については，2013年の制度を固定する．なお，世帯主と配偶者の双方に収入がある場合は，世帯主の収入に対して所得控除を適用する．

控除の金額を計算するには，扶養者数のデータが必要である．所得税および住民税の制度に基づき，扶養控除の対象年齢となる子どもや高齢者が世帯にいる場合は，彼らを扶養者とみなした．また，扶養される子どもは，平均結婚年齢を超えると扶養から外れると考えた．なお，平均結婚年齢は，男性は29歳，女性は27歳とした[7]．

社会保険料については，短期労働者を除く民間企業や国家公務員および地方公務員の場合は，労働による収入に対する社会保険料を，財務省の簡易計算方式を用いて計算している[8]．ここで得られた社会保険料は，所得税および住民税の社会保険料控除にも適用している．将来の社会保険料についても，所得税と住民税と同様に固定して計測した．

一方，短期労働者の場合は，国民年金保険料，国民健康保険料，介護保険料の定額負担が適用される．

---

6)　所得税および住民税の制度については，財務省『財政金融統計月報：租税特集』，大蔵省財政史室［1977, 1990］を参考にした．定率減税についても考慮しており，住民税については標準税率を採用している．

7)　厚生労働省［2004］『人口動態統計』によれば，男性の平均結婚年齢は29.6歳，女性の平均結婚年齢は27.8歳である．

8)　財務省の社会保険料の簡易計算方式については財務省『財政金融統計月報：租税特集』を参照．

国民健康保険料には日本年金機構「国民年金保険料の変遷」を使用する[9)]．国民健康保険料については，厚生労働省「全国高齢者医療・国民健康保険主管課（部）長及び後期高齢者医療広域連合事務局長会議」の1994年から2011年までの名目調定額を１人当たりにして使用する．それ以前については，国民健康保険料１人当たり調定額に年金保険料の前年度比を乗じて名目１人当たり調定額を計算する．介護保険料については，社会保険診療報酬支払基金「平成23事業年度介護保険特別会計付属明細書」より，確定納付金を第２号被保険者数で除し，第２号介護被保険者１人当たり確定納付金を算出する．将来の社会保険料については，名目賃金上昇率を考慮して延ばした．

これらの作業により，過去から将来にわたる世帯主と配偶者の所得税（N_a^HおよびN_a^S），住民税（L_a^HおよびL_a^S），社会保険料（P_a^HおよびP_a^S）が得られた．

4.4　タイル尺度の計測

以上の作業によって得られた，家計iの世帯主の労働による収入W_a^H，配偶者の労働による収入W_a^S，世帯主の年金給付B_a^H，配偶者の年金給付B_a^S，世帯主と配偶者の所得税（N_a^HおよびN_a^S），住民税（L_a^HおよびL_a^S），社会保険料（P_a^HおよびP_a^S）を用いれば，先に定義した所得Y_AとY_Bを計測できる．

なお，割引現在価値の計算に必要な物価水準Pは，総務省『消費者物価指数年報』より，2004年を１とする消費者物価指数を用いた．将来の物価水準Pは，厚生労働省「平成21年財政検証・財政再計算に基づく公的年金制度の財政検証」にある将来の物価上昇率を利用した．

得られた所得Y_AとY_Bからタイル尺度$T(s)$を計測し，ケースAとケースBに区別し，５分位の所得階級と年齢による世代で区分した．ここで，それぞれの所得に対するタイル尺度を$T(Y_A)$，$T(Y_B)$とする．最後に，労働による収入の割引現在価値Y_Aに関するタイル尺度$T(Y_A)$を基準として，公的年金控除の再分配効果$R(Y_A, Y_B)$は次のように得られる．

$$(16)\quad R(Y_A, Y_B) = \frac{T(Y_A - Y_B)}{T(Y_A)}$$

9)　国民年金保険料月額の推移は1961年４月以降から改正され，2017年４月以降は固定となっている．なお1961年４月から1970年６月までは35歳未満と35歳以上で保険料月額の値が異なるため，本章でも同様にする．

5　分析結果とまとめ

本章では，公的年金控除が家計の可処分所得の割引現在価値に与える影響について，ライフサイクル・モデルを用いて分析を行った．まず，労働による収入をもとに，年金給付，所得課税，社会保険料を考慮し，所得Y_AとY_Bを算出した．次に，公的年金控除の再分配効果$R(Y_A, Y_B)$を，所得階級別と世代別に算出し，表2-4の結果が得られた．

所得Y_AのケースAでは，全体のタイル尺度は0.0786となった．タイル尺度は所得階級と世代を区別して計測したが，世代間タイル尺度（0.0009）よりも所得階級間タイル尺度（0.0570）のほうが大きい．所得階級間タイル尺度は第Ⅰ分位が最も大きく（0.0769），その次に第Ⅴ分位となっている（0.0259）．世代間タイル尺度は大きくないが，世代内タイルの寄与度の合計（0.0777）は大きい．特に20歳以上30歳未満のタイル尺度（0.0845）は，50歳以上60歳未満のタイル尺度（0.0823）よりも最も大きく，若年世代の不平等が相対的に大きいことがわかる．

続いて，公的年金控除を廃止した所得Y_BのケースBでは，全体のタイル尺度は0.0749となった．再分配効果は4.7214％である．すなわち，公的年金控除を廃止するほうが，タイル尺度は低くなり，所得分布は平等化する．逆に言えば，公的年金控除の存在は，所得分布を不平等化している．

公的年金控除が可処分所得に与える影響は，控除金額×税率によって決定されるが，控除金額が一定でも税率が大きくなれば，可処分所得を大きく増やす．高い税率に直面しているのは，相対的には高所得階級であり，そのために公的年金控除が存在することが不平等化につながってしまう．

所得階級別の再分配効果に着目すれば，第Ⅰ分位は11.7848％で最も不平等化が大きい．これは，第Ⅰ分位においては，公的年金控除を利用できる家計と利用できない家計の差が大きいことが背景にあると考えられる．世代内の再分配効果に着目すれば，20歳以上30歳未満の再分配効果は6.1230％と大きく，もともと不平等度の高い若年世代において，公的年金控除がより不平等化を進めることが示されている．

本章では，家計のマイクロデータを用いて，ライフサイクルにおける所得が，所得課税と公的年金制度を通した公的年金控除から受ける影響を考慮して，所得

表2-4 公的年金控除の再分配効果（所得階級間と世代間）

■所得階級間の再分配効果

ケースA	区分	タイル尺度 $T(Y_A)$	ウェイト V	寄与度 $VT(Y_A)$	ケースB	区分	タイル尺度 $T(Y_B)$	寄与度 $VT(Y_A)$	公的年金控除の再分配効果 $R(Y_A, Y_B)$
所得階級内タイル尺度	第Ⅰ分位	0.0769	0.1008	0.0078	所得階級内タイル尺度	第Ⅰ分位	0.0679	0.0068	11.7848%
	第Ⅱ分位	0.0117	0.1661	0.0019		第Ⅱ分位	0.0116	0.0019	1.1323%
	第Ⅲ分位	0.0098	0.2014	0.0020		第Ⅲ分位	0.0096	0.0019	2.3210%
	第Ⅳ分位	0.0094	0.2323	0.0022		第Ⅳ分位	0.0091	0.0021	2.5544%
	第Ⅴ分位	0.0259	0.2994	0.0078		第Ⅴ分位	0.0244	0.0073	5.7315%
所得階級間タイル尺度		0.0570	1.0000	0.0216	所得階級間タイル		0.0547	0.0201	3.9779%
全体のタイル尺度		0.0786		0.0786	全体のタイル尺度		0.0749	0.0749	4.7214%

■世代間の再分配効果

ケースA	区分	タイル尺度 $T(Y_A)$	ウェイト V	寄与度 $VT(Y_A)$	ケースB	区分	タイル尺度 $T(Y_B)$	寄与度 $VT(Y_A)$	公的年金控除の再分配効果 $R(Y_A, Y_B)$
世代内タイル尺度	20歳以上30歳未満	0.0845	0.0551	0.0047	世代内タイル尺度	20歳以上30歳未満	0.0793	0.0063	6.1230%
	30歳以上40歳未満	0.0708	0.2700	0.0191		30歳以上40歳未満	0.0671	0.0045	5.3048%
	40歳以上50歳未満	0.0777	0.3440	0.0267		40歳以上50歳未満	0.0741	0.0055	4.5683%
	50歳以上60歳未満	0.0823	0.3309	0.0272		50歳以上60歳未満	0.0784	0.0061	4.6818%
世代間タイル尺度		0.0009	1.0000	0.0777	世代間タイル		0.0010	0.0224	－10.0529%
全体のタイル尺度		0.0786		0.0786	全体のタイル尺度		0.0749	0.0234	4.7214%

の割引現在価値から不平等尺度を計測した．租税の経済理論による拠出と給付に対する課税の整合性をとる視点に加えて，本章の分析結果を受ければ，現在の公的年金控除が結果として不平等化をもたらしていることを重視することが重要である．「社会保障と税の一体改革」においては，公的年金控除の見直しが議論されているが，公的年金控除を縮小して平等化をうながし，得られた財源を社会保障制度に活用することが必要だと考えられる．

【参考文献】

青木昌彦［1979］『分配理論』筑摩書房.

阿部彩［2000］「社会保険料の逆進性が世代内所得不平等度にもたらす影響」『季刊社会保障研究』Vol. 36, No. 1, pp. 67-80.

大石亜希子［2006］「所得格差の動向とその問題点」貝塚啓明・財務省財務総合政策研究所編著『経済格差の研究――日本の分配構造を読み解く』中央経済社.

大蔵省財政史室［1977］『昭和財政史――終戦から講和まで：第8巻租税（2）税務行政』東洋経済新報社.

大蔵省財政史室［1990］『昭和財政史――昭和27～48年度：第6巻租税』東洋経済新報社.

大野太郎・中澤正彦・三好向洋・松尾浩平・松田和也・片岡拓也・高見澤有一・蜂須賀圭史・増田知子［2013］「家計の世帯分布――『全国消費実態調査』『家計調査』『国民生活基礎調査』の比較」PRI Discussion Paper Series.

小塩隆士［2009］「社会保障と税制による再分配効果」国立社会保障・人口問題研究所編『社会保障財源の効果分析』東京大学出版会.

小塩隆士［2010］『再分配の厚生分析――公平と効率を問う』日本評論社.

小塩隆士・浦川邦夫［2008］「2000年代前半の貧困化傾向と再分配政策」『季刊社会保障研究』Vol. 44, No. 3, pp. 278-290.

北村行伸・宮崎毅［2012］「所得不平等と税の所得再分配機能の評価――1984-2004年」『経済研究』Vol. 63, No. 1, pp. 56-69.

高山憲之・白石浩介［2010］「わが国世帯における消費税の負担水準」一橋大学経済研究所世代間問題研究機構ディスカッション・ペーパー, CIS-PIE DP, No. 491.

田近栄治・八塩裕之［2006］「日本の所得税・住民税負担の実態とその改革について」貝塚啓明・財務省財務総合政策研究所編著『経済格差の研究――日本の分配構造を読み解く』中央経済社.

田中聡一郎・四方理人・駒村康平［2013］「高齢者の税・社会保障負担の分析――『全国消費実態調査』の個票データを用いて」『フィナンシャル・レビュー』No. 115, pp. 117-133.

田中秀明［2010］「税・社会保険料の負担と社会保障給付の構造――税制と社会保障制度の一体改革に向けて」一橋大学経済研究所世代間問題研究機構ディスカッション・ペーパー, CIS-PIE DP, No. 481.

中嶋邦夫・上村敏之［2006］「1973年から2004年までの年金改革が家計の消費貯蓄計画に与えた影響」『生活経済学研究』No. 24, pp. 15-24.

橋本恭之［2009］『日本財政の応用一般均衡分析』清文社.

橋本恭之・林宏昭・跡田直澄［1991］「人口高齢化と税・年金制度――コーホート・データによる制度改革の影響分析」『経済研究』Vol. 42, No. 4, pp. 330-340.

府川哲夫［2006］「世帯の変化と所得分配」小塩隆士・田近栄治・府川哲夫編著『日本の所得分配――格差拡大と政策の役割』東京大学出版会.

前川聡子［2004］「社会保障改革による世代別受益と負担の変化」『フィナンシャル・レビュー』No. 72, pp. 5–19.

第3章
高齢者の所得格差と低所得問題*

四方理人・田中聡一郎

1　はじめに

日本の所得分配を年齢階級別に見た時，所得格差を表すジニ係数と相対的貧困率は年齢が高くなるにつれて大きくなる．そのため，高齢者の所得分配の特徴として，生産年齢層と比べて，所得格差は大きく，また貧困も生じやすいとされる．さらに，このことは人口の高齢化が進むにつれて，所得格差が大きく貧困率の高い年齢層が総人口に占める割合が大きくなるため，日本全体の所得分配が悪化することも意味している．したがって，人口の高齢化が避けられない日本社会において，高齢者の所得分配についての研究は，必要不可欠な実証課題となっている．

これまでの研究によれば，高齢者の所得格差は，主に勤労収入（同居する子の収入も含む）によって格差拡大を引き起こされていることが示されている（小島［2001］；Yamada［2007］）．また年金については，国民年金は所得格差をわずかに縮小しているが，厚生年金や共済年金が所得格差を徐々に広げていることなども指摘されている（Yamada［2007］）．一方，高齢者の貧困についても，当初所得から再分配所得までの様々な所得の定義を用いた貧困率の変化（橘木・浦川［2006］；阿部［2006］）[1] を計測することによって，公的年金の貧困削減効果が大きいことなどが示されている．これらの研究から，高齢者の就業や税制・社会

＊　本稿は，科学研究費（26380372）の研究成果の一部であり，総務省統計局『全国消費実態調査』の調査票情報を独自集計したものである．

1）　ただし，当初所得から再分配所得（阿部［2006］では市場所得から再分配後所得）を算出する際，税，社会保険料，社会保障給付を加除する順番は両研究で異なっている．また，橘木・浦川［2006］は医療などの現物給付を加えているが，阿部［2006］では加えていない．

保障が，高齢者の所得分配にどのような影響を与えているかについて重要な示唆を得られる．

1990年代以降の高齢者の所得分配については，世帯構造の変化や医療・介護の自己負担がどのように影響を与えたのかという分析テーマがある．例えば，高齢者の経済状況は，高齢者本人の就業や年金給付ばかりではなく，同居する世帯員からの収入の影響も大きい．特に1990年代から2000年代の日本社会においては，人口の高齢化だけでなく，世帯構造の変化も大きく，三世代同居の割合は大幅に減少している[2)]．そうした影響をとらえるために，家族収入が高齢者の所得格差に与える影響に着目した検証が必要である．

また近年は，高齢者に相応の医療・介護の自己負担を求める動きが進められている[3)]．一方で，高齢化が進むことにより，低所得高齢者の問題は表面化することが考えられる．そのため，医療・介護サービスの需要が大きい高齢者への自己負担の影響についても考察が必要である．以上の問題意識から，1990年代から2000年代にかけての高齢者の所得格差と貧困に関する分析を行う．

構成は以下のとおりである．第2節で，データと分析で用いる所得の定義について説明を行い，第3節で日本の所得格差の現状について述べる．第4節では高齢者の所得格差の分析を行う．第5節では，高齢者の貧困分析として，医療費と介護費の影響を考慮し，可処分所得からそれらの自己負担を差し引いた所得の貧困率の推計を行う．最後に，本章での議論の要約を行う．

2　データと定義

2.1　データ

本稿では1994年，1999年，2004年，2009年の『全国消費実態調査』（総務省）

2）『国民生活基礎調査』によれば，65歳以上の者のいる世帯に占める三世代世帯の割合は1990年39.5％から2010年16.2％となった．

3）社会保障制度改革国民会議の報告書は，すべての世代が年齢ではなく，負担能力に応じて負担することを求めている．その後，医療では，70～74歳の自己負担割合を1割としていた軽減特例措置を，2014年4月から段階的に廃止し，2割とすることになった．介護では，2015年8月から一定以上所得者の自己負担割合を2割とすることになった．

の個票データを用いて，高齢者の経済状況を把握する．『全国消費実態調査』は，消費・所得・資産の把握を行っている調査である．また調査規模も大規模な調査であり，2009年の同調査報告書によると標本数は約57,000世帯（うち単身世帯は約4,400世帯）となっている．ただし『全国消費実態調査』では，単身世帯で社会施設に入所している者や病院等への入院者については調査対象ではないため，高齢者の経済状況を把握する際には留意が必要である．

『全国消費実態調査』には，「年収・貯蓄等調査票」「家計簿」などの複数の調査票がある．第3節の「世代間所得格差と世代内所得格差」では年収データのある「年収・貯蓄等調査票」のデータを用いているが[4)]，第4節「高齢者の所得源泉による所得格差の寄与度分解」と第5節「低所得高齢者の問題」では医療費・介護費の分析に消費データの利用が必要であるため，「年収・貯蓄等調査票」のサンプルにそろえるように，「家計簿」のデータを統合したものを用いている[5)]．

また税・社会保険料の推計については，「年収・貯蓄等調査票」の年収データを用いて筆者が独自に推計を行った所得税，住民税と社会保険料を用いる．この税・社会保険料モデルでは，所得税，住民税，各種社会保険料（国民年金，厚生年金，国民健康保険，協会けんぽ，後期高齢者医療制度，雇用保険，介護保険）をすべて個別に推計している．さらに社会保険料の減免制度，また高額療養費，高額介護サービス費，高額医療・高額介護合算療養費制度についても反映したマイクロ・シミュレーションモデルを用いている（田中・四方・駒村 [2013]）．

2.2　所得の定義

本稿で用いた所得の定義は，以下のとおりとなる．一般には「等価可処分所得」という所得を用いて，所得格差や貧困の計測が行われている．本稿での「可処分所得」は，総所得から税，社会保険料を差し引いた所得である．本稿ではさらに，医療費や介護費の影響を観察するため，可処分所得から医療・介護の自己負担を差し引いた「医療費・介護費控除後の可処分所得」という概念も用いる．

---

4)　第3節で用いたデータではトップコーディングとボトムコーディングも行っている．詳しくは四方 [2013] を参照．

5)　集計では，「年収・貯蓄等調査票」の集計用乗率（一般集計）を用いることにした．

反対に，利用した医療や介護の現物給付を再分配所得として可処分所得に加える考え方もあるが，その方法をとると，再分配前は同じ所得の世帯でも，病気や要介護状態になり現物給付を多く受ける世帯のほうが，再分配後の所得が大きくなってしまう．本稿ではこの問題に対処するために，医療や介護はどの世帯でも生活に必須のサービスであり，また不必要な受診をしていないという前提にたって，可処分所得からそれらの自己負担分を差し引いた所得を用いて，その世帯の厚生水準を計測することとした．

① 総所得＝勤労収入（勤め先からの年間収入）＋自営収入（農林漁業収入＋農林漁業以外の事業収入＋内職などの年間収入）＋公的年金・恩給＋親族などからの仕送り金＋家賃・地代の年間収入＋利子・配当金＋企業年金・個人年金＋その他の年間収入[6)]

② 可処分所得＝総所得－税－社会保険料

③ 医療費・介護費控除後の可処分所得＝可処分所得－医療・介護の自己負担

また，各世帯で人員数が異なるため，世帯間の可処分所得を直接比較することには問題があり，世帯規模を調整する必要がある．この世帯規模を調整するために，等価尺度が用いられるが，等価尺度として「世帯人員数の平方根」で除する方法が他の先行研究やOECDの報告書などで広く採用されてきた．本研究でも，世帯規模の調整のため，この世帯人員数の平方根で除する方法を用いる．

$$\text{等価可処分所得}=\frac{\text{可処分所得}}{\sqrt{\text{世帯人員数}}}$$

この等価可処分所得は，複数人で暮らすのに必要な１人当たりの所得は１人で暮らすのに必要な所得より，共通経費があるので少なくてすむという規模の経済を考慮した指標であり，その世帯で各世帯員が享受する厚生水準と解釈することができる．この方法で注意が必要となるのは，世帯所得をもとにしているが，各世帯員の厚生水準の所得格差を計測することになるため観測される単位は個人単

6）公的年金・恩給以外の社会保障給付は，『全国消費実態調査』の「年収・貯蓄等調査票」に収入の種類としては明示されていないため，「その他の年間収入」に含まれているものとしている．

位となる．ここで個人単位とは，例えば生計をともにする 4 人の世帯の場合，世帯で合計した可処分所得を$\sqrt{4}$で除した等価可処分所得が求められ，4 人のおのおのがその等価可処分所得を持つ個人として出現することになる．

3 世代間所得格差と世代内所得格差

所得格差についての先行研究では，年齢が高くなるほど年齢内の所得格差が大きくなることが明らかにされている．しかしながら，その年齢階層別の所得格差は，近年拡大の傾向になく安定している．そこから，年齢階層別の所得格差は拡大していないが，人口高齢化により，所得格差の大きい年齢層が人口に占める割合が高くなることにより，総世帯で見た所得格差が拡大していると言われている（大竹［2005］；小塩［2006］など）[7]．ただし，各年齢階層内の所得格差が拡大傾向にないとする先行研究においても，期間と使用データにより，高齢者の所得格差についての近年の動向は異なっている．本稿と同じく，『全国消費実態調査』を用いた大竹［2005］では，1990年代後半に60歳以上の世帯主年齢において所得格差が縮小する傾向が示されている．一方，「所得再分配調査」を用いた小塩［2006］では，60歳以上の高齢層において1983年から2001年にかけて，世帯規模の変化の影響により所得格差が拡大していることが示されている．

まず，年齢が高くなるほど所得格差が大きくなる理由として，年功賃金と呼ばれる年齢が高くなるほど給与が高くなる賃金構造がある．若いうちは大多数が低い賃金であり，年齢が高くなると賃金が上昇するが，企業規模による賃金格差や昇進機会等により，労働者間の格差も大きくなる．そして，50歳代後半から60歳代にかけて，定年などにより労働市場から退出する者と就業を続ける者との間で

7） ただし，『国民生活基礎調査』を用いた岩本［2000］は，1989年から95年にかけての所得格差の拡大について，人口高齢化による影響により，年齢階層内の所得格差拡大の影響が大きいとしている．また，同様に『国民生活基礎調査』を用いた小塩［2010］でも，1997年から2006年にかけて人口動態要因よりも年齢階層内要因のほうが，全体の所得格差に与える影響が大きいことが示されている．さらに，四方［2009］では，『全国消費実態調査』の公表統計から，世帯主年齢別に見た世帯所得の格差の変化分に対して，世帯主収入や配偶者収入などの要因に寄与度分解を行った．その結果，30歳代と40歳代では，世帯主収入での格差拡大が配偶者収入とその他収入により相殺されるため世帯所得で見た格差拡大が観察されないとしている．

勤労収入の格差が生じる．また，60歳代の年金を受給開始し始める段階においても，厚生年金や共済年金を受給するだけでなく，企業年金や私的年金を受け取る高齢者がいる一方，基礎年金のみの場合や国民年金の未納期間等により低年金，無年金の高齢者がおり，その格差が発生すると考えられる．そのうえ，日本の高齢者の少なくない割合が自身の子と同居しているため，世帯所得で見る場合子どもの収入の差も高齢者内での所得格差に影響する．このように，就労，年金，家族といった複雑な収入源を持つため，高齢者内での所得格差は大きくなると考えられる．

一方で，高齢者内における所得格差の変化と生産年齢層と高齢者の所得格差の変化については，議論すべき点が残されている．年金制度が成熟化するにつれ，国民年金だけではなく，厚生年金や企業年金を受給する高齢者が増加し，平均的な年金受給額が上昇したことから，高齢者は相対的に所得が上昇していると考えられる．それにより，生産年齢層との所得格差が縮小するだけではなく，高齢者内での所得格差も低下する可能性がある．また，小塩［2006］は，子ども世帯と独立して生活する高齢世帯の増加が所得格差拡大に大きく寄与しているとしている．すなわち，高齢者のうち自身の子と同居する割合が低下することで，世帯所得は減少すると考えられる．したがって，高齢者の複雑な収入源の変化がどのように，高齢者内の所得格差と生産年齢層との格差に影響を与えたかについて検証する必要がある．

以上の課題について，本稿では世帯単位ではなく，個人単位による所得格差の推計をすることで検証を行う．多くの先行研究では，年齢別の所得格差の推計において世帯主年齢が用いられている．しかしながら，世帯主年齢では子と同居することで世帯主となっていない高齢者の状況が把握できない．特に，この間，子と同居する高齢者の割合が大きく低下しているため，世帯主年齢で見た場合には，この変化をとらえることが難しいだろう．先行研究にあるように，高齢者自身が世帯主となる世帯に限れば，所得格差の拡大が観察されないかもしれないが，全高齢者を対象にした場合の所得格差を考察する必要があろう．

また，世帯規模の変化について，先行研究では，データ上の問題もある．大竹［2005］は2人以上世帯について分析を行っているため，単身高齢世帯の増加など高齢者の格差の把握が不十分である．また，小塩［2006］は，高齢者の所得格差について世帯規模の調整を行う前の段階での分析が示されており，高齢単身世帯や高齢夫婦世帯の増加がそのまま所得格差の拡大につながる．これまで子どもと生活していた高齢者が，高齢者のみでの生活を行うことで，見かけ上所得格差が拡大することになる．

そこで，2節で述べたように世帯規模を調整した等価可処分所得を用いた個人単位による本人年齢別に見た所得格差の推計を行う．この方法により，世帯主でない者まで含めた高齢者の所得格差を把握することができ，また，世帯規模を調整した所得格差を示すことができる．

図3－1は，本人年齢別に見たジニ係数の1994年から2009年までの推移である[8)]．世帯主年齢を用いた所得格差の先行研究では，20歳代の格差が最も低く，30歳代，40歳代と進むにつれ格差が大きくなっていたが，本人年齢を用いた場合は，20歳代後半における格差が大きく，30歳代後半もしくは40歳代前半を底にして再び上昇している．ただし，高齢者については，世帯主年齢を用いた先行研究と同様に，所得格差が大きい．

そして，1994年から2009年にかけての格差の推移として，20歳代後半から40歳代後半にかけてどの年齢層でも大きく格差が拡大していることが見てとれる．しかしながら，50歳代後半以降については，この間格差が拡大しておらず，60歳代後半では格差が縮小する傾向にあり，70歳代前半では1994年との比較で，2009年の格差は大幅に縮小している．

図3－2は，1994年と2009年の年齢別の平均等価可処分所得の相対値を示している．この値は，全体の平均を1とした各年齢の平均等価所得との比である．最も等価可処分所得が高いのは50～54歳となっており，最も低いのが0～4歳となっている．50～54歳は年齢別賃金カーブで最も賃金が高くなる年齢層である．

---

8)　ジニ係数（G）は，平均との差ではなく，すべての個人間の所得格差を考慮し，0から1の間をとる形に標準化された格差指標である．

$$G=\frac{1}{2n^2\mu}\sum_{i=1}^{n}\sum_{j=1}^{n}|y_i-y_j|$$

まず，各個人間の所得の差の絶対値について，すべての組合せを足し合わせ，平均をとる．n人の社会の場合，この組み合わせは重複を許すと$n\times n$通りとなる．その所得格差の絶対値の平均を、平均所得で標準化した指標がジニ係数となる．ジニ係数は，所得の単位にかかわらず，0から1の間をとり，1に近づくほど格差が大きくなる．そして，0の場合はすべての個人が同じ所得となる完全平等であり，1の場合は一人の個人がすべての所得を保有する完全不平等の状態となる．

図3－1　本人年齢別ジニ係数の推移（1994年～ 2009年）

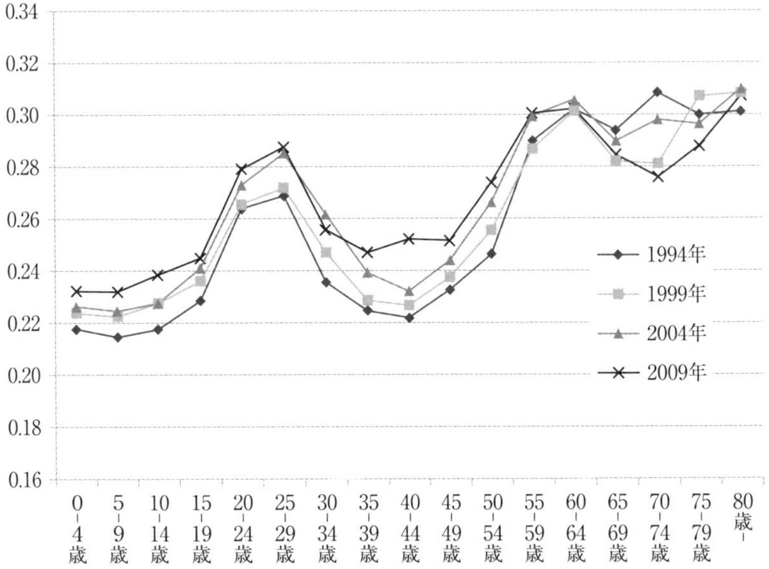

（注） 個人単位の等価可処分所得によるジニ係数を推計している．
（資料出所） 『全国消費実態調査』の個票データより筆者推計．
（出所） 四方［2013］．

0 ～ 4歳については，比較的親の年齢が若く所得が高くないうえ，世帯人員数が増えることによる等価可処分所得の低下があり，そして，母親が育児により離職するということが重なり，低い等価可処分所得となっている．0 ～ 4歳にとっての親世代に当たる30 ～ 34歳と35 ～ 39歳の等価可処分所得の低さも同じ理由であろう．そして，年齢別賃金の上昇や母親の再就職により子どもの年齢が高くなるにつれ，等価可処分所得も高くなっている．ジニ係数も高い水準であった20 ～ 24歳において平均等価可処分所得も高くなっている．これは，この年齢層の多くが親と同居しており，親にあたる年齢層の50歳代での所得が高いことが理由である[9]．

60歳以上の高齢者については，20歳代とは異なり，ジニ係数は高い水準にあったにもかかわらず，平均等価可処分所得は低い水準となっている．また，1994年

9) 『全国消費実態調査』では，単身の学生は調査対象から外されており，所得が低いと考えられる一人暮らしの学生がサンプルに含まれないことも，この年齢における平均可処分所得の高さの理由であると考えられる．

図3-2　本人年齢別に見た平均等価可処分所得（1994年と2009年）

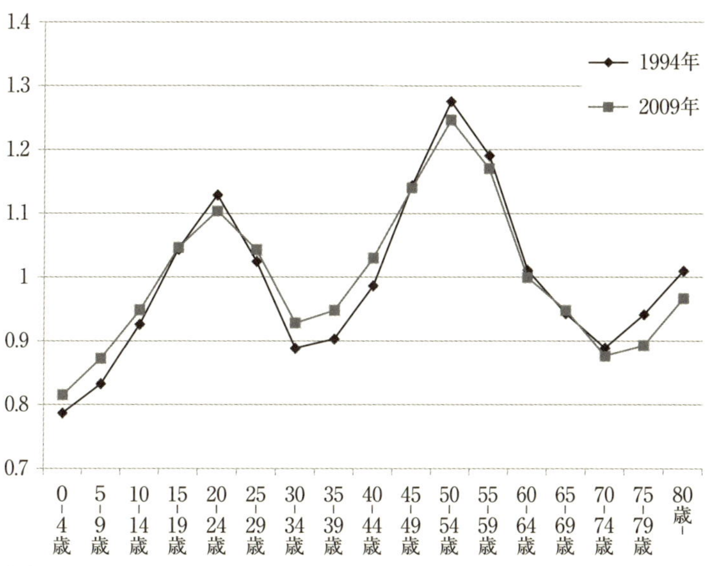

（注）　個人単位の等価可処分所得の相対平均を年齢別に推計している．
（資料出所）『全国消費実態調査』の個票データより筆者推計．

から2009年にかけて，60歳以上の相対的な平均等価可処分所得は変化がなく，70歳以上については低下している．すなわち，生産年齢層との比較において高齢者の等価可処分所得は低い水準にあるだけではなく，近年低下していることが見てとれる．

では，この間の総世帯で見た格差拡大の要因について，5歳階級の年齢による分解を行う．格差指標として平均対数偏差（Mean Log Deviation: MLD）を用いた[10]．MLDは，属性による格差の分解が容易であるため，多くの研究で用い

10）　MLDは，以下のように平均所得と各個人の所得との比の自然対数をとり平均した格差指標である．

$$MLD = \frac{1}{n}\sum_{i=1}^{n} \log\left(\frac{\mu}{y_i}\right) = \log\mu - \frac{1}{n}\sum_{i=1}^{n} \log y_i$$

MLDは，対数の各所得と平均所得の比の形式となるため，所得の単位が指標に影響しない．そして，対数をとることにより積を和の形に書き換えることができるため，MLDは所得の平均値の対数（$\log\mu$）と対数をとった各所得の平均 $\left(\frac{1}{n}\sum_{i=1}^{n} \log y_i\right)$ との差と定義できる．このように，各個人の所得の対数をとるため，最も所得の低い水準での所得格差が指標に強く影響するという特徴を持つ．

表3-1　年齢階級による所得格差の寄与度分解（MLD×1000）

期　間	MLDの変化分	%	年齢グループ内格差	年齢グループのシェア	グループ平均所得
1994-1999年	4.0	3.4%	2.1	2.9	－0.9
1999-2004年	8.8	7.2%	7.3	2.5	－1.1
2004-2009年	3.2	2.4%	2.3	0.6	0.2
1994-2009年	15.9	13.7%	11.9	5.9	－1.9

（資料出所）『全国消費実態調査』の個票データより筆者推計.
（出所）四方［2013］.

られている．ここでは，2時点間のMLDの変化分について，グループのシェア，グループ内格差，グループ間格差の変化に寄与度分解を行う．具体的な分析手法は，Mookherjee and Shorrocks［1982］およびJenkins［1995］により定式化された方法を用いた．

その結果が，表3-1である．1994年から2009年にかけてのMLDの変化分を，年齢グループ内格差の変化，年齢グループのシェアの変化，年齢グループの相対所得の変化に寄与度分解した（それぞれ1,000倍で表記）．1994年から1999年にかけてMLDは4.0上昇している．これは，MLDで見た格差が3.4％拡大したことを示している．この変化を寄与度分解した結果，グループ内格差が2.1，グループのシェアが2.9増加させているが，グループ間の相対所得が－0.9と負に寄与している．次に，1999年から2004年にかけては，グループ内格差の寄与が7.3と大きく格差を拡大させる要因になっている．そして，2004年から2009年にかけては，年齢のシェアの変化はほとんど寄与しておらず，年齢グループ内の格差拡大によって，全体の格差拡大が生じている．結果として，1994年から2009年にかけては，MLDが約14％上昇しており，そのうち同一年齢内の格差拡大による寄与が3分の2程度であり，年齢構造の変化によるシェア変化分による寄与が3分の1程度となっている．また，年齢間の相対所得の変化による寄与は，格差を縮小させる方向に寄与している．

したがって，1994年から1999年にかけては，主に人口構造の変化による格差が拡大していたが，1999年以降の格差拡大については，主に年齢階層内での格差拡大によって引き起こされていた．本人年齢で見た分析においても，世帯主年齢を用いて1990年代までを扱った主な先行研究の結果と同様である一方，2000年代における所得格差の拡大は人口構造の変化が主な理由ではないと言える．

図3－1で見たように，この間所得格差が拡大していたのは，主に20歳代後半から50歳代にかけての生産年齢層である．したがって，社会全体の所得格差拡大に対して，高齢者の所得の影響は大きくないと言える．しかしながら，高齢者にとって年金受給額や家族構造の変化は著しいにもかかわらず，等価可処分所得で見たジニ係数の変化は70～74歳を除き小さく，また，生産年齢層との平均等価可処分所得の格差も拡大傾向にある点については，疑問が残る．

4　高齢者の所得源泉による所得格差の寄与度分解

前節で見たように，年齢階層が高くなるほど，所得格差が大きくなるため，高齢者の所得格差は，生産年齢層に比べ大きくなっている．しかしながら，近年の所得格差の動向として，生産年齢層では，所得格差が拡大していたが，高齢者の所得格差そのものは変化が小さい．一方で，高齢者については，年金制度の成熟化に伴い，年金の給付額が上昇しているにもかかわらず，生産年齢層との平均等価可処分所得の格差は拡大していた．

本節では，高齢者内での所得格差の要因の検討のため所得源泉による所得格差の寄与度分解を行う．日本における先行研究として跡田・橘木［1985］，松浦［1993］などの研究があり，世帯所得を世帯主の収入，他の世帯員の収入，社会保障給付や財産所得など様々な所得源泉により要因分解が行われてきた．高齢者については，小島［2001］および山田［2002］が，高齢者自身の勤労収入の大きな格差が，高齢者内での所得格差の主因であることを明らかにしている．ただし，これらの研究は世帯主が高齢者となる世帯に限った分析となっている．

そこで，以下では高齢者を対象とし，近年の所得格差の変動についての寄与度分解を行う．特に，所得の源泉として，高齢者自身の所得，非高齢の同居家族の所得，年金といった収入の区分を行い，また，税・社会保険料負担および医療，介護の自己負担分も所得からマイナスされるとした．具体的には，所得を以下に分類した．

(1) 高齢者収入：65歳以上の世帯員に帰属する公的年金と仕送り以外の収入．
(2) 家族収入：総世帯収入から高齢者収入と年金収入を除いたもの．
(3) 年金収入：公的年金であるが，老齢年金以外も含む．

(4) 税・社会保険料：税モデルによる．

(5) 医療・介護自己負担：消費データによる医療・介護の自己負担分に高額療養費・高額介護サービス費・高額医療・高額介護合算療養費制度を適用したもの．

分析手法は，Shorrocks［1982］，Jenkins［1995］による変動係数の分解とした．変動係数は，データの散らばりを示す標準偏差を平均値で割ることで標準化した格差指標である．この変動係数の寄与度分解は，各所得源泉における格差指標の合計が，所得全体での格差を示すため，解釈が容易である．また，それぞれの所得源泉についても世帯人員数の平方根で割り，等価所得とした．なお，1994年のデータは，年金について公的年金と企業年金の区分が行われていないので，以下の分析では用いられていない．

まず，高齢者において，それぞれの収入と税・保険料および医療・介護の自己負担分が可処分所得に占めるシェアを見たものが，表3-2と表3-3である．表3-2の65～74歳の前期高齢者については，1999年時点ですでに年金収入が占める割合が最も高くなっている．1999年から2009年にかけて，高齢者自身の収入と年金収入の割合が，徐々に上昇しており，家族の収入の割合が低下している．そ

表3-2　65～74歳の高齢者の所得源泉のシェア　（%）

	高齢者収入	家族収入	年金収入	税・社会保険料	医療・介護負担	可処分所得計
1999年	29.3	32.3	52.3	－11.9	－2.0	100
2004年	36.6	23.3	56.4	－13.9	－2.3	100
2009年	40.5	18.2	60.6	－16.7	－2.6	100

（資料出所）『全国消費実態調査』の個票データから筆者推計．
（出所）田中・四方・駒村［2013］．

表3-3　75歳以上の高齢者の所得源泉のシェア　（%）

	高齢者収入	家族収入	年金収入	税・社会保険料	医療・介護負担	可処分所得計
1999年	13.1	67.0	37.1	－15.4	－1.8	100
2004年	16.7	53.9	47.7	－16.2	－2.2	100
2009年	22.7	42.6	56.1	－18.9	－2.6	100

（資料出所）『全国消費実態調査』の個票データから筆者推計．
（出所）田中・四方・駒村［2013］．

して，税，社会保険料および医療・介護の自己負担分については，絶対値で割合が上昇しており，税・社会保険料の負担が重くなってきていることが見てとれる.

そして，後期高齢者について見た表3-3では，1999年においては，家族収入の割合が最も高く，家族に所得を依存していたことが見てとれる．しかし，その後は年金収入のシェアが高まり，2009年においては年金収入の割合が50％を超えている．また，65～74歳と同様に，税・社会保険料負担および医療・介護負担の絶対値で見た割合は上昇している.

次に，所得源泉による寄与度分解を試みたものが，表3-4と表3-5である．まず，65～74歳の前期高齢者について，1999年の変動係数（*S*）が0.608（所得計の欄）となっており，そのうち高齢者自身の収入によるものが0.494と最も大きく寄与している．一方，年金収入については，収入に占める割合が50％を超えていたにもかかわらず，0.049と全体の格差に対する寄与は非常に小さい．そして，税・社会保険料は，－0.173と格差を縮小させているが，医療介護の自己負担分は格差にほとんど影響を与えていないことが見てとれる．では，1999年から2004年にかけての寄与率（％）を見ると，16.6％格差が拡大しているが，そのうち高齢者自身の収入によるものが，46.4％ポイントと非常に高い．これは，65歳を超えて雇用就労を行う割合が上昇したことの影響であると考えられる．一方で，家族の収入と税・社会保険料がマイナスの寄与率として格差を縮小させている．そして，2004年から2009年にかけては，格差が－9.7％低下しており，寄与率についてはここでも，高齢者の収入が－16.9％ポイント縮小させていることが大きい．ただし，税・社会保険料が格差を6.2％ポイント上昇させており，再分配効果が弱まっていることが見てとれる.

表3-4　65～74歳の所得源泉別所得格差の寄与度分解

指　標		高齢者収入	家族収入	年金収入	税・社会保険料	医療・介護負担	所得計
変動係数（*S*）	1999年	0.494	0.239	0.049	－0.173	－0.001	0.608
	2004年	0.776	0.166	0.054	－0.285	－0.002	0.709
	2009年	0.656	0.159	0.069	－0.241	－0.003	0.640
寄与率％	99-04年	46.4%	－12.0%	0.8%	－18.4%	－0.2%	16.6%
	04-09年	－16.9%	－1.1%	2.2%	6.2%	－0.1%	－9.7%

（資料出所）『全国消費実態調査』（各年）の個票データから筆者推計.
（出所）　田中・四方・駒村［2013］.

表3－5　75歳以上の所得源泉別所得格差の寄与度分解

指標	年	高齢者収入	家族収入	年金収入	税・社会保険料	医療・介護負担	所得計
変動係数（*S*）	1999年	0.211	0.648	－0.002	－0.208	0.000	0.649
	2004年	0.313	0.506	0.032	－0.212	－0.002	0.637
	2009年	0.345	0.496	0.041	－0.242	－0.003	0.636
寄与率％	99-04年	15.8%	－22.0%	5.1%	－0.5%	－0.2%	－1.8%
	04-09年	4.9%	－1.6%	1.5%	－4.8%	－0.2%	－0.2%

（資料出所）『全国消費実態調査』（各年）の個票データから筆者推計.
（出所）田中・四方・駒村［2013］.

そして，表3－5の75歳以上の後期高齢者については，1999年の変動係数（*S*）が0.649となっており，家族の収入の寄与度が0.648と高齢者自身の収入より大幅に格差に寄与していることがわかる．また，前期高齢者と同じく，年金収入による寄与は小さい．そして，2009年においても，家族収入の寄与が大きいものの，高齢者の収入と年金収入による寄与が徐々に大きくなっている．

そして，寄与率（％）を見ると，1999年から2004年にかけて，高齢者自身の収入は15.8％ポイント格差を拡大させる一方，家族収入が－22.0％ポイント格差を縮小させており，公的年金，税・社会保険料および医療・介護負担の寄与率をあわせると，全体で－1.8％格差が縮小することになる．そして，2004年から2009年にかけては，全体で－0.2％と格差の縮小はわずかであったが，65～74歳とは異なり税・社会保険料により－4.8％ポイントと大きく格差が縮小されていたことがわかる．

5　低所得高齢者の問題

5.1　高齢者の貧困率推移と医療・介護の自己負担の影響

本節では，高齢者の貧困について，特に医療・介護の自己負担を考慮した検討を行う．高齢者の貧困率は，年齢階層別に見れば，他の世代よりも高い水準であることが知られている．また時系列で見てみると，高齢者の貧困率は，『所得再分配調査』（1984～2002年）を用いた阿部［2006］では1990年代にはほぼ横ばいという結果であった．『国民生活基礎調査』（1998～2007年）を用いた小塩

［2010］では，2000年代に入って貧困指標は，貧困線を各年で設定した場合は目立った方向性は確認されなかったが，貧困線を1997年の水準で固定した場合は各年で設定した場合よりもかなり高めとなり，絶対的な意味では貧困化が進んでいるとしている．

本稿では，『全国消費実態調査』（1994 ～ 2009年）を用いて，1990年代半ばから2000年代後半にかけての相対的貧困率の推計を行う．相対的貧困率とは，等価可処分所得の中位値の50％を貧困線（＝相対的貧困線）として，その貧困線に満たない世帯員の割合のことを言う．本稿では等価可処分所得を用いた一般的な貧困率に加え，先述の医療費・介護費控除後の等価可処分所得に基づく貧困率を用いている．医療・介護の自己負担額を差し引くことで，どのように貧困率が上昇するかを検討したい．なお貧困線は，各年の等価可処分所得の相対的貧困線を用いており，また医療費・介護費控除後の貧困率の場合においても同様である．

表３-６は1994年から2009年の貧困率の推移を示している．年齢階級は19歳以下，20 ～ 39歳，40 ～ 64歳，前期高齢者（65 ～ 74歳），後期高齢者（75歳以上）

表３-６　貧困率推移と医療・介護の自己負担の影響（1994 ～ 2009年）

	19歳以下			20 ～ 39歳			40 ～ 64歳		
	貧困率	貧困率（医療費・介護費控除後）	差	貧困率	貧困率（医療費・介護費控除後）	差	貧困率	貧困率（医療費・介護費控除後）	差
	(A)	(B)	(B)－(A)	(A)	(B)	(B)－(A)	(A)	(B)	(B)－(A)
1994年	7.1%	7.7%	0.7%	6.6%	7.2%	0.6%	6.3%	6.9%	0.5%
1999年	8.0%	8.7%	0.7%	7.5%	8.1%	0.6%	6.9%	7.6%	0.8%
2004年	8.6%	9.2%	0.6%	8.0%	8.6%	0.6%	7.3%	8.0%	0.7%
2009年	8.2%	8.8%	0.6%	8.0%	8.6%	0.7%	8.4%	9.2%	0.8%

	65 ～ 74歳			75歳以上			全体		
	貧困率	貧困率（医療費・介護費控除後）	差	貧困率	貧困率（医療費・介護費控除後）	差	貧困率	貧困率（医療費・介護費控除後）	差
	(A)	(B)	(B)－(A)	(A)	(B)	(B)－(A)	(A)	(B)	(B)－(A)
1994年	14.0%	15.3%	1.3%	14.1%	15.1%	1.0%	7.6%	8.3%	0.7%
1999年	10.8%	11.9%	1.1%	14.8%	16.0%	1.1%	8.2%	8.9%	0.8%
2004年	11.5%	12.5%	1.0%	13.2%	14.2%	1.0%	8.7%	9.5%	0.7%
2009年	10.8%	11.9%	1.2%	12.7%	14.3%	1.6%	9.0%	9.9%	0.9%

（資料出所）『全国消費実態調査』の個票データより筆者推計．
（出所）田中・四方・駒村［2013］．

としている．

まず，等価可処分所得を用いた貧困率の推移を見てみよう．全体の貧困率は，1994年7.6％から2009年9.0％へと上昇していることが示されている．年齢階級別の貧困率を見てみれば，高齢期とそれ以前で動きが異なっていることが読み取れる．65歳未満の貧困率は1994年から2009年では上昇している．しかし高齢者の貧困率は，前期高齢者の場合，2004年に一時上昇したものの，1994年から2009年では14.0％から10.8％へと減少している．また後期高齢者の場合も，1999年には上昇したものの，1994年から2009年では14.1％から12.7％へと減少している．したがって，ここ15年（1994～2009年）では，65歳未満の貧困率は上昇したが，高齢者の貧困率は低下したと言える．

次に，医療費・介護費の控除後の貧困率の推移を見てみると，高齢者の場合は医療・介護の自己負担が貧困率に与える影響が大きいことが観察される．等価可処分所得を用いた貧困率と医療費・介護費の控除後の貧困率の差は，2009年の65歳未満の場合は0.6％～0.8％ポイント程度であるが，前期高齢者の場合は1.2％ポイント，後期高齢者の場合は1.6％ポイントとなっている．

特に後期高齢者の場合，2004年から2009年にかけて，等価可処分所得を用いた貧困率では低下したが，医療・介護費の控除後の貧困率で見ると低下しないという結果となっている．すなわち，最も医療や介護サービスを利用する後期高齢者において，医療・介護の自己負担が低所得者に与える影響は重要な要因となっている可能性がある．

5.2　低所得高齢者への政策対応

以上の分析結果から，低所得高齢者への政策対応としては，さらなる医療・介護の自己負担の低所得者対策（負担軽減）の必要性が考えられる．しかし，高齢者の低所得者対策の制度設計については，「低所得者」の適切な把握という課題も残されている．

医療・介護の自己負担の低所得者対策は，主に住民税非課税世帯（世帯員全員が住民税非課税である世帯）を基準に設定されている．しかし高齢者の課税所得については，公的年金等控除が高い水準であり，遺族年金などは非課税措置がとられているため，住民税非課税世帯を基準とすると，高齢者の場合には低所得層以外も含まれてしまう[11]．この問題への対応策には，年金課税の強化（公的年金等控除の縮減や遺族年金などの非課税措置の見直し[12]）があるが，その際は高齢者の社会保険料や医療・介護の自己負担が過重とならないよう，低所得者対策の再編が同時に必要となるであろう．さらに高齢者の場合は，それまでの資産形成を通じて，低所得であっても一定の資産を有する場合も考えられる．そのため，低所得者対策の対象者の設定において，一定額以上の資産保有者を対象から外すなどの，資産を考慮した設計が可能かどうかといった議論があるが，ただしその場合でも，金融所得や不動産の把握といった実施上の課題も大きい[13]．医療費・介護費の影響が大きい低所得高齢者への政策的配慮は必要であるが，そのためには，高齢者の「低所得者」の適切な把握という課題も乗り越えなくてはならないであろう．

6　むすびに

本稿では『全国消費実態調査』の個票データを用いて，高齢者の所得格差や貧困の検討を行ってきた．所得格差の先行研究では，世帯主年齢で区分されており，子と同居する高齢者など，世帯主ではない高齢者が現れてこないため，高齢者を対象とした分析としては不十分であった．そこで，等価可処分所得を用いた個人単位による所得格差についての分析を行い，また貧困分析として，2000年代後半までの貧困率や医療・介護の自己負担が高齢低所得者に与える影響の推計などを行った．

主な分析結果は次のようにまとめられる．

第1に，年金が成熟してきたにもかかわらず，等価可処分所得で見た，生産年齢層と高齢層の格差は縮小していない．第2に，高齢者の所得格差については，65～74歳までは年齢内所得格差が縮小しているが，75歳以上の場合は大きな変

11）　高齢者の住民税非課税世帯率は，生活扶助基準に基づく要保護世帯率（＝低所得世帯率）を大幅に上回る．詳しくは田中［2013］を参照．

12）　年金課税の強化ではないが，2015年の介護保険制度改正により，補足給付については，非課税年金の収入も支給段階の判定にあたり勘案されることとなった．

13）　2015年の介護保険制度改正により，補足給付において，一定額超の預貯金等（単身で1,000万円超，夫婦で2,000万円超程度を想定）がある場合は対象外とすることとなった．一方で，不動産を勘案することについては，引き続き検討課題とされた．

動は無かった．第３に，高齢者の所得格差の要因については，所得源泉による高齢者内での所得格差に対する寄与度分解から，各時点においては家族収入が所得格差を生む（大きな）要因であったが，近年における家族収入のシェアの縮小は，所得格差を縮小させていた．その一方，年金収入は各時点での所得格差を生む要因としては小さいが，時点間において年金収入内での格差拡大が観察されるため，高齢者の所得格差を拡大させている．ただし，この間で最も高齢者における所得格差を拡大させた要因としては，勤労収入などの高齢者自身の収入であった．

第４に，高齢者の貧困率は，ここ15年（1994～2009年）では高齢者の貧困率は低下したと言える．ただ，高齢者については医療・介護の自己負担の影響も大きいことから，可処分所得から医療費・介護費を差し引いた所得を用いた貧困率も推計した．その結果からは，高齢者で医療と介護の自己負担による貧困率の引き上げ効果が大きいことが明らかになった．そのため，最も医療費や介護費がかかる高齢者において，その自己負担が低所得者に与える影響は重要であるといえる．第５に，こうした低所得高齢者への政策対応としては，医療・介護の自己負担の低所得者対策（負担軽減）の充実が考えられる．またその充実の際は，高齢者の「低所得者」の基準を現行の税制のまま住民税非課税世帯とすると，低所得層以外も含まれることとなるため，年金課税の強化や低所得者対策の再編などもあわせて実施することが必要となる．

【参考文献】

阿部彩［2006］「貧困の現状とその要因――1980-2000年代の貧困率上昇の要因分析」小塩隆士・田近栄治・府川哲夫編『日本の所得分配――格差拡大と政策の役割』東京大学出版会, 第５章.

跡田直澄・橘木俊詔［1985］「所得源泉別にみた所得分配の不平等」『季刊社会保障研究』第20巻第４号, pp. 330-340.

岩本康志［2000］「ライフサイクルからみた不平等度」国立社会保障・人口問題研究所編『家族・世帯の変容と生活保障機能』東京大学出版会.

大竹文雄［2005］『日本の不平等――格差社会の幻想と未来』日本経済新聞社.

大竹文雄・斎藤誠［1999］「所得不平等化の背景とその政策的含意――年齢階層内効果，年齢階層間効果, 人口高齢化効果」『季刊社会保障研究』第35巻第１号, pp. 65-76.

小塩隆士［2006］「所得格差の推移と再分配政策の効果」小塩隆士・田近栄治・府川哲夫編『日本の所得分配――格差拡大と政策の役割』東京大学出版会.

小塩隆士［2010］『再分配の厚生分析――公平と効率を問う』日本評論社.

小島克久［2001］「高齢者の所得格差」『人口学研究』第29号, pp. 43-52.

四方理人［2009］「所得格差拡大は『みせかけ』か？――所得格差の所得源泉別寄与度分解（1994-2004年）」『社会政策研究』第9号, pp. 179-198.

四方理人［2013］「家族・就労の変化と所得格差」『季刊社会保障研究』第49巻第3号, pp. 326-338.

橘木俊詔・浦川邦夫［2006］『日本の貧困研究』東京大学出版会.

田中聡一郎［2013］「市町村民税非課税世帯の推計と低所得者対策」『三田学会雑誌』第105巻第4号, pp. 577-600.

田中聡一郎・四方理人・駒村康平［2013］「高齢者の税・社会保障負担の分析――『全国消費実態調査』の個票データを用いて」『フィナンシャル・レビュー』第115号, pp. 117-133.

舟岡史雄［2001］「日本の所得格差についての検討」『経済研究』第52巻第2号, pp. 117-131.

松浦克己［1993］「世帯主の定期外収入・同居世帯員収入の所得分配に与える影響――勤労者世帯所得の不平等要因分解」『日本労働研究雑誌』第35巻第12号, pp. 10-17.

山田篤裕［2000］「社会保障制度の安全網と高齢者の経済的地位」国立社会保障・人口問題研究所編『家族・世帯の変容と生活保障機能』東京大学出版会, 第10章.

山田篤裕［2002］「引退期所得格差のOECD 9カ国における動向, 1985-95年――社会保障資源配分の変化および高齢化, 世帯・所得構成変化の影響」『季刊社会保障研究』第38巻第3号, pp. 212-228.

山田篤裕［2012］「高齢期における所得格差と貧困」橘木俊詔編『福祉＋α　格差社会』ミネルヴァ書房, pp. 147-164.

Jenkins, Stephen P. [1995] "Accounting for Inequality Trends: Decomposition Analyses for the UK, 1971-86", *Economica*, Vol.62, No. 245, pp. 29-63.

Mookherjee, Dilip, and Anthony F. Shorrocks [1982] "A Decomposition Analysis of the Trend in UK Income Inequality", *Economic Journal*, Vol. 92, No. 368, pp. 886-902.

OECD [2009-2010] *Growing Unequal?: Income Distribution and Poverty in* OECD Countries, OECD Publishing（小島克久・金子能宏訳『格差は拡大しているか―OECD加盟国における所得分布と貧困』明石書店, 2010年）.

Shorrocks, Anthony F. [1982] "Inequality Decomposition by Factor Components", *Econometrica*, Vol. 50, No. 1, pp. 193-211.

Shorrocks, Anthony F. [1983] "The Impact of Income Components on the Distribution of Family Incomes", *Quarterly Journal of Economics*, Vol. 98, No. 2, pp. 311-326.

Yamada, Atsuhiro [2007] "Income Distribution of People of Retirement Age in Japan", *Journal of Income Distribution*, Vol. 16, Nos. 3-4, pp. 31-54.

第2部　年金と雇用の比較研究

第4章
イギリスにおける「一層型年金」の創設

藤森克彦

1　はじめに

イギリスのキャメロン政権は，2013年1月にホワイトペーパー（政策提案書）『一層型年金――貯蓄に向けたシンプルな基盤（The Single-tier Pension: A Simple Foundation for Saving)』を発表した（DWP［2013］）．そこには，基礎年金と付加年金の2階建て構造となっている現行の公的年金制度を，定額給付の1階建ての年金（一層型年金）にする改革案が示されている．一層型年金は，2016年4月に導入される予定である（Gov.UK［2013a］）．

一層型年金の下では，自営業者・被用者は区別されることなく同一の年金制度に加入する．また，一層型年金の給付は，保険料拠出期間の影響を受けるものの，現役時代の所得水準とは無関係に定額の年金額となっている．さらに，その給付水準は，現行の基礎年金よりも3割強程度高い水準に設定され，老後の最低限の生活保障レベルを若干上回っている．上記の点を踏まえると，今回の改革は公的年金の役割を「老後の最低限の生活保障」に限定し，「従前所得の保障」という役割を退けたととらえることができる．

一方，一層型年金の保険料を見ると，現行の保険料の仕組みに変更はない．つまり，被用者の保険料は所得に比例して増加するのに年金額は定額なので，一層型年金は，高所得者から低所得者への所得再分配効果の大きな年金であると言える．

イギリス政府が一層型年金を導入する背景には，①現行の公的年金制度が複雑なために，人々が退職後に受け取る年金額を予見できず，これが老後に向けた私的年金加入や貯蓄の妨げになっていること，②年金生活者の中で公的扶助の受給資格者の比率が高いこと，③男女間や，自営業者と被用者の間で，年金格差が生じていること，の3点があげられる．

上記のうち，本書のテーマである「雇用の多様化」に関連している点としては，まず「男女間や，自営業者と被用者の間で年金格差が生じていること」があげられる．すなわち，女性の年金額が低いのは，男性に比べて女性のほうが，子育てや介護などのために労働市場から退出したり，パートタイマーなど非正規労働に従事する傾向が強いことがあげられる．一方，公的年金の2階部分（付加年金）の給付は緩やかな報酬比例となっているために，賃金が低ければ年金額も低くなる．これは，相対的に賃金が低い女性に不利な設計となっている．

また，自営業者と被用者の格差も問題にされている．現行制度では，自営業者は，公的年金の2階部分にあたる「付加年金」への加入が認められていない．この点，一層型年金の下では，自営業者も被用者も同一の制度に加入して，保険料拠出期間が等しければ同額の年金を受け取るので，職業に中立的な制度となっている．

さらに，「公的年金制度の複雑性」という背景からは，配偶者年金や遺族年金といった本人の保険料拠出に基づかない年金給付の仕組みが問題にされている．一層型年金の下では，配偶者年金や遺族年金は廃止され，本人の保険料拠出に基づく年金給付のみとなる．これは，女性を含め，人々の就業率を高める方向に作用していくであろう．

以上のように，一層型年金改革は必ずしも「雇用の多様化」への対応を主たる目的としたものではない．しかし，自営業者・被用者の区別に関係なく同一の制度に加入し，また所得水準に関係なく基本的に定額の年金額を受給できるという点などから，従来よりも雇用の多様化に中立的な年金制度と言えよう．

本章の構成としては，次節で現行の公的年金制度を概観する．第3節では一層型年金の背景を考察し，第4節で一層型年金の内容とその効果を概観する．そして第5節では，現行制度から一層型年金の移行過程を考察する．最後の第6節で，雇用の多様化の視点などから一層型年金改革に対する私見を述べる．

2　イギリスの公的年金制度

まず，イギリスの現行の公的年金制度を概観していこう．以下では，①公的年金制度の概要，②給付水準，③受給要件，④保険料，⑤高齢者向けの公的扶助，について見ていく．

2.1　イギリスの公的年金制度の概要

イギリスの公的年金は保険料方式で運営されており，老齢，障害，死亡，傷病，出産，失業，労働災害といったリスクをカバーする総合的・包括的な社会保険（「国民保険」と呼ばれている）の中に位置づけられている．換言すれば，国民保険の保険料は，公的年金のみをカバーするのではなく，上記のリスクをカバーする．ただし，国民保険の歳出内訳を見ると，公的年金支出が国民保険の歳出の8割程度を占めている（厚生労働省年金局数理課［2013］pp. 6-7）．

そして国民保険には，イギリスに居住する16～64歳の男性，16～61.5歳の女性は強制加入となっている（2013年度）．ただし，日本のような「皆年金」ではなく，収入が最低所得額（Lower Earnings Limit: LEL）未満の者には，保険料の拠出義務はない．ちなみに，2013年度の最低所得額は，週109ポンド（約1万7,000円，1ポンド＝160円で換算，以下同）となっている．また，自営業者では，年間純利益が5,725ポンド（約92万円）未満であれば，保険料納付が義務づけられていない．

なお，保険料納付義務の無い者が貧困に陥れば，基本的には公的扶助による救済が想定されている．ただし，任意に国民保険料を拠出して国民保険に加入することが可能になっている．

公的年金制度の体系は，「基礎年金」と「付加年金」の2階建て構造となっている．基礎年金には，最低所得額以上の収入を有するイギリス居住者が加入し，定額給付となっている．付加年金は，公務員を含む被用者が加入し，緩やかではあるが報酬に比例して給付額が決定する（図4－1）．

そして，イギリスの公的年金制度の大きな特徴としては，2階部分にあたる付加年金に「適用除外制度」が認められている点である．適用除外制度とは，一定基準を満たす確定給付職域年金に加入している被用者には，付加年金への加入を免除できるという制度である．

適用除外制度が導入された背景には，イギリスでは公的年金に先行して，1800年代中頃から，鉄道，ガス，銀行，保険会社などの国営企業や大企業において職域年金が確立していたことがあげられる．現行の2階建て構造の公的年金の原型が導入されたのが1978年であり，その時点ですでに職域年金が普及していた．そこで，一定の給付水準を持つ確定給付職域年金の加入者には，付加年金への加入

図4－1　イギリスの現行の公的年金制度の体系

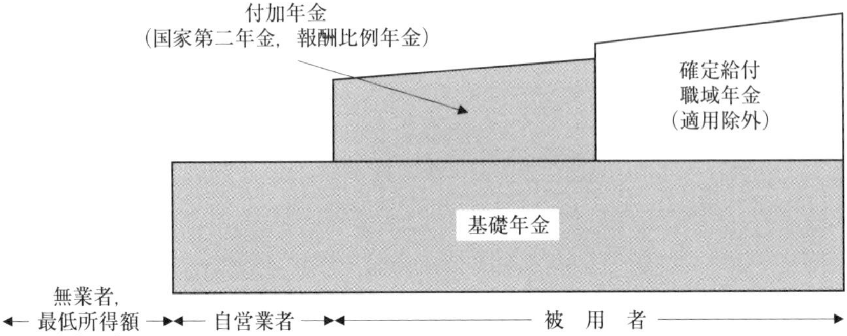

（注）1．網掛け部分が公的年金．白抜きの「確定給付職域年金」は，付加年金への加入を免除された場合（適用除外制度の活用）．
2．無業者や最低所得額未満の者は，任意に国民保険料を納めて，基礎年金の受給資格を得ることは可能．
（出所）各種資料により，筆者作成．

が免除されたのである．現在，被用者の35％が適用除外制度を活用している（OECD［2011］, p. 2）．

なお，サッチャー保守党政権をはじめ，その後の歴代政権では，私的年金による適用除外制度の活用を積極的に奨励し，適用除外制度の対象となる私的年金の範囲を広げた．具体的には，1980年代のサッチャー政権において，従来の確定給付型職域年金に加えて確定拠出型職域年金と個人年金による適用除外が認められた．また，ブレア労働党政権において新型私的年金「ステークホルダー年金[1)]」による適用除外も認められるようになった．しかし，その後さらなる制度改正が行われ，2012年4月以降，確定給付型職域年金による適用除外しか認められない．

2.2　公的年金の給付水準

次に，公的年金の給付水準について，基礎年金，付加年金に分けて見ていこう．

1）ステークホルダー年金とは，私的年金加入を促すために，2001年にブレア労働党政権が民間金融機関と協力しながら設置した新型私的年金である．政府が枠組みを設定し，それに沿って民間金融機関が販売していく．同年金は，確定拠出年金であり，運用失敗の責任は加入者が負う．特徴としては，保険料が割安であることや，運用手数料が低いこと，他の年金に移転しても追加手数料を徴収されないこと，などである．2001年から販売が開始されたが，政府の想定どおりには加入者を集められていない．

基礎年金の給付水準

基礎年金は定額給付となっており，カテゴリーA年金，カテゴリーB年金，カテゴリーD年金の３種類がある．なお，カテゴリーC年金は，現在は使われていない．

まず，カテゴリーA年金は，本人の保険料拠出によって獲得した年金権に基づいて支給される．2013年度は，満額で週110.15ポンド（約１万8,000円）が給付額となっている．

カテゴリーB年金は，年金権を持たない人でも配偶者がいれば，一方の配偶者の年金権に基づいて，基礎年金の受給権を得たり，あるいは自らの基礎年金に上乗せすることができる年金である．具体的には，保険料を拠出してこなかった配偶者で，一方配偶者が年金受給権を有している場合は，配偶者年金として週66.00ポンド（約１万600円）を受給できる．この結果，夫婦合わせての基礎年金額は週176.15ポンド（約２万8,000円）となる．

また，年金受給権を持つ配偶者を亡くした場合には，遺族年金として最高で週110.15ポンド（１万8,000円）が支払われる（House of Commons［2014a］, p. 3）．

なお，満額受給に必要な加入期間――保険料拠出年数と保険料免除年数の合計であり「有資格年数（qualifying years）」と呼ばれている――が不足していれば，その分だけ給付額は減少する．基礎年金の満額受給に必要な有資格年数は男女ともに30年となっていて，30年よりも短ければそれに比例して給付額は減少する．

さらに，カテゴリーD年金は，無拠出給付の年金である．対象は，基礎年金の受給資格が無いか，受給資格があっても保険料拠出年数が短いために低い年金額しか受給していない80歳以上の高齢者である．また，一定期間イギリスに居住してきたことも要件になる．こうした要件を充たせば，保険料拠出実績にかかわりなく，基礎年金の満額の６割程度が支給される（DWP［2012］, p. 45）．ちなみに，カテゴリーD年金の受給者は，2012年11月時点で３万9,000人となっている（House of Commons［2014a］, p. 3）．

なお，基礎年金の給付額の改定はこれまで物価スライドで行われてきたが，2011年４月から，賃金上昇率，物価上昇率，2.5％のうち，最も高い指数によって改定されている（DWP［2013］, p. 6）．一方，公的年金の二階部分にあたる国家第二年金と報酬比例年金の改定は物価スライドのままである（DWP［2013］, p. 56）．

付加年金の給付水準

付加年金には，1978年に導入した「報酬比例年金（State Earnings Related Pension)」と，2002年に新設した「国家第二年金（State Second Pension)」の2種類がある．報酬比例年金は，一定の給付乗率の下で被用者の所得に比例して給付額が決まるのに対して，国家第二年金は低所得者層に手厚い給付構造となっている．

なお，報酬比例年金は2002年に廃止されたが，それ以前に支払われた保険料に対しての支給が行われている．今後，報酬比例年金は，順次国家第二年金に代替されていく．以下，おのおのの年金制度について説明していく．

報酬比例年金

報酬比例年金の給付額は，被用者の所得に一定の給付乗率を掛けて算定される．1978年から87年までの拠出期間については，各年度について〔(所得額－最低所得額（LEL))×再評価率×25%〕を計算して，全加入期間で合計する．そのうえで，合計値を加入年数で除した平均値を求める（①)．1988年以降については，同様に各年度について〔(所得額－最低所得額)×再評価率×20～25%〕で計算し，その合計値を加入年数で除する（②)．①と②の合計値を，52週間で除した値が週当たりの年金額となる．

国家第二年金

国家第二年金では，低所得者層への給付を手厚くするために，2つの所得帯に分けて給付乗率を設定している．2013年度では，第1所得帯〔年収5,668ポンド(LEL）～1万5,000ポンド（LET：Lower Earnings Threshold)〕の乗率は40%，第2所得帯〔1万5,000ポンド～4万0,040ポンド〕の乗率は10%となっている．

なお，所得が第1所得帯の範囲内にある者は，年収1万5,000ポンド未満であっても，1万5,000ポンドの年収があったとみなされる．このため，第1所得帯においては定額給付となる．

また，国家第二年金は，2030年代初頭までに定額給付となる予定である（2007年年金法)．これは，報酬比例で支給される第2所得帯の範囲を徐々に狭くしていくことによってなされる（House of Commons［2011］, p. 17)．

2.3 受給要件

支給開始年齢

公的年金の支給開始年齢（2013年度）は，男性は65歳，女性は61.5歳である．女性の支給開始年齢は，2010年～18年にかけて段階的に60歳から65歳に引き上げられている．そして，それ以降，男女ともに2018年～20年にかけて66歳，2034年～36年にかけて67歳，2044年～46年にかけて68歳，と段階的に引き上げていく予定である（2011年年金法）．

なお，キャメロン政権では，支給開始年齢の67歳への引き上げについて，2026年～28年に早める意向であることを発表している．

支給開始年齢の引き上げと定年制の廃止

一方，公的年金の支給開始年齢の引き上げに関連して，2011年４月から定年制が完全に廃止された．これまでは，2006年雇用均等（年齢）法によって，原則的に65歳未満の定年の設置は禁止されてきたが，2011年４月からは65歳以上であっても定年を設けることが原則的に禁止となった．

満額受給に必要な有資格年数

先述のとおり，基礎年金を満額受給するのに必要な保険料拠出年数と保険料免除年数の合計年数（有資格年：qualifying years）は男女ともに30年である（2007年年金法）．これは，2010年に改正されたもので，それまでは男性44年，女性39年の有資格年数が必要であった．有資格年数が30年よりも短ければ，それに比例して給付額は減少していく．

一方，公的年金を受給できる最低限の有資格年数は１年であり，１年分の保険料を払えばそれに応じて受給資格を得られる（2007年年金法）．これも2010年に変更された点であり，それまでは男性11年，女性9.75年以上の有資格年数が無い場合には，一切の公的年金を受給できなかった[2)]．

---

2) ただし，現行制度の下でも，1945年４月６日以前に出生した男性，1950年４月６日以前に出生した女性には旧法が適用される．

その他

病気・障害や失業のために保険料を拠出できない人には，一定要件の下で保険料を拠出したとみなす「賃金クレジット（Credit of Earnings）」がある．また，育児・介護を担う人には，基礎年金の満額受給に必要な有資格年数を最大で20年間まで短縮できる「家庭責任保護制度（Home Responsibilities Protection）」などの措置が設けられてきた．

上記制度は2010年に「国民保険クレジット（National Insurance Credits）」に置き換えられ，強化された（2007年年金法）．従来の家庭責任保護制度は，年単位で設計されていたが，国民保険クレジット制度は週単位で設計されるため，育児・介護のために数週間就業できない場合でも保険料拠出期間につながる（DWP [2012], p. 23）．また，12歳児までの子どもの育児をする人を対象にして，基礎年金と国民第二年金の受給資格が与えられる．

2.4　保険料

4種類の国民保険料

公的年金は賦課方式によって運営されており，その財源は，「国民保険料」によって賄われている．国民保険料は，先述のとおり，老齢，障害，死亡，傷病，出産，失業，労働災害といったリスクをカバーする総合的・包括的な社会保険であり，公的年金のみをカバーする保険料ではない．ただし，国民保険の歳出の内訳を見ると，公的年金支出が国民保険の歳出の8割程度を占めている（厚生労働省年金局数理課［2013], pp. 6-7）．

国民保険料は，被用者，自営業者，任意加入者といった対象者別に，以下の4種類の保険料が設定されている．なお，以下の保険料率や保険料額は，2013年度のものである．

第1種保険料は，被用者を対象にした保険料であり，被用者の週給に基づいて，被用者と事業主が負担する．被用者本人の保険料負担は，週給109～149ポンドの所得部分について0％[3]，週給149～797ポンドの所得部分について12.0％，週給797ポンドを超える部分について2％が課せられる（図4－2）．最低所得額

3）　週給が109～149ポンドの者は，0％の保険料を支払ったとみなされ，実質的に被保険者の保険料負担は無いものの，受給資格を得ることができる．

(Lower Earnings Limit: LEL) である週給109ポンド未満の被用者には保険料納付義務が無い．その代わりに，公的年金等を受給できず，貧困に陥れば公的扶助で救済されることになる．ただし，当該被用者は任意に保険料（第３種保険料）を納付すれば，基礎年金を受給できる．

他方，事業主には，週給148ポンドを超える被用者の所得については，所得上限無しに13.8％の保険料が課せられている．事業主に課せられる保険料には，被用者のように所得帯によって保険料率が低減することがない．

なお，被用者が適用除外制度を選択した場合には，付加年金の保険料分だけ労使の保険料が減少する．具体的には，適用除外制度を利用している被用者の保険料率は1.4％分，その事業主の保険料率は3.4％分減少する（Gov.UK［2013b］, p. 3）．

第２種保険料は，自営業者を対象に，週2.70ポンドの定額保険料が課せられる．ただし，年間純利益5,725ポンド（約92万円）未満の自営業者は，保険料の納付義務が無い．

第３種保険料は，任意加入者の保険料である．最低所得額以下の低所得者や無業者などは，国民保険への加入を義務づけられていないが，任意に保険料を納めて国民保険に加入できる．保険料は，週13.55ポンド（約2,200円）の定額保険料となっている．

第４種保険料は，一定以上の年間利益を有する自営業者に課せられる保険料である．年間7,755ポンド（約124万円）以上の純利益を持つ自営業者には，第２種保険料に加えて，第４種保険料が課せられる．具体的には，年間純利益7,755～４万1,450ポンド（約124万～663万円）について９％の保険料が課され，４万1,450ポンドを超える利益には２％が加算される．

非正規労働者への国民保険の適用と就労調整

国民保険の適用は，正規労働者あるいは非正規労働者にかかわらず，一律に適用されている．つまり，被用者であり，かつ最低所得額以上の賃金を得ていれば，国民保険に強制加入となる．そして事業主は，被用者の週給が148ポンド以上であれば，保険料率13.8％を国民保険料として拠出する義務が生じる．このため，事業主および被用者は被用者の週賃金が148ポンド未満になるように就労調整を行う可能性がある（図４－２）．

一方，最低賃金制度が導入されており，21歳以上の労働者の最低賃金は，時給6.31ポンド（2013年度）となっている（HM Revenue & Customs HP [2014b]）．事業主が最低賃金を支払うことを前提に，週給を148ポンド未満に調整するには，被用者の週当たりの労働時間を約23時間30分未満（週6日勤務の場合は1日当たり約3時間50分，週5日勤務の場合は1日当たり同4時間40分）に抑える必要がある．もし最低賃金を上回る賃金を支払えば，労働時間は一層短くなる．

この点，日本の「被用者保険の配偶者」が保険料拠出義務を免れるためには，①年収130万円未満であり，かつ②1日当たりの労働時間などが通常の就労者の4分の3未満（一般社員の所定労働時間が1日8時間であれば6時間未満）であることが必要になる．

日英で保険料拠出義務を免れる基準を比べると，少なくとも1日当たりの労働時間は，日本よりもイギリスのほうが狭い範囲に設定されている．つまりイギリスで就労調整をするには，1日当たりの労働時間をかなり短くせざるをえず，事業者にとってはかえって非効率になることが考えられる．また被用者が就労調整

図4－2　被用者と事業主に対する国民保険料率（2013年度）

	最低所得額 週109ポンド	第2基準 週148ポンド	第1基準 週149ポンド	上限所得 週797ポンド	
週給	109ポンド未満	109～148ポンド	148～149ポンド	149～797ポンド	797ポンド以上
被用者	―	0％	0％	12.0％	2.0％
事業主	―	0％	13.8％		
	保険料拠出義務無し．このため，受給権もない．	被用者・事業主ともに，保険料を拠出したとみなされ，受給権が付与される．	被用者は保険料を拠出したとみなされ，受給権が付与される．		

（注）1．上記週給は，各種手当を含み，租税・社会保険料控除前のグロス収入．適用除外を活用していない場合である．

2．週給ベースの金額を月収，年収に換算すると下記のとおり．なお，円換算については，1ポンド＝160円で計算．

・最低所得額（LEL）：週給109ポンド＝年収5,668ポンド≒年収91万円．

・第2基準（ST）：週給148ポンド＝年収7,696ポンド≒年収123万円．

・第1基準（PT）：週給149ポンド＝年収7,755ポンド≒年収124万円．

・上限所得（UEL）：週給797ポンド＝年収41,450ポンド≒年収663万円．

（出所）HM Revenue & Customs [2014a].

を行って配偶者年金を受給できたとしても，その給付水準は本人の保険料拠出に基づく基礎年金の6割程度である．したがって，イギリスでは就労調整を行うインセンティブが，日本に比べて乏しいのではないかと推測される．

2.5 高齢者向けの公的扶助——「年金クレジット」

「年金クレジット」は税金を財源にし，資力調査を実施したうえで受給が認められる高齢者向けの公的扶助である．この制度は，低所得高齢者を救済するために，ブレア労働党政権が2003年に導入した．日本の生活保護制度は，単一の制度であるが，イギリスの生活保護制度は，高齢者，求職者，障害者，傷病者などの対象者別に制度設計されている．いわば，年金クレジットは高齢者向けの生活保護制度ということができる．

そして年金クレジットには，「保証クレジット」と「貯蓄クレジット」の2つの要素があるので，以下おのおのについて見ていこう．

保証クレジット

「保証クレジット」は，政府の定める最低所得基準額（standard minimum guarantee）に，高齢者（公的年金の支給開始年齢以上の人：2013年度は男性65歳以上，女性61.5歳以上）の収入が満たない場合に，その差額を支給するものである．最低所得基準額（2013年度）は，単身世帯では週145.40ポンド（約2万3,000円），夫婦世帯では週222.05ポンド（約3万6,000円）に設定されている．この水準を，基礎年金の給付水準（単身世帯：週110.15ポンド，夫婦世帯：週176.15ポンド）と比べると，保証クレジットの水準のほうが基礎年金よりも，単身世帯で32％，夫婦世帯で26％程度高い給付水準となっている[4]．

保証クレジットの受給要件には，間接的な資産制限がある．具体的には，1万ポンド（約160万円）を超える資産——居住している住宅を除く——について，500ポンド毎に週所得が1ポンドあるとみなされ加算される．つまり，高価な資

---

4) ちなみに，現役世代の低所得者を対象にした「所得扶助（income support）」の給付水準（2013年度）は，単身世帯（25歳以上）は週71.70ポンド，夫婦世帯（ともに18歳以上）は週112.55ポンドとなっている．高齢者を対象にした保証クレジットの給付水準（2013年度，単身世帯：週145.40ポンド，夫婦世帯：週222.05ポンド）は，所得扶助の水準よりもかなり高い水準に設定されている．

産を所有していれば，それに応じて週所得に加算され，週所得が最低所得基準額を超えてしまうと保証クレジットを受給できない．ちなみに，現役世代の低所得者を対象にした「所得扶助（income support）」の受給要件には，保有する資産額――居住している住宅を除く――が1万6,000ポンド以下であることが要件になっているが，年金クレジットにはこうした資産制限がない．

貯蓄クレジット

貯蓄クレジットは低所得者の貯蓄インセンティブを高めることを目的に導入された．対象は，私的年金などからの給付によって基礎年金以上の所得を持つ低所得の年金生活者（65歳以上）である．受給対象者の所得帯の最低所得額は，基礎年金の給付水準に設定されている．

具体的な制度設計としては，私的年金などからの収入の増加に応じて一定限度額まで貯蓄クレジットの給付額が増加していく．そして一定限度を超えると給付額が逓減していく仕組みになっている．貯蓄クレジットの給付額の上限（2013年度）は，単身世帯で週18.06ポンド，夫婦世帯で週22.89ポンドとなっている（AGE UK［2013b］, p. 4）．

年金クレジットの導入が大きな要因となって，イギリスでは高齢者の貧困率が低下した．年金生活者の相対的貧困率（住宅費控除後所得）は14%となり，これは歴史的に低い水準である（DWP［2013］, p. 21）．しかし寛容な設計のために，今後年金クレジットの受給資格者が大幅に増加し，同制度の持続可能性を懸念する見方もある．ただし，寛容な制度設計といっても，受給を恥ずかしいと思う感情（スティグマ）などのため，年金クレジットの受給資格者の3分の1程度は申請していない（DWP［2013］, p. 24）．

3　一層型年金の背景

キャメロン政権は，なぜ一層型年金を導入しようとしているのだろうか．筆者は，イギリスの公的年金は，以下に示す課題を長年抱えており，今回の改革もその延長線上にあると考えている．

具体的には，イギリスでは主要先進国と比べて，GDPに対する公的年金支出割合が小さく，公的年金の給付水準が低い．2010年の主要先進国の公的年金負担割合（対GDP比）を国際比較すると，イギリスは7.7％なのに対して，イタリア15.3％，フランス14.6％，ドイツ10.8％，スウェーデン9.6％，米国4.6％となっており，米国に次いで低い水準にある（OECD［2013a］, p. 175）．

公的年金負担割合が低水準となっている要因としては，①イギリスの公的年金は高齢者の最低限の生活を支える制度として創設されたために給付水準が低いこと，②適用除外制度の存在，③1980年代から90年代前半にかけて公的年金をスリム化する方向で年金改革が行われてきたこと，④2010年のイギリスの高齢化率が16.6％であり，日本（23.0％）ドイツ（20.8％），イタリア（20.3％），スウェーデン（18.2％）に比べて低い水準にあること，といった点を指摘できる（国立社会保障・人口問題研究所［2014］, p. 38）．

公的年金支出割合（対GDP比）が低いことは，財政的には歓迎すべきことであるが，年金生活者が貧困に陥るリスクが高まる．そこでイギリス政府は，現役世代の人々に貯蓄や私的年金への加入を促してきた．しかし，政府が想定するようには私的年金への加入が進まず，年金生活者の貧困問題が顕在化していった．

以下では，1997年に樹立したブレア労働党政権から2010年に樹立したキャメロン保守党・自由党連立政権に至るまでの公的年金改革の経緯を概観しながら，キャメロン政権では，なぜ一層型年金を導入しようとしているのか，という点を考察していく．

3.1　ブレア労働党政権の初期の年金改革

労働党政権下（1997～2010年）では，年金生活者の貧困問題を優先課題として，以下の政策が実施された．具体的には，高齢者向けの公的扶助として「最低所得保証（Minimum Income Guarantee）」の導入（1999年），私的年金への加入促進を目的にした新型私的年金「ステークホルダー年金」の導入（2001年），低年金者に手厚い年金を提供する「国家第二年金」の導入（2002年），「最低所得保証」を「年金クレジット」に改正（2003年），職域年金の安全性を高める改革（2004年年金法），などを実施してきた（DWP［2006］, pp. 3-6）．

こうした改革によって，年金生活者の貧困率は低下したものの，私的年金への加入は進まず，長期的な視点からイギリスの年金改革を考える必要が生じた．そこで労働党政権は，2002年に有識者から構成される「年金委員会」を立ち上げて，同委員会は2005年末に政府に答申を提出している.

3.2　年金委員会の提言

年金委員会が指摘した長期的な課題をまとめると，以下の点があげられる（DWP［2013］, p. 7）.

①引退後に向けた貯蓄が過小であること：貯蓄不足のために，数百万人の人々が自分たちの期待する老後生活を送れない.

②複雑性：公的年金制度が複雑なために，人々は，いつ，どの程度貯蓄をするかなど，情報を受けたうえでの決定ができていない.

③年金制度内の不平等性：女性などの特定のグループは，老後に一定の年金を得る機会が平等に与えられていない.

④持続可能性：世代間の公平性を維持し，持続可能性を確保するために，寿命の延びに応じて年金支給開始年齢を引き上げていかなくてはならない.

そのうえで年金委員会は，2005年末に主に下記の3点を内容とする年金改革案を提言した．具体的には，①基礎年金について，保険料拠出実績ではなく，一定期間イギリス内に居住したことに基づいて定額支給される「市民年金」とすること[5)]，②国家第二年金について，定額給付への移行を加速していくこと，③被用者を対象にした強制貯蓄制度（「全国年金貯蓄制度」）の導入，などである（PC［2005］；藤森［2006］, p. 21）.

上記の①と②が実現すれば，イギリスの年金制度は，2つの定額給付の年金（基礎年金と国家第二年金）となる．年金委員会は，これによって，年金の複雑さが排除されてシンプルで理解しやすい制度になるとともに，育児・介護者など就労記録が断続している人々にとってより公平な制度となることを目指そうとした.

3.3　年金委員会の提言に対する労働党政権の対応

これに対して労働党政権（当時）は，年金委員会の「市民年金構想」を退けた.

5）この他，基礎年金の改定について賃金スライドへの変更や，支給開始年齢の引き上げが提言されている．詳しくは，藤森［2006, pp. 21-23］を参照.

労働党政権が市民年金を導入しなかった背景として，①保険原理の持つ「権利は責任を伴う」という考え方の重視，②市民年金の導入には膨大な費用がかかること，③市民年金はどのような移行過程を設けても保険料納付者と未納者の間で不公平感を招くおそれがあること，④市民年金はシンプルで理解しやすい点が大きな魅力であるが，移行過程が複雑なためにその長所が失われてしまうこと，などがあげられている（藤森［2006］, pp. 23-25）.

そのうえで，労働党政権は，①保険原理の例外措置の拡大，②基礎年金の改定を賃金スライドに変更，③国家第二年金の定額給付化の推進，④公的年金の支給開始年齢の引き上げ，⑤強制的な個人貯蓄制度（個人口座制度）の導入，を決定した（DWP［2006］）.

このうち「保険原理の例外措置の拡大」について具体的な内容を見ると，①基礎年金の満額受給に必要な保険料拠出年数を，それまでの男性44年，女性39年から30年に短縮して，満額の基礎年金を受給できる可能性を高めていくこと，②病気・障害・介護のために保険料を拠出できない人に一定要件の下で保険料を拠出したとみなす制度や，育児・介護を担う人に満額受給に必要な有資格年数を短縮できる制度の一層の充実（国民保険クレジット制度の導入），③基礎年金の受給のためには最低9年の有資格年数が必要であったが，1年拠出でも受給できるように改正，といった点があげられる（DWP［2006］, pp. 31-135；藤森［2006］, pp. 23-24）.

3.4　キャメロン政権が指摘する公的年金の課題

2010年に政権を獲得したキャメロン保守党・自由党連立政権は，これまでの労働党政権の対応では依然として課題が残っているとして，2011年4月に公的年金改革について2つの選択肢を提案し，パブリック・コメントを求めた．1つの選択肢は，労働党政権で始まった国家第二年金の定額化を早期に実施して，2つの定額給付の年金（基礎年金と国家第二年金）とする案である．もう1つの案は，年金クレジットの最低所得基準額を上回る給付水準を持つ定額給付の「一層制年金」の導入である（DWP［2011］, p. 18）.

2つの選択肢に対するパブリック・コメントの結果を見ると，イギリス政府の問いかけに応答した組織の3分の2は，後者の「一層制年金」を支持した．そして，キャメロン政権は一層型年金の導入を決定し，2013年1月にホワイトペーパー『一層型年金――貯蓄に向けたシンプルな基盤』を発表した.

なお,「一層型年金」と2000年代中頃に年金委員会が提案した「市民年金」は,定額給付という点は共通だが,大きな違いがある.具体的には,市民年金はイギリス内に一定期間居住することを要件とするのに対して,一層型年金は保険料拠出を要件としている点で異なる.また,市民年金は2階建て構造を維持しているのに対して,一層型年金は1階建てとなっている.

では,なぜ一層型年金を導入する必要があるのか.キャメロン政権は,以下の3点を指摘している(DWP [2013], p. 18).

公的年金の複雑さと不確実性

第1に,公的年金制度が複雑なために,人々は引退後に受け取る年金額を予見できず,これが老後に向けた貯蓄や私的年金加入の妨げになっている点である.雇用年金省の調査によれば,63%の人々が「年金制度があまりにも複雑なために,何をなすべきなのかわからない」と回答している.その一方で,「年金制度を熟知しており,引退後に向けてどの程度貯蓄をすればよいか自信がある」と回答した人は21%にすぎない(DWP [2013], p. 24).

公的年金を複雑にしている制度的要因としては,まず付加年金を私的年金で代替する適用除外制度があげられる.また,配偶者年金,遺族年金,離婚時の分割年金制度,80歳以上の低所得高齢者を対象にしたカテゴリーB年金など,本人の保険料拠出に基づかない給付の仕組みも,年金制度を複雑にしている.さらに,公的扶助である「年金クレジット」には,最低限の所得を保証する機能(保証クレジット)だけでなく,低所得者の貯蓄インセンティブを高める仕組み(貯蓄クレジット)も組み込まれていて,人々は容易に理解できない.一層型年金の導入は,こうした公的年金制度の複雑さを解消して,老後に公的年金から得られる年金額を容易に予見できるので,私的年金への加入を促すと見られている.

なお,イギリスにおいて私的年金への加入が促されるのは,イギリスの公的年金は給付水準が低いなど,主要先進国の中で「最も不寛容な年金」となっていることがある.このような年金制度が,長い間受け入れられてきたのは,財政的な持続可能性の観点から支持されたことと,イギリスでは任意で加入する積立方式の民間年金が広がっていたことがあげられる.特に,イギリスでは職域年金に加入する人の比率が他の主要先進国に比べて高く,その多くが確定給付型の年金であった．また，GDPに占める年金資産の割合も高かった（House of Commons [2011], p. 7）.

しかし，このような状況が変わり始めている．職域年金への加入者数は，1967年の1,200万人をピークに，2011年には820万人にまで減少している．また，民間部門における確定給付年金の加入者減少が著しく，1967年の810万人の加入者数が2011年には190万人にまで減少した．確定給付年金の加入者減少の背景には，確定給付年金から確定拠出年金への移行がある．これは，将来の年金水準についてのリスクや責任が，事業者から加入者個人に移っていることを意味しており，加入者本人の自己責任が重くなっている[6)]（DWP [2013], p. 22）.

イギリス政府は，生産年齢人口のうち1,100万人は，引退後に，現役時代の所得に基づいて得られる収入が不十分なため，彼らが望む老後生活は難しいと見ている（DWP [2013], p. 22）.

なお，私的年金への加入促進という点については，イギリス政府は，NEST（National Employment Saving Trusts：国民職域貯蓄トラスト）という新たな年金スキームを制定した（2008年年金法）．これは，職域年金を持たない中小企業の事業主などに対して，労働者を自動的に登録して，積立貯蓄をする仕組みを義務づけたものである．2012年に施行となった同制度により，低・中所得者の私的年金加入が進むと期待されている．

公的扶助への依存が貯蓄意欲を低下させていること

第2に，公的扶助の受給資格者が多い点である（House of Commons [2011], p. 7）．現在，年金生活者のうち，公的扶助である年金クレジットの受給資格者の割合が4割程度にも及んでいる[7)]（DWP [2013], p. 24）.

この一因としては，労働党政権（1997～2010年）において，年金生活者の貧困を救済するために導入した年金クレジットが寛容な制度であったことがあげら

6） 一方，税控除型の貯蓄は人気が高く，2010年度には約1,540万人がISA（Individual Savings Account）に加入している．しかし，年金支給開始年齢に近い45歳から64歳の人々を見ると，ISA所有者の半分以上の人は，ISAに9,000ポンド以下の貯蓄しかしていない．引退後の生活を賄うことは難しいと見られている（DWP [2013], p. 22）.

7） 年金クレジットの受給資格を得ている人々の約3分の1は，年金クレジットの受給申請をしていない．これは，総額で16億～29億ポンドに相当し（House of Commons [2011], p. 16），平均で週34ポンドが支払われていないことになる（DWP [2013], p. 24）.

れる．具体的には，年金クレジットは保証クレジットと貯蓄クレジットが内容となっているが，保証クレジットの最低所得基準額は，基礎年金の受給額（満額）を上回っていて，保証クレジットの受給者を増やす一因となっている．

一方，貯蓄クレジットは，対象者の所得帯が広がったため，貯蓄クレジットの受給資格者が増えている．今では，週190ポンド（約3万円）程度の収入を持つ単身世帯の人々も，貯蓄クレジットの資格を有する（DWP［2013］, p. 24）．

なお，現行制度を維持した場合であっても，年金クレジットの受給資格者の割合は2050年まで低下していくことが見込まれている．これは2011年からの基礎年金を改定する指標の変更などによるものだが[8)]，一層型年金を導入すれば，より早期に年金クレジットの受給者比率を低下させることができる（DWP［2013］, p. 24, p. 33）．

公的年金制度の不公平

第3に，男女間や，自営業者と被用者の間で，年金格差が生じている点である．

まず，男女間の年金格差を見ていこう．女性が受給する年金額は，男性に比べて，平均で週40ポンドほど低くなっている．この要因としては，①歴史的に見て女性のほうが男性よりも賃金が低いこと，②女性は男性に比べて就労期間が短く，満額の基礎年金を得るために必要な有資格年数に届かない人が多いこと，③2002年に国家第二年金が導入されるまでは，子育てなどのために労働市場から退出している期間について，付加年金の有資格年数に算定する制度がなかったこと，といった点があげられている[9)]（DWP［2011］, p. 22）．

先述のとおり，イギリス政府は，女性の公的年金の受給額が低い状況を是正するため，基礎年金を満額受給するのに必要な有資格年を，それまでの男性44年，

8）保証クレジットの改定は，賃金上昇率で実施されてきたのに対して，基礎年金の改定は，物価上昇率で行われてきた．一般に，賃金上昇率のほうが物価上昇率よりも高いので，これも保証クレジットの受給資格者を増やす一因となった．しかし，2011年から基礎年金の改定は，賃金上昇率，物価上昇率，2.5％のうち，最も高い指数によって行われるようになったので，この点は一層型年金の導入を待たずに改善された点と言えよう（House of Commons［2011］, p. 7）．

9）ちなみに，イギリスの女性の就業率を見ると，1948年に公的年金制度が導入された時には，5人中2人の女性が働いていたが，現在では3人に2人の女性が働くようになっている（DWP［2013］, p. 25）．

女性39年から，男女ともに30年とした．また，有資格年数の下限も撤廃され，1年分の保険料を払えばそれに応じて受給資格が与えられることになった（2007年年金法）．

また，育児・介護を担う人には，基礎年金の満額受給に必要な有資格年数を最大で20年間まで短縮できる「家庭責任保護制度（Home Responsibilities Protection）」などの措置が1978年に設けられた．そして2007年年金法によって，「国民保険クレジット」といった新制度が導入されて，一層の改善がはかられた．

しかし，これらの施策を取り入れても，男女の年金格差が是正されるまでには時間がかかる．例えば，基礎年金を満額受給する女性の割合が，男性の同割合に追いつくのは，2020年ごろになると見られている．また，国家第二年金の受給額が男女で一緒になるのは，2050年代の中ごろになると見られている（DWP [2013], p. 25）．

それに加えて，自営業者と被用者の格差も問題にされている．現行制度では自営業者は付加年金に加入できないために，被用者に比べて自営業者の受けとる年金額が低い[10]．

4　一層型年金の内容と効果

それでは，一層型年金は，どのような内容だろうか．また，どのような効果が見込まれているのであろうか．以下では，雇用年金省のホワイトペーパー（DWP [2013]）に基づいて一層型年金の概要を見るとともに，一層型年金の効果を考察していく．

4.1　一層型年金の概要

一層型年金の給付水準

まず給付水準を見ると，満額で週144ポンド（2012年価格．約2万3,000円）を想定している．この水準は，2012年度の基礎年金の水準（週107.45ポンド，単身

10）　ただし，自営業者の支払う国民保険料は，被用者のそれと比べて低い水準にある．高利益を上げる自営業者には，第4種保険料として，一定の利益について9％の保険料率が課せられているが，被用者の支払う第1種保険料率は12％である．

世帯）を34％程度上回っている．つまり，付加年金を持たない自営業者は，改革によって公的年金の受給額（満額）が34％高まることになる．一方，付加年金は廃止されるので，被用者の公的年金額は現行制度よりも減少することが考えられる．

また一層型年金の給付水準（週144ポンド）は，年金クレジットが保証する最低所得基準額（週142.70ポンド，2012年度，単身世帯）より若干高い水準である．従来のように基礎年金の給付額（満額）が年金クレジットの最低所得基準額よりも低いという状況は解消されることになる．この結果，老後に向けて貯蓄や私的年金に加入するインセンティブが高まっていくと見られている（DWP［2013］, p. 28）．

なお，一層型年金の給付額の改定については，その時の財政状況などを幅広く考えながら，導入直前にイギリス政府が決定することになっている．ただし，一層型年金は少なくとも賃金上昇率によって改定すべきことは，法律によって要請されている（DWP［2013］, p. 12）．

一層型年金の支給要件

一層型年金の満額給付を得るには，保険料拠出に基づく有資格年数として男女ともに35年間を必要とする．現行の基礎年金（満額）の有資格年数は男女ともに30年なので，有資格年数は5年分長くなる．

一方，現行制度では基礎年金を受給するために最低有資格年数として1年が必要であり，1年分の保険料を支払えばそれに応じて給付を得られた．しかし，一層型年金では最低でも7～10年の有資格年数が無いと公的年金を受給できない．有資格年数が長期に設定された背景には，長寿化が進展する中で一層型年金の給付水準を維持することがあろう．そして，有資格年数が10～34年の場合には，保険料拠出年数に比例した給付となる（DWP［2013］, pp. 28-29）．

一層型年金の保険料

一層型年金の保険料を見ると，現行の国民保険の保険料の仕組みに変更はない．したがって，被用者の場合，所得が高まるのに応じて保険料拠出額が増えるのに対して，給付は保険料拠出額に関係なく定額である．つまり，一層型年金は現行制度よりも高所得者から低所得者への所得再分配効果が大きな年金になる．

なお，適用除外制度の廃止に伴い，これまで適用除外制度を活用してきた被用者は，満額の国民保険料を支払わなくてはならない（DWP［2013］, p. 10）．2012～2014年度まで，適用除外によって引き下げられた保険料率は，被用者は1.4%，事業主は3.4%なので，一層型年金の導入後は，その分保険料率が引き上げられる（Gov.UK［2014］）．

4.2　一層型年金の効果

一層型年金の導入によって，公的年金の複雑さの軽減，年金クレジットの受給資格者の早期減少，男女間などの年金格差の是正，といった効果が期待されている．以下，おのおのについて見ていこう．

公的年金の複雑さの解消

まず，一層型年金の導入によって，現行の公的年金制度の持つ複雑さが軽減されて引退後の受給額を予見しやすくなる．現行制度では，付加年金部分は報酬比例で給付額が決定したために，公的年金の給付額にバラツキが大きかった．これに対して，一層型年金を導入すれば，年金生活者の公的年金受給額はほぼ一定額に収斂していくものと考えられている．具体的には，イギリス政府は2030年代中頃までに，80%の年金生活者が満額受給する――すなわち，有資格年数35年を持つ――と予測しており，同割合は2040年代までに85%に高まっていくと見られている（DWP［2013］, p. 31, p. 91）．したがって，現役世代の人々は，高齢期に受給できる公的年金額について明確な見通しを持ちやすくなり，これが貯蓄への基盤になっていくと考えられる（DWP［2013］, p. 31）．

また，一層型年金の導入に伴って，以下の制度が廃止され，シンプルで理解しやすい年金になると見られている．具体的には，①報酬に基づいて給付額が定められた付加年金（国家第二年金や報酬比例年金）が廃止されて，一層の定額給付の年金になること，②適用除外制度が廃止されること，③年金クレジットについて，貯蓄クレジットは廃止され，保証クレジットのみとなること，④一層型年金は，個人の受給権に基づき支給される年金なので，配偶者年金，遺族年金，離婚時の分割年金制度は廃止されること，⑤カテゴリーD年金や80歳以上の高齢者を対象にした加算が廃止されること[11]，といった点である（図4-3）．

年金クレジットの受給資格者の早期減少

第2に，年金生活者の中で公的扶助（年金クレジット）の受給資格者の比率が現行制度を維持した場合よりも早期に低下する点である．

具体的には，年金生活者に占める年金クレジットの受給資格者の割合――現在35%――が，一層型年金の導入によって現行制度を維持した場合に比べて2020年までに半減する．そして2060年代には，年金クレジットの受給資格者の割合は5%以下になると見られている．長期的に見ると，現行制度を維持した場合と比べて，年金生活者に占める年金クレジットの受給資格者数は30万人減少する（DWP [2014], p. 5）．

この背景には，①年金クレジットの最低所得保証基準よりも，一層型年金の給付水準（満額）のほうが高い水準に設定されていること，②年金クレジットの最低所得保証基準額の改定は賃金上昇率で行われているが，一層型年金の給付水準の改定も少なくとも賃金上昇率以上の水準で改定されること，③貯蓄クレジットが廃止されたこと，といった点があげられる．

なお，現行制度が継続した場合においても，年金生活者に占める年金クレジットの受給者比率は低下していく．この背景には①基礎年金の改定方法の変更[12]，②新たな職域年金（NEST）の導入，③女性の労働市場への参画，などの影響と考えられる．（DWP [2013], pp. 32-33）．

年金格差の早期是正

第3に，一層型年金の導入によって，男女の年金格差の是正時期を，2050年半ばから2040年初頭へと10年程度早く達成される見込みである．この背景には，緩やかな報酬比例となっている国家第二年金を早期に終了することで，現役時代の所得とは無関係に定額の年金を受けられることがあげられている（DWP [2013],

11）「年齢加算（Age Addition）」と呼ばれている制度であり，80歳以上高齢者に25ペンスが加算されている．これは，1971年に導入された制度で，当時基礎年金の満額が週6ポンドであったのに対して，25ペンスが加算された．しかし，加算額は改定されずに，週25ペンスのまま現在に至っている（DWP [2013], p. 98）．

12）脚注8）で示したとおり，基礎年金の給付額の改定は物価スライドで行われてきたが，2011年4月から，基礎年金は，賃金上昇率，物価上昇率，2.5%のうち，最も高い指数によって改定することになった．

図 4－3　現行の年金制度と一層型年金

〈現行制度〉

障害・介護者手当	住宅手当，カウンシル税給付	年金クレジット ・保証クレジット ・貯蓄クレジット	付加年金	遺族年金，離婚時の分割年金 付加年金の適用除外	80歳以上への追加支給	年金権を持たない配偶者への基礎年金	基礎年金
資力調査付き給付			拠出制給付				

〈新制度〉

障害・介護者手当	住宅手当，カウンシル税給付	年金クレジット ・保証クレジット	一層型年金

（出所）　Department for Work and Pensions（2013）*The Single-tier Pension: A Simple Foundation for Saving*, Cm8528, p.30 を参考に，筆者作成.

p. 34). また，自営業者と被用者は同一の一層型年金に加入するので，両者の格差も是正される.

年金財政に対する影響

最後に，一層型年金改革による年金財政への影響を見ていこう．一層型年金は現行制度の年金支出を組み替えるものなので，改革によって年金財政負担が高まることはないという．これが意味することは，一層型年金は基礎年金よりも給付水準が高いので，財政負担が高まる．その一方で，付加年金の廃止によって負担が軽減するので，それにより負担増を補えるということであろう．仮に現行制度が継続した場合，公的年金支出割合（対GDP比）は，2012年度の6.9％から2060年には8.5％へと高まる見込みだ．一方，一層型年金では2060年の公的年金支出割合（対GDP比）は8.1％（同）になると推計されている．現行制度を継続した場合に比べて，2060年の一層型年金の公的年金支出割合が若干低下するのは，国家第二年金の廃止が主たる要因である（DWP［2013］, p. 35).

ただし，このような長期推計は，人口動態や経済状況の影響を受けるので，不確実な面が多いことに留意しなくてはならない.

5　移行過程

次に，新制度への移行過程を見ていこう．移行過程で重要になるのは，旧制度における国民保険料拠出記録について，一層型年金の下でどのように評価していくのか，という点である．この点，一層型年金の導入時点までの国民保険料拠出記録は，「一層型年金のルールに基づいて算定された年金額」と「現行の年金制度に基づく年金額」に分けて評価をされ，高く評価された年金額を，一層型年金の導入時点の「基礎額（Foundation Amount）」とする．つまり，すでに支払われた国民保険料拠出分については，新制度によって加入者が不利にならない措置がとられている．そして「基礎額」をベースとして，導入後に一層型年金に支払った保険料拠出実績が加算されていく．

なお，先述したように，一層型年金は現行制度の年金支出を組み替えるものなので，改革によって年金財政負担が高まることはない．ただし，移行過程の影響が強く残る間は，現行制度を維持した場合に比べて，公的年金支出割合は高まるのではないかと筆者は見ている．なぜなら，移行過程においては，導入時までの国民保険料の拠出記録について，加入者に不利にならない措置がとられるためである．

では，新制度導入前の国民保険料の拠出記録（有資格年数）は，一層型年金のルールに基づいて，どのように年金額に換算されるのであろうか．まず，適用除外制度を利用しなかった人は，

導入前の有資格年数／35年間×週144ポンド

で導入時の年金額を算定する．一方，適用除外制度を受けていた場合には，国民保険料が減額されたので，

（導入前の有資格年数／35年間×週144ポンド）－保険料減額相当分

で算定する．そして，上記の一層型年金のルールによる年金拠出記録の評価と，現行制度の下での評価を比べて高いほうを「基礎額」とする．

以下ではホワイトペーパー（DWP［2013］）に基づいて，①基礎額が一層型年金の受給額（満額）と同じ場合，②基礎額が一層型年金の受給額（満額）よりも低い場合，③基礎額が一層型年金の受給額（満額）よりも高い場合，④一層型年金導入前に国民保険料を拠出していない場合，の4つの具体的な事例に基づいて

「基礎額」の算定過程を概観していこう.

5.1　基礎額が一層型年金の受給額（満額）と同じ場合

リズは57歳で，これまで36年間自営業を営んできた．一層型年金が導入される2017年までの保険料拠出記録（有資格年数）を一層型年金ルールで評価すると，満額の一層型年金を受給するのに必要な35年の有資格年数を満たしている．したがって，「一層型年金のルールに基づく年金額」は満額受給額の週144ポンドとなる．彼女の場合には，適用除外制度を活用してこなかったので，年金額の減額はない.

一方，現行制度のルールに基づいて年金額を評価すると，満額受給に必要な有資格年数30年間を満たしているので，基礎年金の満額である週107ポンドとなる．なお，自営業であるため付加年金を考慮する必要がない.

この結果，一層型年金のルールに基づく年金額のほうが高いので，彼女の「基礎額」は週144ポンドとなる．なお，すでに基礎額が一層型年金の満額になっているので，導入後に有資格年数を積み上げたとしても，年金額を上乗せすることはできない.

5.2　基礎額が一層型年金の受給額（満額）よりも低い場合

マットは32歳で，一層型年金が導入される前に教員として10年間働いてきた．一層型年金のルールに従って保険料拠出記録を評価すると，10年間の有資格年数と，適用除外制度の活用による年金額の減額を考慮して，週35ポンドとなる.

一方，現行制度のルールに基づいて評価すると，週49ポンドとなる．現行制度のルールに基づいた評価のほうが，一層型年金のルールに基づく評価（週35ポンド）よりも高いので，「基礎額」は，週49ポンドになる.

この場合の基礎額は一層型年金の満額（週144ポンド）よりも低いが，今後24年間保険料を拠出すれば，満額の受給資格を得られる．ちなみに有資格年が1年増えると，週4.11ポンドを基礎額に加算できる.

5.3　基礎額が一層型年金の受給額（満額）よりも高い場合

ジェニーは60歳で，32年間受付係として働いてきた．また，パートタイマーとして多くの年数を働いてきた.

一層型年金ルールに基づいて，導入時点の国民保険料の拠出記録を評価すると，週132ポンドになる．なお，彼女は適用除外制度を活用していないので，年金額減額の対象にならない．

一方，被用者として働いてきたので付加年金の受給資格を持っている．このため，現行制度に基づく評価は，週147ポンドになる．一層型年金のルールに基づく評価（週132ポンド）よりも現行制度に基づく評価のほうが高いので，週147ポンドが基礎額となる．

なお，基礎額の週147ポンドは，一層型年金の満額（週144ポンド）よりも高い．この差額の週３ポンド分は政府によって「保護された支給（protected payment)」として支払われる．

5.4　一層型年金導入前に国民保険料を拠出していない場合

ティムは15歳の学生で，一層型年金の導入時までに，国民保険料を納めたことがない．拠出記録がないので，基礎額はゼロとなる．

今後ティムは，国民保険料を拠出していけば，有資格年数が１年増すたびに，年金額が週4.11ポンド加算されていく．もし35年間の有資格年数を得られれば，満額の週144ポンド（週4.11ポンド×35年≒週144ポンド）の年金額を得られることになる．

このように一層型年金は，保険料拠出年数に基づいて受給額が定めるので，公的年金以外にどの程度の貯蓄を必要とするかという点を理解しやすくする．また，22歳になれば，自動的に職場年金に登録されるので，退職後の生活に向けた貯蓄を行いやすくなる（DWP［2013］, p. 55)．

6　おわりに

最後に，「雇用の多様化」からイギリスの一層型年金改革を考察するとともに，同改革の日本への示唆を指摘する．

6.1　一層型年金と雇用の多様化

冒頭で指摘したとおり，一層型年金改革は必ずしも雇用の多様化への対応を主眼に置いたものではない．しかし以下の点から，従来よりも雇用の多様化に対して中立的な年金制度になり，かつ就労インセンティブを高めていくと考えられる．

第1に，低賃金の非正規労働者であっても，保険料を納めていれば，現役時代の所得とは無関係に，老後に最低限の生活を送れる程度の年金額を受けられる．その給付水準は，現行の基礎年金を3割程度上回るとともに，老後の最低限の生活保障レベルを若干上回る水準となっている．

第2に，自営業者も被用者も同じ年金制度に加入し，保険料拠出期間が同じであれば，同額の年金を受けることになる．これまで自営業者は付加年金に加入できなかったが，一層型年金は自営業者か，被用者かの区別を設けていない．

第3に，一層型年金は本人の保険料拠出に基づき支給される年金であり，配偶者年金，遺族年金，離婚時の分割年金制度は廃止されることになる．これは，女性を中心に就労インセンティブを高める方向に作用していくと考えられる．

第4に，一層型年金は現行制度よりも，長期に保険料を拠出することを求めており，就労期間の長期化に向かっていくだろう．具体的には，現行制度では1年の有資格年があれば公的年金を受給できたが，一層型年金では，最低でも7～10年の有資格年数が無いと公的年金を受給できない．また，満額給付には35年の有資格年を要し，現行制度の30年よりも長くなっている．

以上のように，一層型年金は，雇用の多様化に対して中立的な年金制度であり，就労インセンティブを高めていくであろう．

6.2 日本への示唆

最後に，一層型年金改革が日本へ示唆する点について指摘したい．

第1に，公的年金において所得再分配機能を強化する考え方は，年金生活者の貧困が懸念される日本でも注目すべきであろう．現地調査に基づく報告によれば，一層型年金改革についてはおおむね賛同を得ており，「公的年金における所得再分配機能が正義にかなうという国民感情に支えられている」とのことである（丸谷［2014］, p. 55）．この背景には，イギリスでは公的年金の給付水準が低いことや，国家第二年金の定額化が計画されていたことなどの事情もあるのだろう．

一方日本では，高所得者層への公的年金の給付水準が英国よりも高く，また自営業者の所得捕捉も十分とは言えない（OECD［2013a］, p. 143）．このため，英国のように「一層型年金」の導入によって所得再分配を強化していくことは実現性が乏しいと考えられる．

むしろ日本における所得再分配の強化は，年金の枠を超えて行う必要があろう．具体的には，高所得の年金受給者に対する年金課税を強化して，それを財源にして低所得高齢者を救済する措置を設けることが考えられる．たとえば，英国には貧困に陥った高齢者向けに寛容な公的扶助制度として「年金クレジット」が設けられているが，日本でもこうした制度の導入は検討に値するだろう．

第2に，本人の保険料拠出に基づかないで支給される年金——配偶者年金，遺族年金，離婚時の分割年金制度——を廃止した点である．公的年金制度の複雑さを排除するために導入されたものであるが，これは女性の就業就労意欲を高める方向に作用すると思われる．

日本には，第3号被保険者制度があり，イギリスの配偶者年金と似ている．第3号被保険者制度は，育児・介護などのために就労を中断しがちな者（主に女性）の年金権を確立する役割を果たしてきた（堀［1997］, pp. 68-70）．一方，専業主婦などが保険料を支払っていないのに給付を受けられる制度だとして，その給付の必要性について疑問が呈されている（権丈［2006］, pp. 159-165）．また，同制度は，社会保険料負担を避けるために，女性の労働時間を調整している可能性も指摘されている（首相官邸［2014］, p. 46）．日本においても，第3号被保険者制度のあり方について議論を深める時期に来ているように思われる[13]．

【参考文献】

井上恒男［2014］『英国所得保障政策の潮流』ミネルヴァ書房．
権丈善一［2006］『医療年金問題の考え方』慶應義塾大学出版会．
厚生労働省年金局数理課［2013］『英国公的年金の長期推計について』4月．
国立社会保障・人口問題研究所［2014］『人口の動向2014：日本と世界——人口統計資料集』厚生労働統計協会．
首相官邸［2014］『日本再興戦略　改訂2014年——未来への挑戦』（6月24日閣議決定）．
藤森克彦［2006］「イギリスにおける市民年金構想」『海外社会保障研究』No.157．
藤森克彦［2014a］「英国キャメロン政権の基礎年金と付加年金の一元化——『一層型年金』の創設に向けて」『企業年金』8月号．
藤森克彦［2014b］「イギリスの年金」『年金と経済』第33巻第1号．
堀勝洋［1997］『年金制度の再構築』東洋経済新報社．

13）ちなみに15～64歳の女性の就業率（2012年）を見ると，イギリス65.7％なのに対して，日本は60.7％である（OECD［2013b］, p. 241）．

丸谷浩介［2014］「公的年金の一元化――イギリスにおける一層型年金」『週刊社会保障』No.2767.

AGE UK［2013a］"State Pension", *Factsheet*, No.19.

AGE UK［2013b］"Pension Credit", *Factsheet*, No.48.

DWP（Department for Work and Pensions）［2006］*Security in Retirement: Towards a New Pension System*, Cm6841.

DWP［2011］*A State Pension for the 21st Century*, Cm8053, April.

DWP［2012］*State Pensions Your Guide.*

DWP［2013］*The Single-tier Pension: A Simple Foundation for Saving.*

DWP［2014］*Updated Impact of the Single-tier pension Reforms.*

Gov.UK［2013a］"Government Confirms 2016 Start for New Flat Rate State", *Press Release.* https://www.gov.uk/government/news/government-confirms-2016-start-for-new-flat-rate-state-pension

Gov.UK［2013b］"National Insurance Credits and the Single-tier Pension". https://www.gov.uk/government/uploads/system/uploads/attachment_data/file/209123/national-insurance-single-tier-note.pdf

Gov.UK［2014］"Rates and Allowances: National Insurance Contributions". https://www.gov.uk/government/publications/rates-and-allowances-national-insurance-contributions)

HM Revenue & Customs HP［2014a］*Guidance Rates and allowances: National Insurance contributions,* January. https://www.gov.uk/government/publications/rates-and-allowances-national-insurance-contributions/rates-and-allowances-national-insurance-contributions

HM Revenue & Customs HP［2014b］*Rates and Thresholds for Employers 2013-14.* http://www.hmrc.gov.uk/payerti/forms-updates/rates-thresholds-archive.htm

House of Commons［2011］*State Pension Reform*, SN/BT 5787.

House of Commons［2014a］*Married Women and State Pensions*, SN1910.

House of Commons［2014b］*Single-tier State Pension*, SN6525.

NEST（National Employment Savings Trust）Corporation［2013a］*Adviser's Guide to NEST.*

NEST Corporation［2013b］*Key Facts and Myth Buster.*

OECD［2011］"United Kingdom", *Pensions at Glance 2011: Retirement-Income Systems in OECD Countries.* http://www.oecd.org/els/social/pensions/PAG

OECD［2013a］*Pensions at Glance 2013: OECD and G20 Indicators.*

OECD［2013b］*OECD Employment Outlook 2013.*

PC（Pensions Commissions）［2004］*Pensions: Challenges and Choices: The First Report of the*

Pensions Commission.

PC［2005］*A New Pension Settlement for the Twenty-First Century: The Second Report of the Pension Commission.*

PC［2006］*Implementing an Integrated Package of Pension Reforms: The Final Report of the Pension Commission.*

The Pension Service［2012］*State Pension Deferral.*

第5章
ドイツの年金保険の適用拡大
――「労働者保険」から「稼得者保険」へ？

福島　豪

1　はじめに

社会保障・税一体改革に伴う2012（平成24）年の改正は，2階部分の厚生年金の適用を拡大するものであった．すなわち，被用者年金一元化法により，労働時間が週30時間以上の民間労働者が加入する厚生年金に公務員と私立学校教職員も加入することになり，被用者年金の一元化が実現された．また，年金機能強化法により，週20時間以上30時間未満の短時間労働者の一部が厚生年金の被保険者となり，約25万人と限定的ではあるものの，短時間労働者への厚生年金の適用拡大がはかられた．したがって，日本の公的年金は，可能なかぎりすべての労働者を厚生年金に加入させることで，老齢，障害，死亡に際して一元的な所得比例年金を保障することになった．

その一方，自営業者は，日本では1階部分の国民年金への加入にとどまっている．その理由として，しばしば自営業者の所得把握が困難であることが指摘されてきた．しかし，自営業者も稼得活動に就いている以上，老齢，障害，死亡により所得を失った場合には，基礎年金だけでなく所得比例年金もやはり必要である．この必要性は，自営業者が特定の企業と専属の請負契約や委任契約を締結して，従業員を使用せずに就労する場合には，労働者との違いが不明確なので，より高くなろう．今後，企業が厚生年金の保険料負担を回避するために，従属労働ではなく自営業によって業務を処理するおそれがあることからも，自営業者に対する所得比例年金の可能性は検討されるべきである．

この点で興味深いのが，ドイツの公的年金である．ドイツの公的年金は，職業の種類ごとに複数の制度が分立している．すなわち，労働者は（公的）年金保険（Gesetzliche Rentenversicherung）に，官吏は官吏恩給（Beamtenversorgung）

に，自由業者（医師，歯科医師，獣医師，薬剤師，建築士，弁護士，税理士，公認会計士，公証人など）は職能別の年金制度（Berufsständische Versorgungswerke）に，農業者は農業者老後保障（Alterssicherung der Landwirte）にそれぞれ加入している．稼得者[1)]の9割近くは労働者なので，労働者の加入する年金保険がドイツの公的年金の中心である．他方で，公的年金の適用を受けない自営業者が存在することから，ドイツの年金保険は，「労働者保険」（Arbeitnehmerversicherung）としての特徴を維持しながら，自営業者の一部を加入させることで，可能なかぎり皆年金を達成しようとしてきた．しかし，近年，労働をめぐる環境の変化に伴い新たな形態の自営業者が登場する中で，すべての自営業者に年金保険の適用を拡大する政策論，いわゆる「稼得者保険」（Erwerbstätigenversicherung）構想が有力に主張されている．

したがって，本章では，(1) ドイツの年金保険の特徴と適用範囲，(2) その費用負担をそれぞれ確認したうえで，(3) 自営業者に対する年金保険の適用拡大論を検討することで，ドイツの年金保険が自営業者に対する所得比例年金を現在どのように保障しており，将来どのように保障しようとしているのかを明らかにしたい．

2　ドイツの年金保険の特徴と適用範囲

2.1 「労働者保険」としての年金保険

ドイツの年金保険は，1889年にビスマルク社会保険立法によって創設された．当初の年金保険は，主として現業労働者（Arbeiter）を対象としていた．このことは，確固たる構想に依拠していたわけではなく，19世紀の工業化とそれに伴う賃労働の一般化により特に工場労働者階層が困窮状態に置かれており，その社会保障がこの当時の社会問題であったという歴史的な事実に対応していた（Wannagat [1965], S. 24）．その後，被保険者の範囲はそれ以外の労働者（Arbeitneh-

1）「稼得者」（Erwerbstätige）とは，稼得活動（Erwerbstätigkeit）に就く者を意味し，従属労働により所得を稼ぐ労働者や官吏だけでなく，自営業により所得を稼ぐ自営業者も含む．

mer）に対して拡張され，1911年に職員（Angestellte）が被保険者とされた．職員の年金保険は，しばらくの間，現業労働者の年金保険とは異なる独自の制度であったが，最終的には2004年の組織改革によって一元化された．ドイツの年金保険は，無数の改革がなされたにもかかわらず，核心では「労働者保険」のままである（Ruland［2009］, S. 165）．

ドイツの年金保険は，労働者保険として，被保険者に所得に比例した保険料負担を課し，受給権者に被保険者期間中の所得に比例した年金給付を支給する．それゆえ，負担も給付も能力を反映している．これに対して，負担は能力に応じて課し，給付は必要に応じて支給する制度として，すべての住民に対する均一額の「基礎年金」（Grundrente）が考えられる．基礎年金は，労働者保険と比べて，特に高所得者により多くの負担を課すにもかかわらず，より少ない給付しか支給しないので，さらなる再分配を求めることになる（Eichenhofer［2003］, S. 267）．基礎年金は，ドイツにおいてたびたび提案されたものの（下和田［1995］, p. 153以下），導入されることはなかった．その理由として，制度移行のジレンマが指摘される．すなわち，旧制度から新制度への移行の際，移行中の被保険者は，信頼保護の観点から旧制度の下で約束された権利を保障するために従来と同じく多くの額の負担をしなければならないのに，新制度からは従来と比べて少ない額の給付しか期待できず，結局，不公平な負担を求められるという問題である（Eichenhofer［2003］, S. 268）．その意味で，ドイツの年金保険は，基礎年金の導入を支持する立場から，経路依存性（Pfadabhängigkeit），すなわち制度決定によって政策を長期にわたり拘束することに特にこだわっていると言われるように（Opielka［2004］, S. 16）[2]，労働者保険そのものの改革ではなく，労働者保険の枠内での改革という政策を採ってきた．自営業者との関係では，ドイツの年金保険は，ためらいながらも自営業者を個々の職業に関連づけて被保険者に取り込んでいったのである（Kreikebohm［2010］, S. 186）．

2）Opielka［2004］は，ナチス時代に国民年金の導入が議論され，しかもドイツ民主共和国において一種の基礎年金が実現されたという意味で，ドイツが「特別の道」を歩んでおり，それがドイツの社会政策の指導像に今日まで影響を与えていることを指摘する（ebd., S. 14）．

2.2　年金保険の被保険者範囲

ドイツの年金保険は，老齢，障害，死亡といった所得喪失リスクに備えて，国家が組織した保険である．これらのリスクは，社会の大多数が稼得労働により生計を維持せざるをえない以上，誰もがさらされている典型的なリスクであり，事前の備えを必要とする．しかし，個人はしばしばこれらのリスクを過小評価するので，将来に備えるのを後回しにして，現在必要と考えるものを優先する．そうすると，国家が公的扶助（ドイツでは社会扶助）によって個人の生活を保障しなければならない以上，公的扶助に依存する人が増えてしまう．公的扶助を回避するため，国家は個人に事前の備えを義務づけている（Ruland［2002］, S. 3518）．それゆえ，個人は法律上の要件を満たせば本人の意思と無関係に被保険者となる（強制加入）．もっとも，個人の決定によって被保険者となる任意加入の可能性も認められている．

法律に基づき強制被保険者となるのは，基本的に被用者（Beschäftigte），すなわち賃金の対価として就労する者である（1条1文1号）[3]．就労（Beschäftigung）とは，特に労働関係における非独立の労働である（社会法典第4編[4] 7条1項1文）．被用者は，現業労働者および職員を含み，労働者とおおむね一致する（Ruland［2012b］, S. 857 f.）[5]．その他，職業訓練のために就労する者や障害者作業所で就労する障害者も，被用者に含まれる（1条1文1号・2号）．ただし，官吏恩給に加入する官吏，裁判官および職業兵士や，僅少就労（Geringfügige Beschäftigung）（社会法典第4編8条1項）の被用者のうち，就労期間が1年のうち最長2カ月または50労働日に限定される被用者で，就労が専門職ではなく，賃金が月額450ユーロ以下である者（短期就労の被用者）は，年金保険により保障する必要がないと考えられるので，法律に基づき加入義務を免除される（5条）．したがって，僅少就労の被用者のうち，賃金が月額450ユーロ以下である被用者（僅少賃金の被用者）は，2013年以降，原則として年金保険の強制被保

3)　本章で法律名無しの条項のみをあげる場合，それは社会法典第6編の条項を指す．社会法典第6編（SGB VI）とは，ドイツの年金保険法である．

4)　社会法典第4編（SGB IV）とは，ドイツの社会保険通則法である．社会保険の適用や保険料に関して共通する規定は，社会法典第4編に置かれている．

5)　それゆえ，本章では，被用者と労働者を互換的に用いる．

険者となっている[6].

ドイツの年金保険に強制加入するかどうかは，まずは有償労働に就いているかどうかによって決まる．なぜなら，年金保険は，保険料を支払って事前に備える制度なので，強制被保険者となるのは，さしあたり所得を稼いで保険料を負担できる者だからである．このような者についてのみ，老齢，障害，死亡によって失われる所得を長期の所得保障給付としての年金給付によって補う必要が生じる（Ruland［2012a］, S. 269）．もっとも，3歳未満の子を養育する育児期間中の親（56条），無償で介護する者，傷病手当金や失業手当などの所得保障給付を受給する者，兵役・非軍事役務に就く者は，法律に基づき強制被保険者となる（3条）．

被用者かどうかを判断するための主たる基準は，ドイツの連邦社会裁判所の判例によると，人的従属性（Persönliche Abhängigkeit）である．これは，被用者が他人の事業所に組み込まれ，その際，業務を遂行する時間，期間および場所に関する使用者（Arbeitgeber）の指揮命令権の下に置かれている場合に認められる（社会法典第4編7条1項2文を参照）．被用者かどうかは，とりわけ自営業者（Selbständig Tätige）との間で問題となる．自営業者は，主として事業主リスクの負担，自らの事業場の存在，自らの労働力の処分可能性，業務と労働時間の自由な決定可能性によって特徴づけられる．被用者か自営業者かを判断する際に重要なのは，判例によると，労務給付の全体像であり，これは，契約上の合意が実際の関係と異なる場合には，実際の関係によって決まる（BSGE 45, 199, 200; 87, 53, 56）．被用者性の判断で必要とされるのは，個々の事例ごとに被用者性にプラスに働く要素とマイナスに働く要素を総合して考慮することである．被用者性にプラスに働く要素として，例えば自らの事業場を所有していないこと，事業主リスクを負担していないこと（このことは，例えば報酬が確定していることに現れる），自らの労働力を処分できないこと，補助者を使用していないこと，有給休暇を請求できること，労働時間と業務を自由に決定できないことがあげられている（Axer［2012］, S. 705）．つまり，裁判実務は類型論的アプローチ（Typologischer Ansatz）を採っており，被用者と自営業者との間の境界が明確でないから，疑わしい事例では問題となっている活動が対照的な理念型のどちら

6） 僅少賃金の被用者は，年金保険の加入義務を負うものの，本人の申請に基づき任意脱退することができる（6条1b項）．

に相対的に近いのかによって分類しようとしている（Eichenhofer［2009］, S. 299, 302）[7]．したがって，例えば有限会社の業務執行者が被用者であるかどうかは，具体的な個別事例をもとに判断されることになる（Axer［2012］, S. 706）．

2.3　自営業者への年金保険の適用

被用者（労働者）と自営業者との間の境界が問題となるのは，ドイツでは，自営業者は原則として年金保険の強制加入の対象から除外されているからである．その理由として，自営業者は，その一部がすでに19世紀初頭から同職組合の伝統を引き継いだ職能身分に基づく独自の年金制度によって保障されており，他方で職業に就くために資産を形成しており，所得喪失リスクが発生してもその資産を賃貸または売却して自ら生計を維持できることがあげられる（Eichenhofer［2009］, S. 293）．しかし，事業用資産を自由に処分できない，または労働者を使用していないので，労働者と類似の立場にある自営業者は，所得保障の必要性を認めることができる（Becker［2013］, S. 336）．それゆえ，このような自営業者は，例外的に年金保険の強制加入の対象とされている．

法律に基づき強制被保険者となるのは，労働者と類似のリスクにさらされている一部の自営業者，具体的には独立自営の教育者，看護師，助産師，水先人，芸術家・ジャーナリスト，家内工業者，沿岸漁業者，手工業者である（2条1文1号～ 8号）．また，自由業者と農業者は，年金保険以外の公的年金，すなわち職能別の年金制度と農業者老後保障に加入している．これらの自営業者は，主として職業や業務の種類によって年金保険またはそれ以外の公的年金の対象とされている（Bieback［2005］, S. 38）．

7）　ドイツの立法者は，被用者と自営業者の区別を容易にするため，1999年の改正により，被用者性に関する5つの要件のうち3つが満たされた場合に被用者性が推定される規定を設けた．その5つの要件は，①社会保険の加入義務を負う労働者を使用していないこと，②もっぱら1人の委託者のためだけに業務を行っていること，③委託者が相当する業務を労働者によって遂行させていること，④業務に事業主取引の典型的な要素が認められないこと，⑤業務が外観によると以前に同一の委託者のために労働者として就いていた業務に相当することである（松本［2004］, p. 150以下；柳屋［2005］, p. 170以下）．しかし，この推定規定は，2003年に運用が困難であるとして廃止された．

労働者が年金保険の適用対象とされ，自営業者がその適用対象外とされると，相手方のためにサービスを提供する者とこれに対して報酬を支払う者は，両者の関係を労働契約以外の契約形式によって形成すれば，年金保険の加入義務から逃避できることになる．確かに，当事者が従属労働ではなく自営業を意図して，それを実践することはある．この場合，社会保障法は，加入義務の要件として就労という従属労働を意味する私法上の概念を用いる以上，当事者が私的自治に基づき自由に契約を締結した結果を受け容れなければならない．この社会保障法の私法附従性（Privatrechtsakzessorität von Sozialrecht）とその適用要件の処分可能性は，社会保障法が私法では解決できない問題を社会保障法上の方法を用いて解決するという自らの使命に取り組む場合に支払わなければならない対価である（Eichenhofer［2004］, S. 172 f.）[8)]．

しかし，当事者により形成された自営業者の地位が意図されたものでも実践されたものでもなく，ただ自営業者という名称だけが与えられたにすぎない場合には，有効な処分行為は存在しない（Eichenhofer［2012］, S. 108）．実際には従属労働として働いているけれども，契約形式により自営業と扱われる稼得活動は，仮装自営業（Scheinselbständigkeit）と呼ばれる（Bieback［2000］, S. 189）．仮装自営業を防ぐため，1999年の改正により，自営業者は，年金保険の加入義務を負う労働者を使用しておらず，もっぱら特定の委託者のためだけに業務を行っている場合に，労働者類似の自営業者（Arbeitnehmerähnliche Selbständige）として法律に基づき強制被保険者となった（2条1文9号）．このような自営業者は，経営基盤が相対的に弱く，経済的に強く従属しているので，所得喪失リスクに自ら備える措置を講じていないと予想される．この改正により，業務や職業の内容によっては年金保険またはそれ以外の公的年金の対象でなかった自営業者が，

---

8) Eichenhofer［2012］は，ここでの社会保障法の「使命」を次のように説明する．すなわち，私法は，経済活動をしていない個人の需要の充足について，給付能力のある個人との間に血縁や協働といった特別な人的結合が存在しないかぎり給付義務を課すことができない．私法は，売主と買主，所有者と占有者，加害者と被害者といった「最小社会」を秩序づけるからである．それゆえ，社会保障法は，問題解決を二者関係という最小社会から国家が組織する再分配共同体に「外部化」（Externalisierung）することによって，所得も扶養も得られない個人の需要を充足する（ebd., S. 86 f.）．

所得保障の必要性と労働者との類似性によって年金保険の強制加入の対象となった（Bieback［2005］, S. 30 f.）[9]．ただし，労働者類似の自営業者は，自営業の開始後3年間については起業段階にあるとして，本人の申請に基づき任意脱退できる（6条1a項）．

それ以外の自営業者は，自営業の開始後または自営業による加入義務の終了後5年以内に，本人の申請に基づき強制被保険者となることができる（4条2項）．また，強制被保険者ではなく，ドイツ国内に居住している16歳以上の自営業者は，任意被保険者となることができる（7条1項）．申請に基づく強制被保険者は年金保険への加入のみを自ら決定できるのに対して，任意被保険者は保険料額も自ら決定できる[10]．

3　ドイツの年金保険の費用負担

3.1　年金保険の財政と保険料

ドイツの年金保険は賦課方式（Umlageverfahren）を採っているので，ある年の支出は同年の収入によって賄われている（153条1項）．賦課方式に基づく強制加入の年金保険は，ドイツでは世代間の連帯，いわゆる「世代間契約」（Generationenvertrag）の考え方によって正当化されている．すなわち，その時その時の稼得者がその保険料によって引退した高齢者の年金給付の財源を賄わなければならないのは，それにより自分たちが高齢になったら同じように次世代によって

9）ドイツの連邦社会裁判所の判例では，有限会社の業務執行者（企業コンサルタントを行う1人会社）が，有限会社のためだけに業務を行っているので，労働者類似の自営業者として年金保険の加入義務を負うとしたものがある（BSGE 95, 275）．また，系列の販売チェーンに加盟する独立自営のフランチャイジー（パン屋）は，フランチャイザーが唯一の委託者に当たるので，年金保険の加入義務を負う労働者を使用していない期間について労働者類似の自営業者として年金保険の加入義務を負うとしたものがある（BSGE 105, 46）．労働者類似の自営業者については，坂井［2013］が紹介している．

10）任意被保険者は，強制被保険者と異なり，障害年金を受給できない．なぜなら，障害年金を受給するためには，稼得能力の減退と5年間の受給資格期間の充足のほかに，障害の発生前の直近5年間のうち3年間強制保険料を納めていることが必要だからである（43条1項1文・2項1文）．

年金給付の財源を賄ってもらえる権利を得るからである．それゆえ，ドイツの年金保険の「積立金」は，これからいずれ保険料を支払うことになる子どもであると言われる（Ruland［2012a］, S. 284）．

ドイツの年金保険の収入は，保険料と連邦補助金（租税）である（153条2項）．年金保険が所得喪失リスクにさらされた人を集めてその集団内でリスク分散（Risikoausgleich）を行う「保険」である以上，その主たる財源は保険料であり（Ruland［2012a］, S. 275）[11]，2012年で収入の74％が保険料である（Deutsche Rentenversicherung Bund［2013］, S. 244）．もっとも，連邦補助金は年々増加しており，2012年で収入の25％を占めるので（ebd.），年金保険の重要な財源となっている．連邦補助金は，年金保険を一般的に支援するためと，保険料によって賄われない給付，例えば兵役・軍務期間中の保険料免除に基づく給付を賄うために用いられている（213条）．その他，育児期間は保険料を支払った期間とされるが，その保険料は被保険者本人ではなく連邦（租税）によって負担されている（177条1項）．

ドイツの年金保険は，被保険者に所得に比例した保険料負担を課す．それゆえ，保険料算定基礎（161条）は労働者の賃金（162条）または自営業者の所得（165条）であるが，最高限度額である保険料算定限度額（Beitragsbemessungsgrenzen）までに限られる（159条）．これは，おおよそ全被保険者の平均所得の2倍

11）Ruland［2012a］によると，年金保険が「保険」であるのは，年金保険においてもリスクにさらされた被保険者とすでにリスクにあった受給権者との間でリスク分散が行われているからである．しかし，このリスク分散は，障害年金や遺族年金が支給されていたり，保険料が被保険者各人のリスクと無関係に定型化されていたりするという意味で，私保険と比べると「社会的」である．それゆえ，年金保険では加入義務を課す必要がある（ebd., S. 266）．

その一方，年金保険の「保険性」の現れである保険料と給付の等価性（Äquivalenz）は，私保険のように完全な給付（＝保険料）反対給付均等ではなくなる．しかし，年金保険は，被保険者が保険料を支払うことで，その被保険者に所得喪失リスクが生じた場合に給付を受けられる可能性を約束している．ここに保険料と給付の等価性がある（ebd., S. 277）．この等価性は，賦課方式の下では，同じ時代の被保険者は所得が同額であれば同一の保険料を負担し，それにより所得喪失リスクの発生時に同一の年金給付を受給できる同価値の権利を取得するという（負担と給付の両面での）再分配への関与の公平（Anteilsgerechtigkeit）となる．これは，生まれた年が同じ集団内での公平を実現するものである（ebd., S. 279 f.）．もっとも，保険料と給付の等価性は，ドイツでは多様に理解されている（太田［1998］, p. 77以下）．

に相当し（Ruland［2012b］, S. 905），2014年で月額5,950ユーロ（旧西ドイツ地域）である．保険料算定限度額を超える所得は，保険料を徴収されないと同時に，将来の年金給付にも反映されない．というのも，年金額は，被保険者期間中の保険料の対象となった所得の額によって決まるからである（63条1項）．その意味で，保険料算定限度額は給付算定限度額でもある．保険料算定基礎に現在の保険料率（158条．2014年で18.9%）を乗じて得た額が，保険料額となる（157条）．

強制被保険者は，原則として保険料を支払う義務を負う．保険料は，強制被保険者自身またはその使用者によって納付される．これに対して，任意被保険者は，保険料を支払う義務を負わないから，保険料を納付できるものの，納付する必要はない．任意被保険者は，保険料を支払った限度で，将来年金給付を受け取る（Ruland［2012a］, S. 276）．

被保険者は，保険料を支払うことによって年金期待権（Rentenanwartschaft）を取得する．ドイツの年金保険は，受給権者に被保険者期間中の所得に比例した年金給付を支給する．年金月額は，個人報酬ポイント（Persönliche Entgeltpunkte），年金種別係数（Rentenartfaktor）および年金現在価値（Aktueller Rentenwert）の積である（64条）．このうち，個人報酬ポイントは，被保険者期間中の全報酬ポイントの合計値である（66条1項）．報酬ポイントは，各年の保険料算定基礎となった所得を同年の全被保険者の平均報酬で除して得た数値である（63条2項，70条1項）．例えば，ある年の所得が同年の平均報酬と同額であれば，その年の報酬ポイントは1.0となる．つまり，報酬ポイントは全被保険者の所得階層に占める被保険者の地位であり，被保険者は保険料を支払うことによりこの地位（年金期待権）を取得する．年金種別係数は，老齢年金については1.0である（67条1号）．年金現在価値は，相対的なポイントを現在の金銭価値に換価するものであり，労働者の賃金変動などに基づいて毎年7月に改定され（65条，68条1項），2014年7月から28.61ユーロ（旧西ドイツ地域）である．したがって，例えば被保険者期間に平均報酬と同額の所得を40年間得てきた老齢年金の受給権者の年金月額は，2014年で40報酬ポイント×28.61ユーロ＝1144.4ユーローとなる．

3.2　労働者の保険料負担

ドイツの現役被保険者は2011年で3,554万人であり，強制被保険者は2,937万人である．このうち，労働者が2,765万人と大多数を占めている（Deutsche Rentenversicherung Bund [2013], S. 15, 30). それゆえ，労働者は毎月の保険料負担により年金保険の収入に大きく貢献している．労働者の保険料額は，保険料算定限度額までの賃金額に現在の保険料率を乗じて得た額である．賃金（Arbeitsentgelt）とは，就労による継続的または一時的な収入であり，収入への法的請求権が存在するかどうか，収入がいかなる名称や形式で支払われるか，収入が直接就労により得られるかそれとも就労に関連して得られるかを問わない（社会法典第4編14条1項1文）．また，社会保険料や租税を控除する前のグロス賃金額が基準となる（Ruland [2012b], S. 904).

労働者の保険料は，労働者本人とその使用者がそれぞれ半分ずつ負担する（168条1項1号）．このうち，使用者負担分は，他人のための負担であり，ドイツでは伝統的に使用者と労働者との間の労働関係に基づく使用者の配慮義務（Fürsorgepflicht）によって説明されている．なぜなら，ドイツの連邦憲法裁判所の判例によると，被保険者の事前の備えのために第三者が保険料負担を課せられることは，両者の間にある特殊な連帯関係または責任関係によって正当化され，使用者と労働者との間の関係はこのような特殊な関係の典型的・模範的な場合とされるからである（BVerfGE 75, 108, 158 f.）．配慮義務が示唆しているのは，使用者は，労働者が必要とする事前の備えに対する共同責任，すなわち労働者の所得喪失リスクへの備えを労働者とともに自ら責任を負うことによって稼得労働を利用できることである（Hase [2000], S. 180）[12]．

労働者負担割合と使用者負担割合は，2014年でそれぞれ9.45％である．ただし，賃金が月額450ユーロ以下の僅少賃金の労働者については，使用者負担割合は一律に15％であり，労働者負担割合は現在の保険料率（18.9％）から15％を控除した率（3.9％）である（168条1項1b項）[13]．また，低賃金労働者の保険料負担を軽減すると同時に，低賃金労働に就くのを促進するため，賃金が月額450.01ユーロ以上850ユーロ未満の労働者については，逓増ゾーン（Gleitzone）の就労関係

12） これに対して，使用者負担分を賃金の構成要素と理解する立場がある．この立場によると，使用者負担分は法律上の規定によって増額された労働者の賃金なので，労働者負担分だけでなく使用者負担分も本来的には被保険者自身のための負担として保険料全体を統一的に理解しようとする（Ruland [2012a], S. 276).

13） 僅少賃金の労働者の保険料算定基礎は実際の賃金であるものの，175ユーロが下限である（163条8項).

があるとして（社会法典第4編20条2項），使用者負担分は実際の賃金に9.45％を乗じて得た額で変わらないけれども，労働者負担分はそれより低くなり，賃金の上昇に伴って段階的に増加する（168条1項1d号，163条10項）[14]．

労働者の保険料については，使用者が賃金から労働者負担分を控除して，自らの負担分と一緒に，そして疾病保険，介護保険および失業保険の保険料と一括して，保険料徴収機関である疾病金庫に納付しなければならない（174条1項，社会法典第4編28d条以下）．

3.3　自営業者の保険料負担

自営業者は，労働者とは異なる方法で保険料を負担している．強制被保険者である自営業者は，労働者類似の自営業者を含めて，原則として保険料の全額を自ら負担し（169条1号），それを直接年金保険者に納付しなければならない（173条）．自営業者には，使用者がいないからである．ただし，芸術家・ジャーナリストの保険料は，芸術家社会金庫（Künstlersozialkasse）が負担する（169条2号）．芸術家社会金庫は，芸術家・ジャーナリストから保険料の半分を調達し，残りの半分を芸術家・ジャーナリストの仕事を利用する企業と連邦から調達する（芸術家社会保険法14条，15条）．芸術家・ジャーナリストの仕事を利用する企業というのは，例えば出版社，劇場，画商，ラジオ局，テレビ局であり，これらの企業が芸術家社会保険分担金（Künstlersozialabgabe）を負担し（芸術家社会保険法23条，24条）[15]，連邦は補助金を負担する（芸術家社会保険法34条）．また，

14)　逓増ゾーンの労働者負担分は，保険料算定基礎となる賃金を減額することによって算定される．それゆえ，それに応じて年金期待権も少なくなる．

15)　芸術家社会保険分担金は，芸術家・ジャーナリスト間の競争の歪みを防ぐため，企業が強制被保険者に支払う報酬だけでなく，芸術家・ジャーナリストに支払うすべての報酬に課される（芸術家社会保険法25条）．芸術家社会保険分担金は，ドイツの連邦憲法裁判所の判例によると，芸術家・ジャーナリストとその仕事を市場に出す企業との間にある文化史から生じた特別な関係，すなわち芸術家・ジャーナリストは他に代えられない高度に人格的な仕事を提供し，この仕事は購買者を見つけるのに特別な方法で市場に出すことを必要とするので，市場に出す企業は経済的弱者である芸術家・ジャーナリストの所得保障に特別な責任を負っていることから正当化され，すべての報酬に課すことにも競争の歪みの防止という合理的な理由があるので，憲法上の平等原則（基本法3条1項）に反しない（BVerfGE 75, 108）．芸術家社会保険については，渡邊［2007］が紹介している．

家内工業者の保険料は，本人と使用者がそれぞれ半分ずつ負担する（169条3号）．

自営業者の保険料額は，原則として，基準額（Bezugsgrösse）を保険料算定基礎とし（165条1項1文），それに現在の保険料率を乗じて得た額である．基準額は，前々年の年金保険の平均報酬であり（社会法典第4編18条1項），2014年で月額2,765ユーロ（旧西ドイツ地域）である．それゆえ，自営業者が負担すべき標準保険料（Regelbeitrag）は，2014年で月額522.59ユーロとなる．自営業者は，労働者と異なり，所得が不安定であり，毎月の収入を正確に予測できない．このような状況では，一律的・定期的に支払うべき所得比例の保険料を決定することが困難なので，標準保険料は，実際の所得とは無関係に定額である（Rossbach/Bosien［2012］, S. 326）[16)]．

しかし，自営業者が定額の標準保険料を希望しない場合には，本人の申請に基づき所得に適合した保険料を選択できる．すなわち，自営業者の実際の所得が基準額より高額であったり低額であったりすることが直近の所得税決定通知書などにより証明されれば，実際の所得が保険料算定基礎となる．ただし，月額450ユーロが最低限度額であり，保険料算定限度額が最高限度額である（165条1項1文）．また，自営業の開始を容易にすると同時に，新規設立の企業に高額の保険料を課さないようにするため，自営業者は，自営業の開始年から3年間については，標準保険料の50％のみを負担すればよい．もっとも，自営業者が希望すれば，本人の申請に基づき標準保険料または所得に適合した保険料を選択できる（165条1項2文）．

自営業者が任意被保険者となる場合，任意保険料の額は，保険料算定基礎に現在の保険料率を乗じて得た額であるが，その保険料算定基礎は，月額450ユーロ以上保険料算定限度額以下の範囲内で自由に決定できる（167条）．任意被保険者は，保険料の全額を自ら負担し（171条），それを直接年金保険者に納付する（173条）．

16）ただし，水先人，芸術家・ジャーナリスト，家内工業者，沿岸漁業者の保険料算定基礎は，基準額ではなく，所得である（165条1項1文）．

4　ドイツの年金保険の適用拡大論

4.1　新たな自営業者の登場

ドイツの年金保険は，労働者を基本的な強制加入の対象としながら，自営業者が労働者に類似する立場にあれば例外的に強制加入の対象としている．自営業者は原則として保険料の全額を自ら負担している．自営業者の保険料は所得の把握の難しさから基本的に定額であるが，自営業者は所得比例の保険料も選択できる．強制加入の対象外の自営業者には，任意加入の可能性が認められている．つまり，ドイツの年金保険は，自営業者をまとめて画一的に取り扱うことをせず，所得保障の必要性が認められる場合に，労働者との異なる取り扱いを認めたうえで被保険者に取り込んでいる（渡邊［2008］, p. 169）．

しかし，ドイツでは，年金保険やそれ以外の公的年金によって保障されない自営業者が今なお存在している．すなわち，1991年には357万人であった自営業者は，その後増加して2011年には455万人となった（Deutsche Rentenversicherung Bund［2013］, S. 284）．その一方，強制被保険者である自営業者は，1992年の19万人から増加して2005年には40万人となったけれども，その後減少して2011年には27万人である（ebd., S. 39）．もっとも，自営業者の約4分の1が年金保険やそれ以外の公的年金によって保障されているので，約300万人が公的年金によって保障されていないと言われる（Rische［2008］, S. 3）[17]．

ドイツで自営業者が増加しているのは，労働をめぐる環境の変化により「新たな自営業者」（Neue Selbständige）が登場しているからである．すなわち，労働の新たな組織形態として，企業が外部の自営業者に業務を委託しており（アウトソーシング），新たな情報・通信技術が外部の自営業者を事業所の生産過程に統合することを可能にしている（テレワーク）．それにより，他人の事業所に組み込まれながら他人の指揮命令に従ってサービスを提供する従属労働が解体されて

17）Rische［2008］は，公的年金によって保障されない自営業者が自ら進んで私保険により老後に備えているかどうかはわからないものの，高齢期の所得が低い人の職歴は，高齢期の所得の高い人の職歴と比べると自営業の期間が2倍から3倍程度長いと指摘する（ebd., S. 3 f.）．

いる．従属労働が解体されて自営業に移行する中で登場したのが，新たな自営業者である（Bieback［2005］, S. 15 ff.）．新たな自営業者とは，例えば外勤，製品開発，顧客相談，メディア分野での自由協働者（Freier Mitarbeiter）[18] であり，手工業者，農民，自由業者，商人といった「古くからの自営業者」（Alte Selbständige）と異なり，特定の業務や職業に限定されず，様々な非標準の資格を所有する．また，新たな自営業者は，職業に就くのに資産を必要としない．したがって，従属労働への移行も流動的である．新たな自営業者の多くは，従業員を雇っていない「1人自営業者」（Solo-Selbständige）である．1人自営業者の数は，1991年から2005年までに66％増加し，229万人である．1人自営業者の大半は，独自の顧客層を持たず，1つまたは2つの委託者を抱える．少なくない数の1人自営業者は，失業を原因になっている．1人自営業者は，サービス部門で多く見られ，典型的に低収入である（Waltermann［2010］, S. 162）．

新たな自営業者は，仮装自営業者という概念ではとらえられない．なぜなら，新たな自営業者は，実際にも法的にも独立自営であり，まさに伝統的な「自営業者」と「労働者」が同一の業務に就いている領域で登場しているからである（Bieback［2005］, S. 16）．また，1999年の改正により労働者類似の自営業者が年金保険の強制加入の対象になったけれども，その加入義務の2つの要件，すなわち，①年金保険の加入義務を負う労働者を使用していないことと，②もっぱら特定の委託者のためだけに業務を行っていることは，容易に変わる事情であり，しばしば自営業を開始した時点で予見するのは難しい（Bieback［2000］, S. 191, 197）．また，②の要件は，複数の委託者のために業務を行う1人自営業者にとっては厳しい．したがって，自営業者の年金保険への加入義務は，ドイツでは今なお例外にとどまる．

18）柳屋［2005］によると，自由協働者とは，①契約上，自らの労働力の処分について特定の委託者に専属的に拘束されない「自由」を有し，②その業務領域において一定の委託者の事業組織下で1つの成果の達成に向けて他の就業者との常態的な「協働」を前提とし，③労働法の適用を予定されない非労働者とされ，放送，映画，新聞などのメディアにとどまらず，文化，教育をも含む広範な業種で見いだされる（同書，p. 111以下）．

4.2 適用拡大の必要と方法

今後，ドイツで労働者の代わりに自営業者が増加することによって[19]，労働者を中心とする社会保障法が失効するおそれがある．というのも，現行の社会保障法は，2.3で述べたように私法に従属して形成されているので，将来の労働社会の当事者が私的自治に基づき従属労働ではなく自営業を選択すると，この年金保険からの離脱に保険料を課すことができなくなるからである．その結果，年金保険の財政基盤が浸食される．労働者と自営業者との間での平等の実現と競争条件の改善のためには，労働者だけでなく自営業者にも年金保険を適用拡大することが必要になる（Eichenhofer［2009］, S. 305 f.）．労働者も自営業者も同一の条件で年金保険の強制加入の対象となるのであれば，加入義務の要件がもはや特定の業務に就くための契約形式の決定を左右せず，稼得活動の契約形式と無関係に統一的な所得保障が実現されよう．

そうすると，自営業者の所得保障の必要性が問題となる．しかし，この観点からも自営業者に年金保険を適用拡大することは正当化される．すなわち，従属労働から自営業への移行領域が広がると，従属労働と自営業との間の線引きはますます難しくなる．多くの場合，従属労働とともに自営業に就いたり，従属労働と自営業を転々としたりする．失業期間中に自営業で切り抜けようとすることも珍しくない．それゆえ，大多数の自営業者は年金期待権を有するが，自営業の期間がある被保険者の年金額は，それ以外の被保険者より低くなる．つまり，これまでと同じように，自営業を経済的に安定した状態と扱うことはできない（Ruland［2009］, S. 166 f.）[20]．自営業者の多くは，もはや自ら備えられるだけの資産を所有しておらず，むしろ労働者と同じく自らの労働力に依存しているので，その労働力を失うと所得を失うおそれが高い．この所得保障の必要性は，所得の額とは無関係である（Bieback［2011］, S. 98 f.）．自営業者の所得保障の必要性は労働者

19）　Waltermann［2010］は，1998年から2008年までに，自営業者の数が45万人増加しており，その増加は従業員のいない自営業者によって生じているのに対して，標準的労働関係にある労働者の数が80万人減少していると指摘する（ebd., S. 163）．

20）　全自営業者のうち収入月額が1,100ユーロ未満の自営業者の割合は，1995年から2005年までに24％から32％に上昇している．これらの者の多くは十分な老後の備えをしていないと予想されている（Ruland［2009］, S. 166）．

に匹敵するのに，ドイツでは自営業者の所得保障が存在しないのである．

自営業者への年金保険の適用拡大は，自営業者個人の利益のためだけでなく，公共の利益にもなる．というのも，自営業者の所得喪失リスクへの備えが不十分なままだと，将来，高齢になったり障害を持ったりすると貧困に陥り，公的扶助，具体的には高齢者・障害者向けの基礎保障（Grundsicherung im Alter und bei Erwerbsminderung）の費用が増えてしまうからである（Waltermann［2010］, S. 163, 166）．基礎保障は，租税を財源とする需要充足型の給付であり，高齢者や障害者が自らの力で必要な生活費を賄えない場合に支給される（社会法典第12編[21] 19条２項）．それゆえ，受給に際して本人と配偶者の所得と資産が考慮されるものの，子や親の扶養は基本的に考慮されない（社会法典第12編43条）．その基準額は，2014年で月額391ユーロであり，配偶者がいれば353ユーロを加算される．これに対して，自営業者が年金保険に強制加入し，年金期待権が30報酬ポイントになれば，年金月額は2014年で30報酬ポイント×28.61ユーロ＝858.3ユーロとなるので，基礎保障の基準額を上回る（Ruland［2008］, S. 572）．高齢貧困（Altersarmut）を回避するためにも，自営業者への年金保険の適用拡大が必要である．

ドイツで年金保険の適用拡大が必要だとしても，その方法には２つの選択肢がある．１つの選択肢は，１人自営業者の所得保障が主要な課題だと考えて，労働者類似の自営業者として加入義務が生じるための２つの要件のうち，もっぱら特定の委託者のためだけに業務を行っているという要件を削除することである（Waltermann［2010］, S. 169, 170）．確かに，この選択肢の実現可能性は高い．しかし，それでは自営業者が年金保険の加入義務を負う労働者を雇うかどうかによってその適用拡大を回避するかどうかを選択できてしまう（Rische［2008］, S. 6）．もう１つの選択肢は，年金保険の目的適合的な適用拡大である．すなわち，年金保険は，稼得労働により生計を維持せざるをえない者を対象に，所得喪失リスクに集団的に備えさせる制度であり，老齢，障害，死亡によって失われる所得を長期の所得保障給付としての年金給付によって補うことを目的とする．この目的から，適用拡大の有効な限界を導き出すことができる．高齢になったり障害を持ったりした時に失われる所得は，典型的には従属労働による賃金である．しか

21）社会法典第12編（SGB XII）とは，ドイツの公的扶助法である．

し，自営業による収入も，高齢になった時に失われる．それゆえ，すべての自営業者に年金保険を適用拡大することには制度上の理由がある．つまり，年金保険の目的に適合した選択肢は，年金保険を「稼得者保険」に拡張することである（ebd., S. 4）．

4.3 「稼得者保険」による適用拡大論

稼得者保険による適用拡大論にもいくつかの選択肢があり得るが，ここでは，Rische［2008］の稼得者保険構想を中心に紹介することにしたい．なぜなら，この構想は，ドイツの現行法を踏まえた現実的・具体的な提案をしているからである．

そもそも自営業者に年金保険を適用拡大する場合，自営業者のための特別規定が問題となる．確かに，被保険者の平等取り扱いのためには，可能なかぎり統一的な規定をすべての被保険者に適用すべきである．しかし，自営業者は，保険料を一部負担しうる使用者がおらず，所得も不定期で不安定で，しかも起業段階で支援を必要とするので，労働者と同一に取り扱えず，自営業者のための特別規定が必要となる（ebd. S. 7）．

稼得者保険の導入によって，その他の公的年金によって保障されない自営業者のすべてが年金保険の強制被保険者となる．それゆえ，官吏，自由業者，農業者を対象とする既存の個別制度は維持されるべきである．これらの個別制度は，職業集団の特別な法的・実体的独自性によって正当化されうる．また，被保険者がこれらの個別制度と年金保険との間を頻繁に移動することは通常ないと想定されるので，制度移動者のための調整規定の必要性も限定的である．そして，これらの個別制度を廃止し，年金保険に移行すると，制度移行に伴い財政負担が増大するだろう．その他の公的年金ですでに保障されている稼得者に年金保険を適用拡大することは必要ないし，望ましくない（ebd., S. 6）．他方で，自営業者の起業を支援するため，事業の最初の数年間について申請に基づく任意脱退を認めることは，従属労働と自営業を転々とする者について障害を持った場合に一貫した所得保障を実現するという稼得者保険の重要な目的を実現できなくなる．起業段階の負担軽減は，加入義務の要件ではなく，保険料額と関連づけるべきである（ebd., S. 7）．

保険料算定基礎は，原則として被保険者の稼得所得である．ただし，自営業者は，現行法のように基準額（平均報酬額）に基づく標準保険料と実際の所得に応じた保険料との間での選択を認められるべきである．これに対して，保険料算定基礎には資産収入や賃貸収入は含まれない．これらの収入は高齢になった時に失われる収入ではないので，年金保険の目的からは保険料算定基礎をそこまで拡大する必要がないからである[22)]．起業段階にある自営業者については，保険料額に関する特別規定が考えられる．現行法によれば，事業開始年から3年間については標準保険料の50％を選択できる[23)]．もっとも，このような選択肢はすべての事業について認めるのではなく，限定的にのみ認めるべきである．そうしないと，十分な年金期待権の形成が保障されないからである（ebd., S. 7 f.).

自営業者は，原則として保険料の全額を自ら負担すべきである．ただし，現行法では，芸術家・ジャーナリスト自身は保険料を半分だけ負担し，残りの費用の一部が芸術家・ジャーナリストの仕事を利用する企業から分担金によって調達されている．この特別規定が可能なのは，製品やサービスを利用する企業の集団が明確に限定されうるからである．適用拡大される自営業者の中にこのような自営業者が存在していれば，芸術家・ジャーナリストと同様の保険料負担規定も検討

---

22)　これに対して，Kreikebohm［2009］は，高齢貧困の回避という稼得者保険の目的を重視して，自営業者が30報酬ポイントを取得するまで保険料算定限度額を一時的に失効させること，標準保険料のほかに平均報酬額の25％，50％，75％，125％，150％，175％，200％という形で定額保険料を多段階化すること，所得に適合した保険料を本人の選択で資産収入や賃貸収入からも支払えるようにすることを提案する（ebd., S. 340 f.).

23)　Rische［2009］は，その他の選択肢として，例えば1年目は標準保険料の20％，2年目は40％，3年目に60％，4年目に80％，5年目に100％を支払う案を提示する（ebd., S. 291).

24)　Kreikebohm［2009］は，自営業者の仕事を利用する企業に芸術家社会保険分担金をモデルにした分担金を課すためには，ドイツの連邦憲法裁判所の判例によると（注15を参照），利用する企業と自営業者との間の関係が，明確に特定しうる企業の集団への経済的従属性によって特徴づけられることが必要だとして，1つの企業のために独占的に業務を行う保険代理人・外交員については強い経済的従属性が生じているので，この市場で活動するすべての企業に年金保険のための分担金を課しうるとされる（ebd., S. 344).

もっとも，Waltermann［2010］は，1人自営業者にこのような分担金を導入することは支持できないと言う．その理由として，芸術家社会保険分担金の場合，文化を創造する者と文化を市場に出す者との間の密接な関係が後者に分担金を課すことを正当化するのであり，このような関係は特定の業種に限定されない1人自営業者には存在しないし，広範な業種で使われる1人自営業者についてはある程度同質的な「仕事を市場に出す企業の集団」が確認できないことを指摘する（ebd. S. 168 f.).

されよう．例えば，保険代理人・外交員が問題となる[24]．また，もっぱら特定の委託者のためだけに業務を行っている自営業者については，委託者による一部保険料負担が検討に値する．これにより，使用者にとっては労働者の代わりに自営業者と契約を締結したり，労働契約をそれ以外の契約形式に変更したりする動機が減少するだろう．しかし，委託者は受託者がその他の委託者を抱えているかどうかを認識するのが難しい．加えて，潜在的な委託者がこのような自営業者にその他の委託者がいることの証明を求めるおそれがあり，このことはこのような自営業者にとって競争上の不利となろう．したがって，このような特別規定を導入するためには，それに伴うメリットとデメリットが厳密に分析・評価されなければならない（ebd., S. 8）.

適用拡大される被保険者も，原則として一般保険料率の適用を受けなければならない．なぜなら，特定の被保険者について保険料率が軽減されるのであれば，保険料と給付の等価性により，それに応じて年金期待権も少なくなるからである．ただし，保険料の全額を自ら負担しなければならない自営業者の場合，事情によっては一般保険料率より軽減された保険料率が正当化されうる．保険料の全額を自ら負担しなければならない自営業者は，現役時代のグロス所得が同額の労働者と比べると，使用者負担分だけネット所得が低くなる．この低いネット所得に比例した年金給付を支給するためには，それに応じた少ない年金期待権で十分である．それゆえ，少ない年金期待権の形成のためにはそれに応じた軽減保険料率で足りるだろう（ebd., S. 9）.

自営業者の所得は，労働者の賃金より不定期で不安定である．それゆえ，自営業者には，保険料を毎月納付するのではなく，4半期ごと，半年ごとまたは毎年納付する選択肢も認められうる．また，例えば経営状態のよい時期に将来の保険料の前払いが可能かどうかも検討されよう（ebd.）.

4.4　適用拡大論の留意点

稼得者保険による適用拡大論には，いくつか留意すべき点がある．第1に，年金保険の財政に与える影響である．自営業者への適用拡大により，短期的には保険料収入が増加して，それにより年金保険の財政負担が軽減される．しかし，適用拡大される被保険者が保険料支払により年金期待権を取得するので，中長期的には追加支出が生じるだろう．それゆえ，年金保険の財政は長期的には改善されない．もっとも，稼得者全体に占める自営業者の割合が今後増えていくならば，現在の年金保険の適用範囲のままだと年金保険の追加負担が徐々に増加する．自営業者の増加に基づく年金保険の追加負担は，稼得者保険の導入により回避される（Rische［2008］, S. 4）．

第2に，年金保険以外の公的年金により保障されている官吏，自由業者および農業者の取り扱いである．官吏恩給は，ドイツでは伝統的な職業官吏制度の具体化であり，基本法[25] 33条5項による憲法上の制度保障の対象である．また，職能別の年金制度はこのような保護を受けないものの，そこで取得された権利は憲法上の財産権保障（基本法14条1項）の対象となるので，それを年金保険に移行することは財産権侵害の問題を引き起こす（Ruland［2009］, S. 167）．農業者老後保障も同様である．それゆえ，官吏，自由業者および農業者を対象とする個別制度は現状のまま維持されるので，ここで取り上げた構想は，職業上の地位と無関係にすべての稼得者を同一の条件で被保険者とする一元的な稼得者保険ではない．

第3に，労働者と自営業者の区別である．稼得者保険においても，自営業者は原則として保険料の全額を自ら負担しなければならない一方，労働者はそのことを求められていないという意味で，労働者と自営業者の保険料負担は区別されている．労働者は保険料を半分だけ負担して残り半分を使用者が負担するという要請が妥当する以上，稼得者保険の導入によって労働者と自営業者との間の境界が不要になるわけではない（Eichenhofer［2009］, S. 306 f.）．

4.5　適用拡大論の憲法問題

稼得者保険による適用拡大論は，公的年金で保障されない自営業者に加入義務と保険料負担義務を課すので，経済活動の自由を保護する憲法上の一般的行為自由（基本法2条1項）を侵害する．それゆえ，ドイツでは適用拡大の憲法問題が常に論じられ，稼得者保険についてもすでに検討が行われている．まず立法者が稼得者保険を導入する権限を有するかどうかについて，ドイツの立法者は社会保険を整備するための権限を有しており（基本法74条1項12号），ここでの「社会保険」は労働者に限定されずすべての稼得者を対象とするので，稼得者保険を導

25）基本法（GG）とは，ドイツの憲法である．

入することは立法管轄権に抵触しない（Bieback [2011], S. 95）.

次に，稼得者保険の導入は，自営業者を強制加入させることにより所得喪失リスクに自ら備える自由を侵害するけれども，このことが正当化されるのかという問題がある．この点について，ドイツの連邦憲法裁判所は，自由業の医師を職能別の年金制度に強制加入させること（BVerfGE 10, 354; 12, 319），芸術家・ジャーナリストの仕事を利用する企業に芸術家社会保険分担金を課すこと（BVerfGE 75, 108），農業者の配偶者を農業者老後保障に強制加入させること（BVerfGE 109, 96）をそれぞれ合憲と判断している．自ら備える自由の侵害は，強制加入がその目的を達成するために適切で必要な方法である場合に正当化される．強制加入の目的は，自営業者に所得保障の必要性があり，老齢，障害，死亡といった所得喪失リスクがいずれも生存に関わるリスクであるにもかかわらず，個人はこれらのリスクを過小評価し，自ら進んで備えようとしないことを防ぐためである．また，用心深い人は自ら備える一方，危険を恐れない人は備えを拒否し，場合によっては公的扶助に依存せざるをえなくなるという事態を回避するためでもある．これらの目的を達成するために，強制加入は適切で必要な方法である（Bieback [2011], S.100）.

しかし，自営業者の所得保障を実現するためには，年金保険の適用拡大という方法だけでなく，所得喪失リスクへの備えの強制という方法もある．後者の方法は，公的年金で保障されない自営業者にどの制度に加入するのかを定めることなく一般的な加入義務を課すものである．それゆえ，所得喪失リスクへの備え方を自営業者が自由に選択できる．そうすると，立法者がより自由を侵害しない後者の方法ではなく，前者の方法を選択する，つまり自営業者に選択の余地を認めずに年金保険を適用拡大することは，さらなる正当化を必要とする．年金保険の適用拡大の正当性について，次の点が指摘されている．すなわち，私保険と異なり年金保険においては，個々人のリスクと無関係に保険料が所得に比例していたり，障害リスクや遺族に対する所得保障が行われていたりする．また，自営業者に選択の余地を認めると，年金保険にとって不利となるリスクの選別が生じるので，それは回避されなければならない．そして，大多数の自営業者は，自営業の前後やその最中にすでに年金保険の強制被保険者であるので，すでに年金期待権を有している．その権利を私保険に委ねよという主張は，自営業の期間が多くの場合一時的でしばしば短期間にすぎない一方，生命保険は長期間にわたる場合に限り契約を締結できることを看過している（Ruland［2009］, S. 168）[26].

年金保険の適用拡大は，自ら備える自由を決定的に侵害するものではない．年金保険は，結局，それ自体自明の老後に対する備えを強制するものである．年金保険は保険料算定限度額によって上限を設定しているので，高所得者には自ら備える余地が十分残されている．それ以外の点では，自由の喪失は年金保険の高い保障価値によって補われている（ebd.）.

5　おわりに

ドイツで現在主張されている稼得者保険構想は，新たな自営業者の増加により労働者と自営業者の区別がますます難しくなっているので，本人のためにも社会のためにも自営業者に年金保険を適用拡大していく必要があるという問題意識の下で提案されている．これにより，労働者と自営業者との間で年金保険の加入義務についての平等が実施され，競争条件が改善される．しかし，稼得者保険構想は，ドイツの年金保険の目的からその適用範囲を稼得者に限定しており，非稼得者を含むより一般的な「国民保険」（Volksversicherung）や「市民保険」（Bürgerversicherung）とすることには制度上の理由が無いとされる（Rische［2008］, S. 4）．それゆえ，稼得者保険構想は，稼得労働により生計を維持する者の所得喪失リスクに集団的に備えさせるというドイツの年金保険の枠組みを維持するものである．

稼得者保険構想は，保険料負担の点では現行法における自営業者の取り扱いを基本的に踏襲している．その意味で，稼得者保険構想だけでなく，現在のドイツの年金保険も，自営業者に対する所得比例年金の可能性を検討する際には参考になると思われる．現在のドイツの年金保険では，自営業者の保険料負担は，その所得が不定期・不安定で，使用者が存在しないので，労働者の保険料負担と異な

26）Bieback［2011］は，年金保険の適用拡大の正当性として，①所得保障を必要とする自営業者の生存に関わるリスクを個々人のリスクと無関係に社会的に分散し，私保険で備えることが難しい遺族年金などを再分配により保障すること，②年金保険を財政的に安定させること，③労働をめぐる環境の変化に対して年金保険の中立性を達成することなどをあげており，これらを保障するためには，年金保険の適用拡大は適切で必要な方法とされる（ebd., S. 113 f., 124）.

る形で課されている．自営業者は，原則として保険料の全額を自ら負担しなければならない．自営業者の保険料額は，所得把握の難しさから，平均報酬額に基づく標準保険料（定額保険料）と実際の所得に応じた保険料との間で選択が認められている．実際の所得は，直近の所得税決定通知書に基づいて決定される．このような形で自営業者に対して所得に比例した保険料負担を課すことは，現実的な選択肢として検討に値する．

稼得者保険構想では，ドイツの芸術家社会保険の分担金をモデルにして，自営業者の仕事を利用する企業の集団が明確に特定できるかぎりで，その企業に対して分担金を課す可能性が検討されており，興味深い．もっとも，このような分担金を導入できる自営業者は保険代理人・外交員など限定的であり，現在ドイツで増加している新たな自営業者にはこのような分担金は導入できないとされる．また，自営業者の保険料に対する連邦補助金（公費負担）の可能性も考えられるけれども，それ以外の保険料支払者との異なる取り扱いを正当化できないので，支持できないという（Rische［2009］, S. 291）．

自営業者は保険料の全額を自ら負担しなければならないとすれば，自営業者の保険料率を軽減する可能性が考えられる．しかし，保険料率の軽減を認めてしまうと，保険料と給付の等価性という要請からその分だけ年金期待権が少なくなり，十分な老後の備えにならないおそれがある．この点について，稼得者保険構想は，自営業者と労働者の現役時代のグロス所得が同額であれば，保険料控除後のネット所得は自営業者のほうが低くなるので，それに応じた少ない年金期待権で足りるとして，自営業者の保険料率の軽減の可能性を示している．

このように見ていくと，仮に稼得者保険が実現されたとしても，結局，自営業者は保険料負担の点で労働者と異なる取り扱いをせざるをえないので，自営業者と労働者の区別が依然として問題になる．したがって，労働者と使用者が保険料を半分ずつ負担する労働者保険においては，すべての稼得者の「完全な」平等を実現するのは難しいと言えよう（Eichenhofer［2009］, S. 308）．

【参考文献】

太田匡彦［1998］「社会保険における保険性の在所をめぐって――ドイツを手がかりとした基礎的考察」日本社会保障法学会編『社会保障法』第13号，法律文化社，pp. 72-89.

坂井岳夫［2013］「ドイツにおける『被用者類似の自営業者』についての考察――社会保険の適

用構造に関する基礎的研究」『同志社法学』第65巻第 4 号, pp. 961-991.

下和田功［1995］『ドイツ年金保険論』千倉書房.

松本勝明［2004］『ドイツ社会保障論Ⅱ——年金保険』信山社.

柳屋孝安［2005］『現代労働法と労働者概念』信山社.

渡邊絹子［2007］「ドイツにおける自営業者の年金制度——芸術家社会保険法を中心にして」『週刊社会保障』第2425号, pp. 46-51.

渡邊絹子［2008］「ドイツにおける自営業者に対する老齢時の所得保障制度」『東海法学』第40号, pp. 180-160.

Axer, Peter［2012］"Grundfragen des Versicherungs- und Beitragsrechts", in: von Maydell, Bernd Baron/Ruland, Franz/Becker, Ulrich (Hrsg.), *Sozialrechtshandbuch*, 5. Aufl., Nomos, S. 695-722.

Becker, Ulrich［2013］"Staatliche Alterssicherung", in: Becker, Ulrich/Roth, Markus (Hrsg.), *Recht der Älteren*, Walter de Gruyter, S. 321-359.

Bieback, Karl-Jürgen［2000］"Die Neuregelung zu 'Scheinselbstständigen' und kleinen Selbstständigen in § 7 SGB IV und § 2 Nr. 9 SGB VI", *Die Sozialgerichtsbarkeit*, Jg. 47, Heft 5, S. 189-198.

Bieback, Karl-Jürgen［2005］*Sozial-und verfassungsrechtliche Aspekte der Bürgerversicherung*, Nomos.

Bieback, Karl-Jürgen［2011］"Verfassungsrechtliche Probleme einer Erweiterung der Gesetzlichen Rentenversicherung zur Erwerbstätigenversicherung", *Vierteiljahresschrift für Sozialrecht*, Jg. 29, Heft 2, S. 93-124.

Deutsche Rentenverisicherung Bund［2013］*Rentenversicherung in Zeitreihen*, DRV - Schriften Bd. 22.

Eichenhofer, Eberhard［2003］"Reform des Sozialstaats - von der Arbeitnehmerversicherung zur Einwohnersicherung?", *Recht der Arbeit*, Jg. 56, Heft 5, S. 264-269.

Eichenhofer, Eberhard［2004］"Sozialrecht und Privatrecht - wechselseitig unvereinbar oder aufeinander bezogen?", *Neue Zeitschrift für Sozialrecht*, Jg. 13, Heft 4, S. 169-173.

Eichenhofer, Eberhard［2009］"Ist die Abgrenzung des versicherten Personenkreise im deutschen Sozialverischerungsrecht zeitgemäss ?", *Deutsche Rentenversicherung*, Jg. 64, Heft 4, S. 293-308.

Eichenhofer, Eberhard［2012］*Sozialrecht*, 8. Aufl., Mohr Siebeck.

Hase, Friedhelm［2000］*Versicherungsprinzip und Sozialer Ausgleich*, Mohr Siebeck.

Kreikebohm, Ralf［2009］"Die Erwerbstätigenversicherung aus beitragsrechtlicher Sicht", *Deutsche Rentenversicherung*, Jg. 64, Heft 4, S. 336-348.

Kreikebohm, Ralf [2010] "Kommt die Erwerbstätigenversicherung?", *Neue Zeitschrift für Sozialrecht*, Jg. 19, Heft 4, S. 184-189.

Opielka, Michael [2004] "Die Grundrente denten", in: ders. (Hrsg.), *Grundrente in Deutschland-Sozialpolitische Analysen*, VS Verlag für Sozialwissenschaften, S. 7-60.

Rische, Herbert [2008] "Weiterentwicklung der gesetzlichen Rentenversicherung zu einer Erwerbstätigenversicherung-Ansätze zur Begründung und konkreten Ausgestaltung", *RVaktuell*, Jg. 55, Heft 1, S. 2-10.

Rische, Herbert [2009] "Weiterentwicklung der gesetzlichen Rentenversicherung zu einer Erwerbstätigenversicherung-Einführung in die Problematik", *Deutsche Rentenversicherung*, Jg. 64, Heft 4, S. 285-292.

Rossbach, Gundula/Bosien Renate [2012] "Das Beitragsrecht", in: Eichenhofer, Eberhard/Rische, Herbert/Schmähl, Winfried (Hrsg.), *Handbuch der gesetzlichen Rentenversicherung*, 2. Aufl., Luchterhand, S. 315-336.

Ruland, Franz [2002] "Solidarität", *Neue Juristische Wochenschrift*, Jg. 55, Heft 48, S. 3518-3519.

Ruland, Franz [2008] "Die Zukunft der Alterssicherung aus heutiger Perspektive", *Die Sozialgerichtsbarkeit*, Jg. 55, Heft 8, S. 570-578.

Ruland, Franz [2009] "Ausbau der Rentenversicherung zu allgemeinen Erwerbstätigenversicherung?", *Zeitschrift für Rechtspolitik*, Jg. 42, Heft 6, S. 165-169.

Ruland, Franz [2012a] "Grundprinzipien des Rentenversicherungsrechts", in: Eichenhofer, Eberhard/Rische, Herbert/Schmähl, Winfried (Hrsg.), *Handbuch der gesetzlichen Rentenversicherung*, 2. Aufl., Luchterhand, S. 263-292.

Ruland, Franz [2012b] "Rentenversicherung", in: von Meydell, Bernd Baron/Ruland, Franz/Becker, Ulrich (Hrsg.), *Sozialrechtshandbuch*, 5. Aufl., Nomos, S. 851-928.

Waltermann, Raimund [2010] "Welche arbeits-und sozialrechtlichen Regelungen empfehlen sich im Hinblick auf die Zunahme Kleiner Selbstständigkeit?", *Recht der Arbeit*, Jg. 63, Heft 3, S. 162-169.

Wannagat, Georg [1965] *Lehrbuch des Sozialversicherungsrechts*, Bd. 1, J. C. B. Mohr (Paul Siebeck).

第6章
韓国における労働市場と公的年金制度
――現状と今後のあり方

金　明中

1　はじめに

少子高齢化が早いスピードで進行している韓国では，現在ベビーブーマー世代が定年を迎え始めるなど退職者が急速に増加している．韓国政府は「年齢差別禁止法」を通じて，企業に可能であれば60歳まで定年を延長するように勧告していたが，今まで大部分の企業は定年を満56歳前後に設定しており，まだ元気な人々が早くに労働市場から姿を消すことが多かった．

韓国政府はこのような問題点を改善するために2014年4月30日に「雇用上の年齢差別禁止および高齢者雇用促進法」を改正することにより，2016年1月からは公的機関や地方公社，従業員数300人以上の事業所等に，そして2017年1月からは国家および地方自治団体，従業員数300人未満の事業所に60歳以上の定年を義務化した．

定年が短く高齢者が働く場所が十分確保されていないこと以外にも，韓国における労働市場の問題点は多い．その代表的な点として，非正規労働者の割合が高いこと，若者（特に大卒）の就職率が低いこと，女性が十分に活躍していないこと等があげられる．

韓国政府は高齢者の老後所得を保障する目的で1988年から公的年金である国民年金制度を導入・施行しているが，まだ給付面において成熟しておらず，高齢者の老後所得源として十分な役割を果たしていない．例えば，国民年金の老齢年金の受給者数は2013年現在365万人まで増加しているのに，満額老齢年金の受給者数は全年金受給者の3.4％である12万5,630人にすぎないことはその良い例だと言える．

本章では最近韓国でもっとも多く議論されている労働力の非正規化や若者・女

性・高齢者の労働市場参加について触れてから，公的年金制度の現状と今後のあり方について論じたい．

2　韓国における労働市場の現状

2.1　労働力の非正規化

図6－1は，韓国の非正規労働者数と推移を2001年から2013年にかけて見たものである．２つの数字が並んでいるのは，政府発表の統計と労働組合側が発表した統計でその数と割合が違うからである．

2013年時点で見ると，政府側は非正規労働者の割合を32.6％としているのに対して，労働組合側は45.9％としており，両者の間に13.3％ポイントの差が生じている．両方の結果に差が生じている理由としては，政府統計が非正規労働者を除いたすべての正規労働者を正規職として計算していることに比べて，労働組合は賃金，労働条件，企業の福利厚生，公的社会保険制度が適用されているかどうか，そして勤労場所に持続性があるかどうかなどを把握し，社会保険の適用がされず，勤務場所が頻繁に変わっている正規労働者を非正規労働者として定義しているからである．

図6－1　韓国における非正規労働者割合の動向

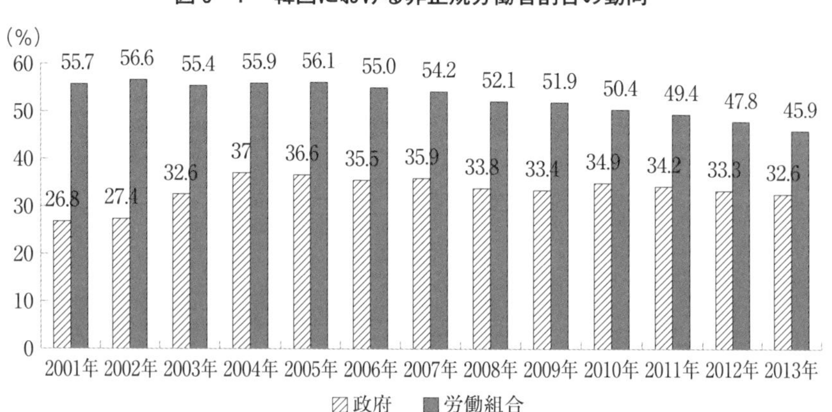

（出所）　統計庁『経済活動人口調査』各年度，キム・ユソン［2013］「韓国の非正規雇用の規模とその実態」より筆者作成．

韓国における非正規労働者の増加は，1997年のアジア通貨危機が波及したIMF経済危機に端を発する．韓国政府はIMFから融資を受ける条件として，企業，金融，公共部門，労働市場の4部門における構造改革を受け入れざるをえなかった．特に労働市場においては整理解雇制の導入や勤労者派遣法の制定などの労働市場の柔軟化政策の導入が求められた．

非正規労働者の増加が急速に進む中で，韓国政府は，「期間制および短時間労働者保護等に関する法律（非正規労働者関連法）」，「改正派遣労働者の保護等に関する法律（派遣法）」，「改正労働委員会法」などの非正規職関連法を施行することで非正規職の正規職化を進め，非正規労働者の増加による労働市場の二極化や雇用の不安定性を緩和しようと試みた．法律の目的は「雇用形態の多様化を認めて，期間制や短時間労働者の雇用期間を制限し，非正規職の乱用を抑制するとともに非正規職に対する不合理的な差別を是正する」ことであり，非正規労働者が同一事業所で2年を超過して勤務すると，無期契約労働者として見なされることになった．

非正規職保護法は2006年11月30日に国会の本会議を通過し，労働組合や野党の反対にもかかわらず，2007年7月に施行された．施行初期には従業員数300人以上の事業所や公共機関のみに適用されていたが，その後は適用範囲が段階的に拡大され，2008年7月1日からは100人以上300人未満の企業が，2009年7月1日からは従業員数5人以上の企業が適用対象に入ることになった．

非正規職保護法施行後，増加傾向であった非正規労働者の割合は減少しており，政府推計では2007年に35.9％であった非正規労働者の割合は2013年には32.6％まで減少し，労働組合の推計においても54.2％から45.9％に減少した．

「非正規労働者関連法」は，2年を超える契約労働者は，期限の定めの無い無期雇用契約に転換し，直接雇用することを経営側に義務づけることや賃金や労働条件などにおける不合理な差別を禁止すること，そして差別を受けた非正規職員は，労働委員会に是正命令を求めることができることなどの内容を含めている．

しかしながら，非正規労働者に対する処遇の改善はそれほど進んでいない．実際，現在の「非正規労働者関連法」により差別是正が申請できるのは，差別を受けた当事者のみであり，その差別が同一または類似する業務を担当している正社員と比べて，不合理的な差別を受けた場合にのみ申請することが可能である．また，契約解除の脅威を押し切ってまで，差別是正を請求する労働者はそれほど多くないのが現実である．表6－1は，差別是正手続き制度の利用状況を示しており，「非正規労働者関連法」が施行された次の年である2008年には利用件数が1,948件でピークに達したが，その後は減少し続けており，2012年にはわずか78件にすぎない状況である．韓国における非正規労働者の高い割合を考えると，差別是正手続き制度の利用件数は本当に少ない水準であると言わざるをえない．

表6－1　差別是正手続き制度の利用状況

年度	合計	初審（地方労働委員会）							再審（地方労働委員会）						
		小計	認定	棄却	却下	取り下げ	調整	仲裁	小計	認定	棄却	却下	取り下げ	調整	仲裁
2012	78	65	5	6	10	27	17	0	13	2	7	4	0	0	0
2011	88	77	39	4	3	11	20	0	11	2	4	1	4	0	0
2010	152	131	12	19	53	26	19	2	21	12	7	2	–	–	–
2009	95	80	10	5	6	48	11	–	15	8	–	4	3	–	–
2008	1,948	1,897	23	557	74	768	475	–	51	18	20	7	4	2	–
2007	145	145	55	15	1	73	1	–	–	–	–	–	–	–	–

（出所）　中央労働委員会［2013］『調整と審判』夏号．

表6－2　雇用形態別社会保険や福利厚生制度等の適用率の変化

正規職	07年3月	13年3月	変化①（%ポイント）	非正規職	07年3月	13年3月	変化②（%ポイント）	正規職と非正規職の差の変化（変化①－変化②）
国民年金	76.0	81.3	5.3	国民年金	39.3	40	0.7	4.6
健康保険	76.6	83.2	6.6	健康保険	41.8	46.8	5	1.6
雇用保険	65.4	80.5	15.1	雇用保険	38.8	43.9	5.1	10.0
退職金	68.9	81.6	12.7	退職金	33.7	40.7	7	5.7
ボーナス	69.5	83.7	14.2	ボーナス	31.4	40.1	8.7	5.5
時間外手当	54.3	58.4	4.1	時間外手当	24.3	25.4	1.1	3.0
有給休暇	59.9	71.5	11.6	有給休暇	27.3	34	6.7	4.9
教育・訓練経験あり	32.7	50.6	17.9	教育・訓練経験あり	22.4	37.7	15.3	2.6
勤続期間（単位：月）	71.0	84	13.0	勤続期間（カ月）	26	29	3	10.0
賃金（単位：万ウォン）	198.5	253.3	54.8	賃金（単位：万ウォン）	127.3	141.2	13.9	40.9

（出所）　統計庁『経済活動人口調査』各年度から筆者作成．

表6－2は，雇用形態別社会保険や福利厚生制度等の適用率の変化を示しているが，正規職に比べて非正規職の適用率が低く，さらに適用率の変化水準もすべての項目において正規職が非正規職を上回っている．

2.2　若者の雇用状況

グローバル金融危機以後，韓国の労働市場は全体的に改善され，就業者数は増加しているが，若者（15～29歳）の雇用事情は相変わらず不振な状況である．例えば，韓国における15～64歳の就業率は2000年の61.5％から2013年には64.4％まで上昇しているが，15～29歳年齢階層の就業率は43.4％から39.7％に低下している．また，同期間の失業率は15～64歳が4.3％から2.9％に1.4％ポイント低下していることに比べて，15～29歳年齢階層の失業率は7.6％から8.0％に0.4％ポイント上昇した（図6－2）．

では，韓国の若者の就業率や失業率は他の国と比べてどのような水準であるだろうか．OECDのデータ[1)]は，15～24歳を若者に分類しており，2012年における韓国の若者の就業率は24.2％でOECD平均39.7％を大きく下回っている．これは若者の就業率が最も高いアイスランド（66.0％）の半分以下の水準であり，OECD加盟国のうち，韓国より就業率が低い国はギリシャ（13.1％），ハンガリー（18.6％），スペイン（20.0％），スロバキア（20.1％），イタリア（20.5％），ルク

図6－2　生産年齢人口と若者（15～29歳）における就業率と失業率の動向

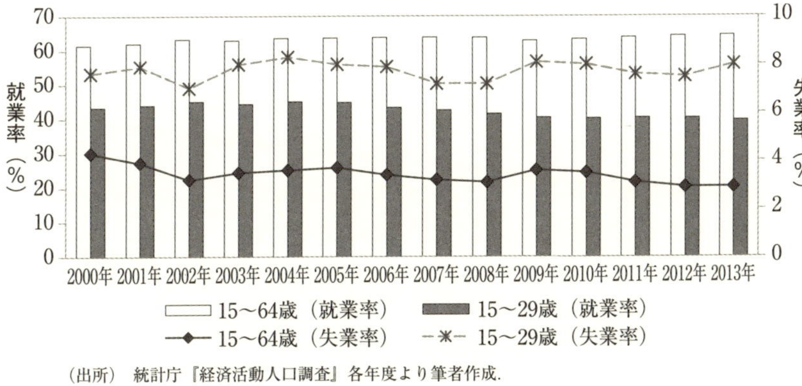

（出所）　統計庁『経済活動人口調査』各年度より筆者作成．

1)　OECD［2013］*Employment Outlook 2013.*

図６－３　OECD主要国における若者（15～24歳）の就業率と失業率の動向

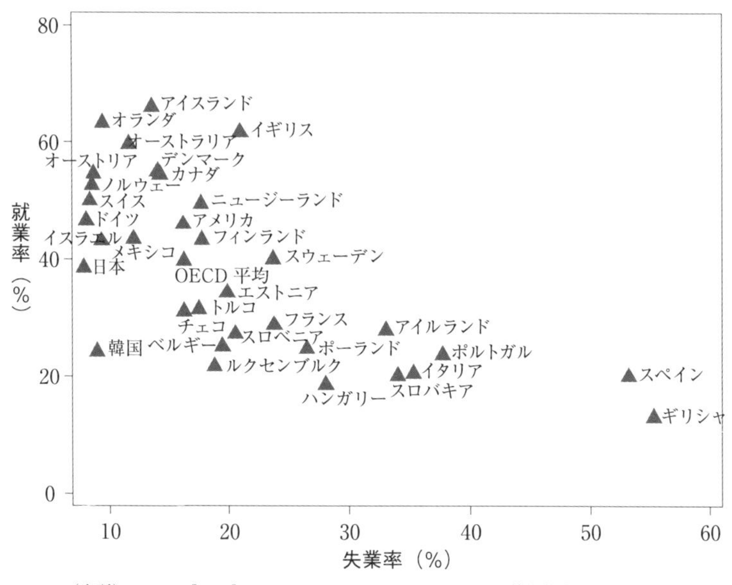

（出所）　OECD［2013］*OECD Employment Outlook*，より筆者作成．

センブルク（21.7%），ポルトガル（23.6%）程度である（図６－３）．また，韓国における若者（15～24歳）の就業者数は継続的に減少傾向にあり，2013年の379.3万人は統計を推計してから最も少ない数値である．

次に失業率はどうだろうか．2012年における韓国の若者（15～24歳）の失業率は9.0%で，OECD平均16.3%より低く，韓国より低い国は日本（7.9%），ドイツ（8.1%），スイス（8.4%），ノルウェー（8.6%），オーストリア（8.7%）のみである．図６－３を見ると，就業率が高い国では失業率が低いという負の相関が見られるが，なぜ韓国は就業率が低いのに失業率も低いのだろうか．韓国における若者の失業率が他の国と比べて相対的に低い理由としては，①15歳以上人口に占める非労働力人口の割合が高いこと，②自営業者の割合が高いこと，③非正規労働者の割合が高いことが考えられる．

2.3　女性の労働市場参加

女性の労働市場参加の現状と積極的差別是正措置の実施

韓国における女性の労働力率は継続的に上昇している傾向であるが，他の

OECD諸国と比べると，まだ低い水準である．OECD［2013］によると，2012年における韓国女性の労働力率は55.2％でOECD平均62.3％より7.1％ポイントも低く，さらにOECD加盟国のうち女性の労働力率が最も高いアイスランド（83.3％）よりは28.1％ポイントも低い状態である．特に，大卒女性の労働力率や就業率（2011年）はそれぞれ62.5％と60.5％で，OECD平均82.6％と78.4％を大きく下回っている．このように韓国女性の労働力率や就業率が低い理由は30代以降多くの女性が妊娠，出産，育児のために労働市場から離脱するからである．

韓国政府は女性の雇用拡大および差別改善のため，2005年12月に男女雇用平等法を改正し，2006年３月１日から積極的雇用改善措置制度を施行した．積極的雇用改善措置制度とは，積極的措置（Affirmative Action）を雇用部門に適用したものであり，政府，地方自治体および事業主などが，現存する雇用上の差別を解消し，雇用平等を促進するために行うすべての措置やそれに伴う手続きを言う．

当制度は，導入当時（2006年３月）には常時雇用労働者1,000人以上の事業所に義務づけられていたが，2008年３月からは適用対象が同500人以上の事業所や公的機関にまで拡大され，現在に至っている．適用対象の拡大により，積極的雇用改善措置の事業所数は2006年の546事業所から2012年には1,674事業所[2]まで増加した．当制度の主な内容は，①対象企業の男女労働者や管理者の現状を分析すること，②企業規模および産業別の女性や女性管理職の平均雇用比率を算定すること，③女性従業員や女性管理職比率が各部門別の平均値の60％に達していない企業を把握し，改善するように勧告することであり，対象企業は毎年３月末に雇用改善の目標値や実績，そして雇用の変動状況などを雇用労働部[3]に報告することが義務づけられている．

企業から提出された報告書は雇用平等委員会[4]が検討し，女性の雇用実績において優れている企業は「男女雇用平等優秀企業」として選定され表彰される．また，優秀企業に選ばれた企業に対しては政府や中小企業庁が主催した入札に参加した時に加点（0.5点）が付与されるなどのインセンティブが提供される．

2）　1,000人未満：931事業所，1,000人以上：743事業所．

3）　厚生労働省の労働関係部局（旧労働省）にあたる．

4）　厚生労働省の雇用均等・児童家庭局雇用均等政策課にあたる．

図6－4　日韓における女性雇用就業率や管理職に占める女性比率の動向

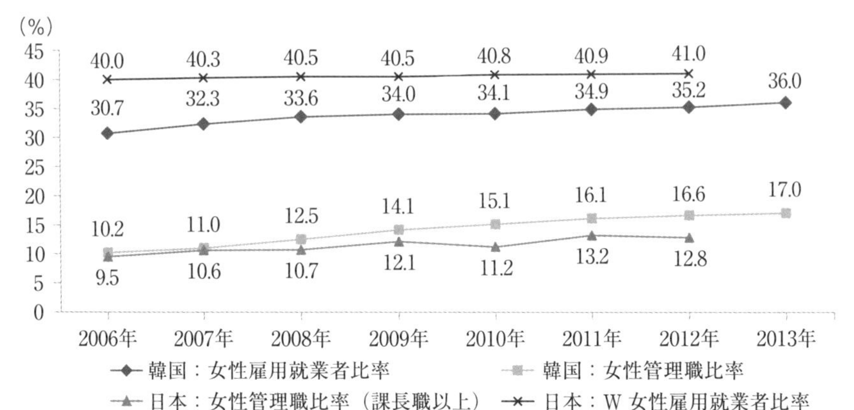

（出所）　雇用労働部［2012］「積極的雇用改善措置制度の男女労働者現状分析結果（2012年）」，雇用労働部［2013］「事業所1778ヶ所，男女労働者雇用現況」9月23日公表資料．

積極的雇用改善措置制度の実施後の効果

積極的雇用改善措置制度の実施の効果であるか，女性従業員や女性管理職の比率はそれぞれ2006年の30.7％や10.2％から2013年には36.0％や17.0％まで上昇した[5)]（図6－4）．

女性の雇用就業率を日韓で比較すると，日本のほうが韓国よりも比率は低いものの，増加率は韓国のほうが大きい．日本では2006年と2011年にかけてほとんど変化が見られない．次に，管理職に占める女性比率の推移と比較すると，日本の管理職（課長職以上）に占める女性比率は2006年の9.5％から平成12年度は12.8％と3.3％ポイント上昇しているのに対して，韓国では6.4％ポイントも上昇している．ここから，韓国の積極的雇用改善措置制度導入の実施の効果が見てとれる．

企業規模別に見た女性従業員の比率は，従業員数1,000人以上の事業所が37.5％で従業員数1,000人未満の事業所の35.6％より1.9％ポイント高く現れた．女性管理職比率も従業員数1,000人以上の事業所が18.7％で，従業員数1000人未満の事業所の17.3％を1.4％ポイント上回っている．

5)　日本企業における係長相当職以上（役員を含む）に占める女性の割合は8.7％である（厚生労働省「『平成23年度雇用均等基本調査』の概況」）・国によって管理職の基準が異なるため，韓国と直接比較することはできない．

女性役員比率に関する調査は2012年に初めて実施されたが，女性役員比率は1,000人以上の事業所が7.4%，999人以下の事業所が8.4%といずれも低く，さらに調査対象事業所の66.6%に当たる1,115事業所では，女性役員が1人もいなかった．制度の施行により女性の雇用環境が以前と比べて改善されてはいるが，女性人材供給パイプの先細りの問題は依然として大きい．

2.4　韓国の少子高齢化の進行と高齢者の労働市場参加

2012年6月23日に，韓国の人口は5,000万人を突破した．1964年に3,000万人を超えた韓国の人口は，1984年に4,000万人を超え，それから29年が経った2012年には5,000万人を超えることになった．今後も韓国の人口は増加を続け，2030年に5,216万人（中位推計）でピークを迎えるが，それ以降は人口減少社会に突入することが予想されている．

この原因は，少子高齢化の急速な進行にある．2012年の韓国の合計特殊出生率（以下，出生率）は，最近少しずつ上昇しているものの1.30にすぎず，OECD加盟国の平均出生率1.74（2010年）に比べると著しく低い水準である．一方，韓国の2012年の高齢化率は11.8%で，日本の24.1%に比べるとまだ低いが，高齢化のスピードが速く，2025年には20%を，さらに2037年には30%を超え，2050年には37.4%まで上昇することが予測されている．この時点では，日本（2050年の高齢化率38.8%）と肩を並べる超高齢社会になっているであろう．

一方，韓国における高齢者の雇用率は2010年の28.7%から少しずつ上昇し，2013年には30.9%に達している．高齢者就業者を従事上の地位別に見ると，2008年の金融危機以降，常用職を中心とした賃金労働者が増加している傾向である．一方，自営業者の割合は，早い速度で減少しているものの，いまだに高齢者の50%弱が自営業者として働いている（表6－3）．

65歳以上就業者の産業別分布を見ると，2004年に53.9%であった農林漁業の割合が2013年には37.1%で16.8%ポイントも減少した．サービス業に従事している65歳以上就業者の割合は，2004年の38.3%から2013年には54.8%まで増加している．また，65歳以上雇用者のうち，非正規労働者の割合は，2003年の72.1%から2013年には75.5%まで上昇した．これは全年齢階層における非正規労働者の割合が減少していることとは対照的である．

韓国では，高年齢者が50～55歳の間で退職する傾向が強く，国民年金の支給

表6－3　65歳以上就業者の従事上の地位別就業者数と割合の推移

（%）

	2003年	2004年	2008年	2009年	2010年	2011年	2012年	2013年
合計	100	100	100	100	100	100	100	100
賃金労働者	25.8	27.2	33.1	37.7	39.7	40.8	41.1	42.9
常用職	2.6	3.2	4.8	5.9	8.1	9.1	9.7	10.4
臨時・日雇職	23.3	24.0	28.3	31.8	31.6	31.6	31.4	32.5
非賃金労働者	74.2	72.8	66.9	62.3	60.3	59.2	58.9	57.1
自営業者	58.0	57.6	53.5	49.7	48.6	47.9	47.3	46.4
（全年齢階層の自営業者割合）	27.3	27.1	25.3	24.3	23.5	23.1	23.2	22.5
（非正規労働者の割合）	72.1	73.9	71.8	72.8	76.5	73.9	76.3	75.5

（出所）　統計庁「経済活動人口調査」，キム・ボクスン［2014］「65歳以上老人人口の雇用構造及び所得」『月刊労働レビュー』10月号，から引用．

開始年齢とギャップが発生し，所得の空白期間が発生している．さらに今後国民年金の受給開始年齢は段階的に65歳に引き上げられることが決まっており，このままだと会社を退職した高年齢者の生活はますます厳しくなることが予想される．そこで，韓国政府はこのような問題点を改善するために2014年4月30日に「雇用上の年齢差別禁止および高齢者雇用促進法」を改正することにより，2016年1月からは公的機関や地方公社，従業員数300人以上の事業所等に，そして2017年1月からは国家および地方自治団体，従業員数300人未満の事業所に60歳以上の定年を義務化した．

3　韓国における年金制度

3.1　公的年金制度の全体像と仕組み

韓国における公的年金制度は，社会保険方式の公的年金と公的扶助方式の基礎年金制度で構成されている．社会保険方式の公的年金は一般国民が加入する国民年金と，国公立学校の教職員と公務員を対象とする公務員年金，私立学校の教職員が加入する私立学校教職員年金，軍人が加入する軍人年金，郵便局職員を対象とする別定郵便局職員年金という特殊職年金制度に区分することができる．

社会保険方式の公的年金のうち，最初に導入されたのは，公務員年金（1961年）で，その後1963年に軍人年金が公務員年金から分離され実施された．1975年に導入された私立学校教員年金は，1978年にはその適用対象を私立学校の事務職員まで拡大し，その名称を私立学校教職員年金に変更した．1992年には，別定郵便局職員年金制度が実施され，1988年にはついに一般国民を対象とする国民年金制度が導入された．国民年金は，その後その適用対象者を拡大し続け，1999年4月から一部の適用除外者はあったものの，国民皆年金制度が実施されることになった（表6－4）．

2008年からは高齢者の基本的な所得を保証する目的で公的扶助方式の基礎老齢年金制度が導入され，2014年からは「基礎年金」という名前で実施されている．

3.2　特殊職年金

以下では一般的に特殊職年金と言われている公務員年金，私立学校教職員年金，

表6－4　4大公的年金制度の概要

区分	導入年度	保険料	受給資格期間	所得代替率	給与算定基準	加入者数（人）	受給者数（人）	基金管理
国民年金	1988	9％ 職場：労使折半，地域：全額本人負担（農漁村地域は政府補助金あり）	10年	2008年 50％（40年）→2028年40％	年金受給以前3年間の全加入者の平均所得月額の平均額，加入者個人の平均基準所得月額	20,744,780	3,653,113（受給率：17.6％）	国民年金管理公団
公務員年金	1960	14％（個人：7.0％，国：7.0％）	20年	62.7％（33年）	平均基準所得月額	1,072,610	366,482（受給率：34.2％）	公務員年金管理公団
私立学校教職員年金	1975	教員：12.6％（個人6.3％，法人3.705％，国2.595％），職員：12.6％（個人6.3％，法人6.3％）	20年	62.7％（33年）	平均基準所得月額	325,366	48,307（受給率：14.8％）	私立学校教職員年金管理公団
軍人年金	1963	17％（個人：8.5％，国：8.5％）	20年	50％（20年），76％（33年）	最終3年の平均報酬月額	170,000	82,813（受給率：48.7％）	国防部長官

（注）1．加入者数と受給者数の基準年：2013年．
　　　2．私立学校教職員年金の保険料率基準年：2010年度．
（出所）国民年金公団［2014］『国民年金統計年報2013』，保険未来フォーラム［2010］『年金の進化と未来』から筆者作成．

軍人年金，別定郵便局職員年金制度の概要について説明を行いたい．

公務員年金

1960年に最初に導入された公務員年金は，長期勤務に対する褒賞や職務に対するインセンティブ的性格が強かった．導入当時2.3%であった加入者の保険料率は，現在は7.0%（国の負担分7.0%）まで引き上げられた．一般的に給付は加入者の保険料や国の負担分で賄われるが，不足分が発生した場合には国あるいは地方自治体の補助金で補う．公務員年金の積立金は2001年にすでに枯渇しており，2013年には2兆ウォンの赤字を記録した．さらに，公務員年金公団が発表した資料等に基づいた推計結果によると，現在の制度をそのまま維持した場合には，今後10年間の公務員年金の財政赤字は53兆ウォンになることが予想されている．

公務員年金は国民年金に比べて給付算定方式が異なるなど恩恵が多いという世論の指摘があり，今まで3回の改革が行われ（1995年，2000年，2010年），その結果，年金の支給開始年齢が引き上げられた．しかしながら，公務員年金の所得代替率は62.7%（33年加入）で，国民年金の40%（40年加入）より高く，実際に2013年に給付された1カ月平均給付額は，公務員年金が219万ウォンで，国民年金の84万ウォンより2.6倍も高い．さらに，1カ月平均保険料と1カ月平均給付額の差も毎年拡大している（図6-5）．

韓国では5～10年を周期に公務員年金の改革が行われ，一番最近の改革は2010年に行われた．しかしながら改革の効果が2010年以降任用された公務員に集中されており，改革の効果が小さく再び改革の必要性が提起された．そこで，韓国政府は，韓国年金学会を前に立たせることにより，公務員年金改革を推進し，関連内容を9月21日に学会のホームページに公開した．公開した内容は，在職公務員の年金恩恵を大幅に減らし，遺族年金を引き下げるなど，2010年以前に任用された公務員まで年金の給付を減らす内容が目立つ．公務員年金に対する大々的な改革があった2010年の改革案が新規任用公務員を中心に年金支給を減らしたこととは対照的である．

今回の改革案が適用されれば在職公務員の保険料率は現在の7%から10%に引き上げられる．年金の支給開始年齢も2025年から61歳に繰り下げられ，2033年以後には65歳までに繰り下げられることになる．2010年以前に任用された公務員の年金支給時点も60歳から65歳に遅くなり，そのうえ，遺族に退職年金の70%を支

図6－5　公務員年金の1カ月平均保険料と1カ月平均給付額の推移

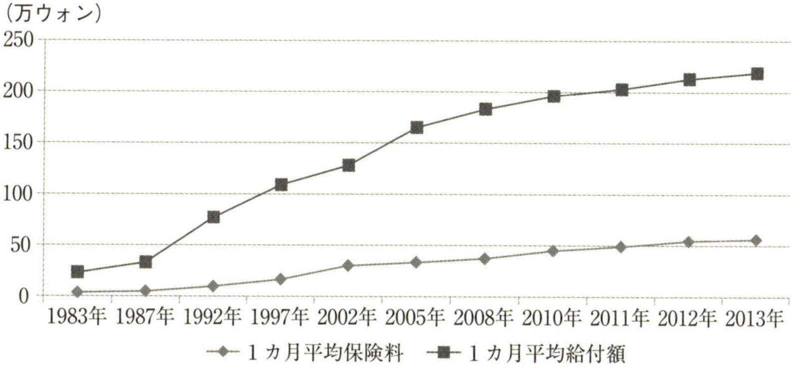

（万ウォン）

1983年 1987年 1992年 1997年 2002年 2005年 2008年 2010年 2011年 2012年 2013年

1カ月平均保険料　1カ月平均給付額

（出所）　公務員年金公団内部資料.

給する遺族年金も60％に削減される．2015年以前在職者の所得代替率は現在の年1.9％から2016年には年1.35％へと削減した後，毎年0.01％ずつ引き下げ，2026年までに年1.25％まで下げる計画である．2016年以降，新しく任用される公務員の所得代替率は2016年の年1.15％から2028年には年1.0％に下がる．つまり，年金に対する負担率は現在より約43％が上がる反面，年金の給付率は約34％が下がることになる．

しかしながら，今までの改革案が安全行政部の主催により，専門家，公務員労組，受給者代表等の意見に基づいて推進されてきたことに比べて，今回の改革案は，当事者である公務員や受給者代表無しで与党の議員と一部の専門家だけで基本案を作成しており，野党や公務員労組等から大きな反発が続いている．

私立学校教職員年金

私立学校教職員年金は，1975年に教員を対象に導入され，1978年には事務職員に，1984年には研究機関の教授などにも拡大・適用されることになった．保険料率は，教員と職員ともに12.6％であるが，教員の場合は，個人6.3％，法人3.705％，国2.595％の割合で，職員の場合は個人6.3％，法人6.3％の割合で保険料を負担している．

私立学校教職員年金は制度の施行が遅れたので，まだ積立金は増加しているが，給付支出の増加により，積立金の増加率は毎年減少している（図6－6）．

軍人年金

1963年公務員年金法から独立してスタートした軍人年金は，早い時期に退職し，長期間年金を受給する受給者が多いことや給付支給方式の寛大さ[6]から，すでに1973年には支出が収入を上回り，当期収支の赤字が発生するなど早い時期から財政状況が悪化した．現在は，給付額の約50％を国庫負担で賄っており，年金受給者が増加することにより，国庫負担額は毎年増加している（図6－7）．

別定郵便局職員年金制度

別定郵便局法の改正によって1982年に別定郵便局法退職給与制度として実施された別定郵便局職員年金制度は，1992年から年金制度として拡大・実施されることになった．別定郵便局年金管理団は，保険料徴収や給付支給関連業務を担当している．2009年現在の加入者数は4,148人，受給者数は1,035人，保険料率は8.5％である．

図6－6　私立学校教職員年金の積立金の推移

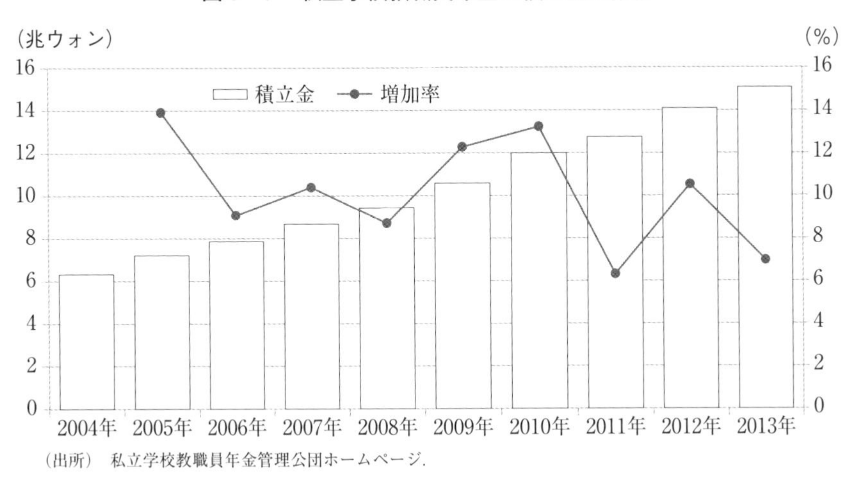

（出所）　私立学校教職員年金管理公団ホームページ．

6）　年金給付の算定基準が，退職直前の3年間の平均報酬月額になっている．

図6－7　軍人年金への国庫負担金や国庫負担金の割合の推移

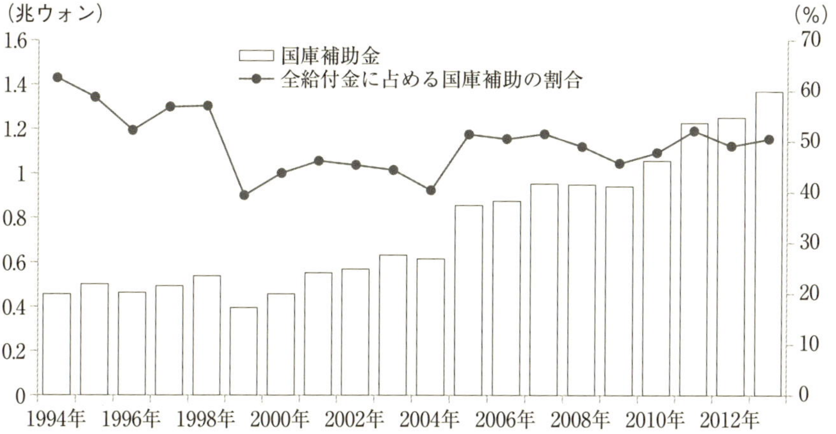

（出所）　国防部［2014］「2013年度軍人年金主要統計図表」.

3.3　国民年金制度

国民年金制度の歴史

韓国は1960年代に持続的な経済開発計画の実施によって飛躍的な経済成長を遂げた．経済成長とともに都市への人口集中現象と核家族化が急速に進み，今まで家族に任されていた社会保障政策に対する国の責任が大きくなった．特に，高齢者に対する所得保障政策の重要度が認識される中で，1973年国民の生活向上や福祉増進を目標に「国民年金福祉法」が制定・公表され，1974年１月から国民年金制度を施行する予定であったものの，1973年に起きたオイルショックによって制度の施行は無期限に延期されることになった．それ以降いくつかの議論を経て1981年の下半期からの国民年金の導入が計画されたものの，1979年10月の朴正熙[7]大統領の暗殺事件，1980年の光州民主化運動が続いて起きることによって，公的年金制度の導入はしばらくの間，記憶から消えてしまうことになる．

公的年金の導入に対して再び政府が動き始めたのは1984年ごろである．政府は1984年８月に「国民福祉年金実施準備委員会」を立ち上げ，1986年６月には「国民年金実施準備のための関連者会議」を開き国民年金制度の導入を具体的に論じ

7)　韓国の第５～９代大統領.

始めた．その後も国民年金の導入に対して財政的な問題などを理由に反対の動きがあったものの，公的年金の導入を主張する研究者などの努力によって1986年8月11日，当時の全斗煥[8]大統領は「全国民を対象とする医療保険制度の実施」，「最低賃金の導入」とともに「国民年金の導入」を発表することになり，ついに1988年から国民年金制度が施行された．

導入当時には10人以上の事業所の正規労働者を対象として施行された国民年金制度は，それ以降，加入範囲を拡大し1992年には5人以上の事業所へ，1995年には農漁民および農漁村地域自営業者へ，1999年4月には都市地域自営業者へ，2003年7月には5人未満の事業所の雇用者に拡大・適用することになった（表6－5）．

年金の基本構造は報酬比例年金のみの1階建てで，財政方式は賦課方式（厳密には修正賦課方式）により運営されている．保険料率は，制度への加入を促進するために1988年から5年間3％に抑制されていたものの，1993年には6％に，1998年には9％まで引き上げられた．保険料の労使折半は1999年4月以降から定着している．

表6－5　国民年金制度の沿革

年月日	内容
1973年 12月 24日	国民福祉年金法制定
1986年 12月 31日	国民年金法公布（旧法廃止）
1987年 9月 18日	国民年金管理公団設立
1988年 1月 1日	常用労働者10人以上の事業所に対して国民年金制度を実施
1992年 1月 1日	常用労働者5 ～ 9人の事業所に対して適用拡大
1993年 1月 1日	年金保険料率の引き上げ（6％），特例老齢年金の支給開始
1995年 7月 1日	農漁村地域に国民年金制度の適用範囲を拡大
1998年 1月 1日	年金保険料率の引き上げ（9％）
1999年 4月 1日	都市地域居住者などに対して適用範囲を拡大
2003年 7月 1日	常用労働者1人以上の事業所まで適用範囲を拡大
2008年 1月 1日	完全老齢年金（加入期間20年）の支給を開始
2009年 8月 7日	国民年金と4つの職域年金の連携事業を開始
2011年 1月 1日	社会保険の徴収統合により，徴収業務を移管
2011年 4月 1日	障害者福祉法上の障害等級の審査開始

（出所）　国民年金公団［2014］『国民統計年報 2013』．

8)　韓国の第11代大統領．

一方，地域の場合には保険料の負担による年金制度への未加入を回避する目的で保険料の引き上げ時期を雇用者より延ばして適用した．例えば，農漁村地域の場合は2000年から６％に，都市地域の場合は，2000年７月に４％に引き上げた後，１年に１％ポイントずつ引き上げ2005年７月から９％が適用されている．

国民年金制度の現況

導入してから27年目を迎えている国民年金の加入者数は，2013年現在2,074万人まで増加した（図６-８）．このうち，事業所加入者数は1,194万人で全加入者の57.5%，地域加入者数は851万人で41.4%を占めている．男女別には男性が1,198万人（57.6%）で女性880万人（42.4%）を上回った．

ここで１つ注目すべきことは韓国における国民年金の加入者は女性より男性が圧倒的に多いことである．2013年における女性加入者の割合は41.4%で，男性58.6%を大きく下回っている（図６-９）．これを日本のデータと比べてみるとその差が一目瞭然である．日本の全加入者に占める男性の割合は51.2%（2007年）で，女性の49.8%とそれほど大きな差を見せていない．ではなぜ韓国は日本に比べて男性の割合が高いのか．それは韓国では日本のように「第３号被保険者制度」が実施されていないことが大きな理由として考えられる．

一方，1999年には125.4万人にすぎなかった年金受給者数は，2013年には365.3

図６-８　加入者の推移と現況（2013年度）

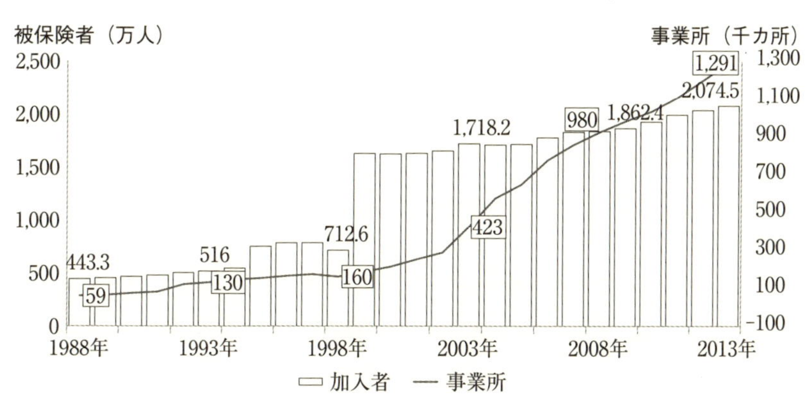

（出所）　国民年金公団［2014］『国民年金統計年報 2013』から筆者作成．

図6－9　国民年金の年齢・性別加入者数

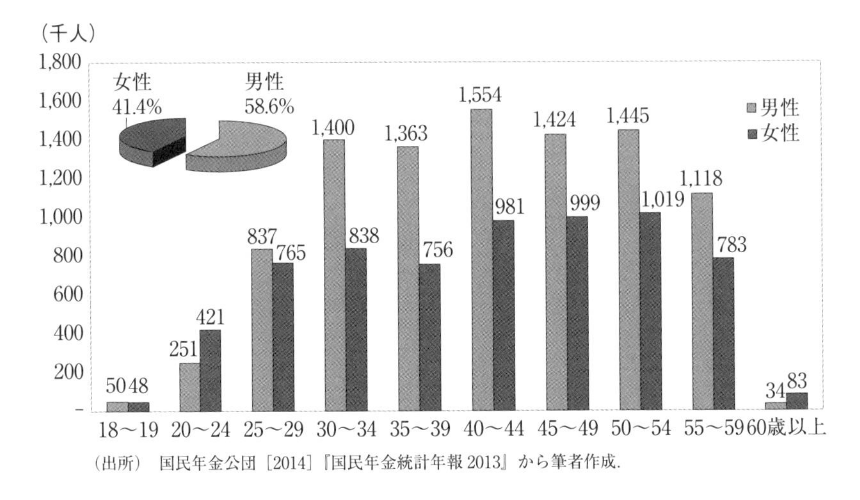

（出所）　国民年金公団［2014］『国民年金統計年報 2013』から筆者作成.

図6－10　国民年金における給付額や受給者の動向

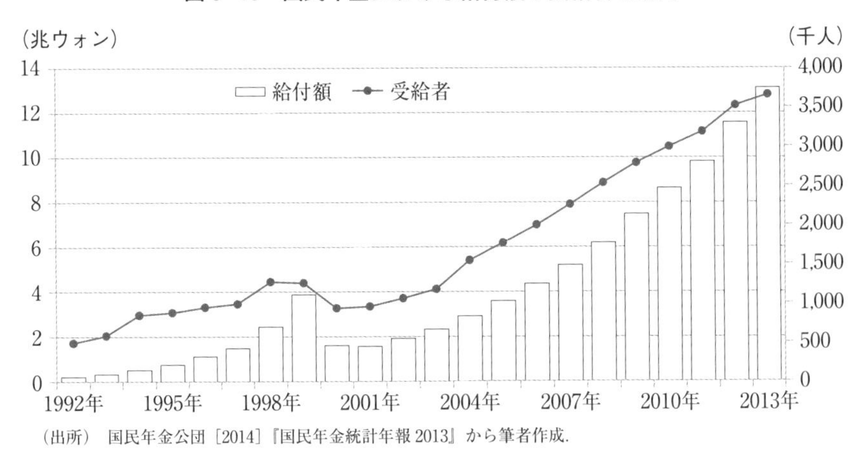

（出所）　国民年金公団［2014］『国民年金統計年報 2013』から筆者作成.

万人まで増加することになった（図6－10）．2013年現在の完全老齢年金[9]の1カ月平均給付額は84万ウォンで，これは最低生計費の86.2％（2013年，2人世帯，97.4万ウォン）に相当する金額である．しかしながら2013年現在，完全老齢年金を受給している受給者数は12万5,630人で全受給者の3.4％にすぎない．すなわち，

9）　年金の保険料を20年間納めた時に受給する年金給付.

まだ多くの高齢者が貧困というリスクに直面している可能性が高いのが現実である.

国民年金公団は,国民年金制度が農漁村地域に拡大・施行された1995年から農漁業に従事している加入者に年金保険料の一部を国庫で補助する制度を導入し,現在まで実施している(表6-6).

2003年ごろには今後さらに進むことが予想される少子高齢化や労働力人口の減少による年金財政の悪化に対応するために保険料率の引き上げが提案された.すなわち,9%に固定されている保険料率を2010年から5年ごとに1.3%ポイントずつ引き上げ,2030年以降は15.9%を維持するというのがその主な内容である.しかしながら政権交代によるビジネス・フレンドリー政策や景気低迷などが原因で保険料の引き上げは無期限延期された.

導入当時70%であった所得代替率[10]は,1998年の年金改正によって60%に引き下げられた.さらに政府は年金財政の枯渇などを理由に2004年から2007年までの所得代替率は55%に,2008年以降は50%に,2028年までには40%までに引き下げることを決めた(図6-11).しかしながら,このような所得代替率はあくまでも定まった期間の間(40年),保険料を納め続けた被保険者を基準として設計されており,実際多くの被保険者がもらえる所得代替率はそれほど高くないのが現実である

国民年金の保険料納付率は,事業所加入者が100%近く納付していることに比べて,地域加入者の納付率は事業所加入者のそれに及んでいない.図6-12は事業所と地域加入者における保険料納付率の推移を示しており,地域加入者の保険料納付率が継続的に上昇していることが確認できる.では,なぜ納付率は改善されたのか.その1つの理由として,未納者の多くが納付例外者などとして指定さ

表6-6 農漁業従事者に対する年金保険料の国庫補助金支援額

基準所得月額(万ウォン)	23	24	25	26	27	29	31
支援額(ウォン)	10,350	10,800	11,250	11,700	12,150	13,050	13,950
基準所得月額(万ウォン)	34	37	40	44	48	52	79 ~
支援額(ウォン)	15,300	16,650	18,000	19,800	21,600	23,400	35,550

(出所) 国民年金公団ホームページから筆者作成.

10) 平均標準報酬に対するモデル年金額の割合である.

れたことが考えられる．図６－13を見ると，地域加入者に占める納付例外者の割合は53.4％で，2002年以降継続的に上昇している傾向である．また，韓国政府は，自営業者などの地域加入者の所得を正確に把握し労働者との社会保険料および租税の不公平問題を迅速に解決する目的で，社会保障審議委員会の議決によって国務調整室，福祉部，財政経済部，国税庁，企画予算委員会など関連する８つの中央部署と市民・労働団体などが参与する「自営業者所得把握委員会」を新設したが，いまだにさしたる成果を得ていない状況である．

図６－11　国民年金の保険料率と所得代替率の推移

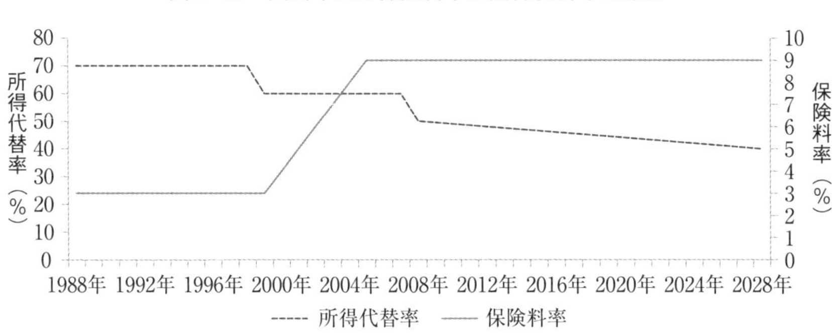

図６－12　職場や地域における保険料納付率の推移

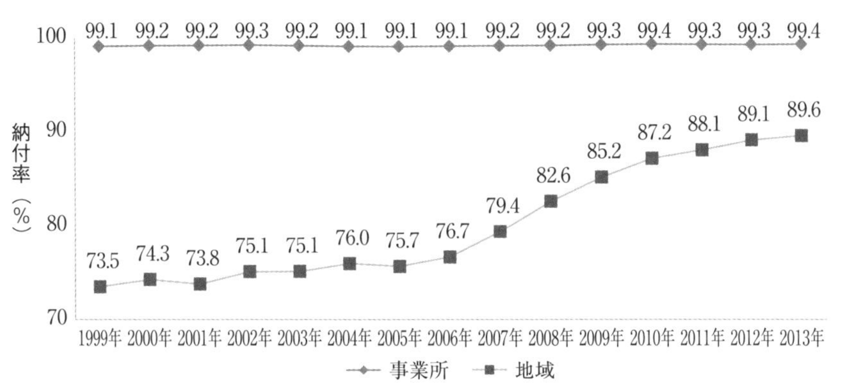

（出所）　国民年金公団［2014］『国民年金統計年報 2013』から筆者作成．

図 6-13　地域加入者における所得申告者や納付例外者の推移（一般労働者）

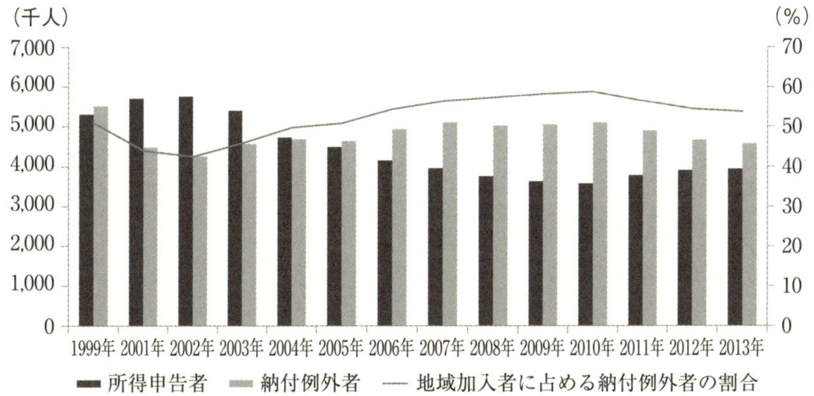

（出所）　国民年金公団［2014］『国民年金統計年報 2013』から筆者作成.

3.4　最近の主な公的年金の改革に関する議論

国民年金法の2007年改正

年金制度は1997年と2007年に大きな改革が行われた．ここでは最近の改革だと言える2007年の改革の内容について紹介したい．

所得代替率の引き下げ：保険料率は９％を維持する代わりに，所得代替率は40年加入時，既存の60％から2008年には50％，2009年からは毎年0.5％ずつ段階的に引き下げて2028年からは40％になるように変更した．これは当時の推計で2047年になると年金の積立金が枯渇されることを懸念し，将来世代の負担を少しでも緩和させるための措置である．ただし，改正法以前にすでに年金を給付している人には，所得代替率の引き下げは適用されず，既存の所得代替率60％がそのまま適用される．

減額老齢年金の支給率の引き上げ：老齢年金の給付額を計算する時には加入期間20年を基本にしており，被保険者の加入期間が10年以上20年未満である場合には，減額老齢年金が支給される．減額老齢年金は，年金の加入期間が10年を満たしていない者が対象者であり，20年を基準として１年が足りない場合には５％が，10年が足りない場合には50％が減額され，さらに2.5％が差し引かれてから年金が支給された．改正法では追加的に減額される2.5％をなくすことにより，減額老齢年金の受給額が増加することになった．

２つ以上の年金の受給権が発生した時の支給方法を改善：改正法以前には２つ以上の年金の受給権が発生した時に，１つの年金だけを選択して年金を受給したが，改正法の適用により，選択した年金の全額給付と選択していない年金からの一部の給付が受給できるようになった．

繰り下げ年金制度の導入：在職者老齢年金の受給権者が希望する際には，年金の受給時期を繰り下げることが可能になった．年金の受給時期を繰り下げると１カ月当たり0.5％の年金が加算される．

返還一時金の支給時期を調整：従来は国民年金の加入者が公務員年金等他の公的年金の被保険者になった場合，その時点で返還一時金が支給されたが，改正法により60歳になってから返還一時金が支給されることになった．

求職給付を受給していても老齢年金を支給：改正法以前には，雇用保険から求職給付をもらう場合には，老齢年金の支給が停止されたが，改正法以後には求職年金と年金の両方が支給されることになった．

出産クレジット制度の導入：2008年１月１日以降，第２子以降を出産する場合，国民年金の未加入期間を加入期間として認める出産クレジット制度を実施することを決めた．出産クレジット制度の実施により，２人以上の子どもを出産すると，未加入期間の最短12カ月から最長50カ月までが年金の加入期間として認められる（子ども２人は12カ月，３人は30カ月，４人は48カ月，５人は50カ月）．出産クレジット制度に係るすべての費用は国の負担になる．

軍服務クレジット制度の導入：2008年１月１日以降，入隊し兵役の義務を担当した者は，国民年金の加入期間が６カ月認められ，老齢年金の算定に反映されることになった．軍服務クレジット制度に係るすべての費用は国の負担になる．

遺族年金受給条件の男女間差別を解消：改正法以前には妻が死亡した場合には，夫は60歳以上あるいは障がい等級２級以上ではないと遺族年金を受給することができなったが，改正法以降には男性にも年齢や障がい等級に関係なく遺族年金が支給されることになった．

障がい年金の給付対象を拡大：従来は国民年金に加入している間に初診日があっても，その疾病や負傷が加入以前に発生したものとして認められる場合には，障がい年金は支給されなかったが，改正法の施行以降は国民年金に加入する以前に発生した疾病でも，加入中に初診日があると，障がい年金が支給されることになった．

遺族年金の給付金を調整：従来は遺族年金が受給できる子どもや孫は18歳未満であるべきであり，18歳に達すると，遺族年金の受給権が消滅されることにより，受給期間が短い場合には受給した給付額が死亡した被保険者が納付した保険料より少ないケースが発生することがあった．しかし改正法では遺族年金の受給者である子どもや孫が18歳に到達して受給した遺族年金の給付額総額が死亡一時金より少ない場合には，その差額を支給するように調整した．

給付の差押えを制限：支給された給付額が一定金額以下である場合には，口座に支給された給付額は差押えをすることができないように改正し，年金の受給権より保護されることになった．

標準所得月額の廃止：22万ウォンから360万ウォンまでの所得月額を45等級に区分した標準所得月額の等級制を廃止し，実質所得を基準に年金保険料を賦課するように調整した．

資格取得月の年金保険料を免除：従来は毎月末に国民年金の被保険者資格を取得しても１カ月分の保険料を納めることになっていたが，被保険者の経済的負担を考慮し，加入資格を取得した月の保険料は免除されることになった．

農漁民に対する年金保険料の国庫支援を継続的に実施：農漁民として認められた被保険者（任意加入者を含む）の保険料の一部を国が負担する（保険料の２分の１を超えない範囲で支援，2007年度の場合，最高１カ月２万3,400ウォンを支援）制度を2014年12月31日まで実施することを決めた．

所得の縮小，脱税に関する資料を国税庁に通知：所得の縮小，脱税に関する資料がある場合には国税庁に通知し，国税庁がその資料に基づき税務調査を実施した場合，その結果を公団に通知するようにする規定を作成した．

基礎年金制度の実施

(1)　老齢手当や敬老年金

基礎老齢年金制度を施行する以前には,高齢者に対する所得保障政策として老齢手当（1991年施行）や敬老年金（1998年施行）が実施されていた．老齢手当制度は，老後所得保障が十分ではない70歳以上の低所得高齢者の所得を保障し，老後生活の安定の実現を目的として1991年に導入され，1997年からは支給対象年齢を65歳以上に拡大した．支給金額は65歳以上の生活保護対象者の場合は１人当たり３万5,000ウォン，80歳以上の居宅・施設保護対象者には１人当たり５万ウォ

表6－7　敬老年金受給者数の動向

（単位：人，％）

区　分		1998年	1999年	2000年	2001年	2002年	2003年	2004年	2005年	2006年	2007年
合　計		623,479	574,700	565,898	583,755	585,000	618,592	618,531	619,385	612,756	654,227
国民基礎生活保障受給者		248,764	288,303	333,561	345,769	339,000	346,113	360,360	378,149	387,286	406,488
		39.9	50.2	58.9	59.2	57.9	56.0	58.3	61.1	63.2	62.1
生活保護受給予備軍		374,715	286,397	232,337	237,986	246,000	272,479	258,171	241,236	225,470	247,739
		60.1	49.8	41.1	40.8	42.1	44.0	41.7	38.9	36.8	37.9
対高齢者割合		20.4	18.0	16.7	16.4	15.5	15.6	14.9	14.2	13.4	13.6

（出所）　韓国保健社会研究院［2007］「老後所得保障強化のための敬老年金改編方案」．

ンが支給された（1997年の65歳以上高齢者に対する受給率は9.0％）．

1998年には老齢手当に代わり，敬老年金制度が実施された．敬老年金制度は，1998年の国民皆年金の施行を迎えて年齢上の理由によって年金に加入することができなかった低所得高齢者の所得保障を目的に施行された制度である．

敬老年金制度の対象は65歳以上の高齢者のうち，生活保護制度の受給対象者や低所得者で，本人や扶養義務者の所得，世帯所得，世帯員数，財産等を考慮して選別した．

給付額は以前には1人当たり月最低1万5,000ウォンから最大5万ウォンの間が支給されたが，最後の年である2007年には最低支給額が月3万5,000ウォンに引き上げられた．敬老年金制度の受給者数は10年間年平均60万人前後であったが，65歳以上高齢者の増加により受給率は1998年の20.4％から2007年には13.6％まで減少した（表6－7）．

(2) 基礎老齢年金

韓国政府は上記で説明した敬老年金制度の代わりに2008年から「基礎老齢年金」を実施した．基礎老齢年金は，国民年金や特殊職年金などの公的年金を受給していない高齢者や受給をしていても所得額が一定水準以下の高齢者の所得を支援するための補完的な性格を持つ制度である．この制度は，65歳以上の全高齢者のうち，所得と財産が少ない70％[11]の高齢者に定額の給付を支給する制度で，2008年1月からは70歳以上の高齢者に，2008年7月からは65歳以上の高齢者に段

表６－８　基礎老齢年金対象者の選定基準額

区　分	選定基準額	財産はなく所得のみあるケース		所得はなく財産のみあるケース（大都市基準）
		勤労所得があるケース	勤労所得がないケース	
単身世帯	87万ウォン	月172.2万ウォン以下	月87万ウォン以下	３億1,680万ウォン
夫婦世帯	139.2万ウォン	月246.8万ウォン以下	月139.2万ウォン以下	４億4,208万ウォン

（出所）　保健福祉部ホームページ．

階的に拡大・実施されている．

基礎老齢年金の給付は所得認定額によって決められる．所得認定額とは，高齢者世帯の月所得に財産の価値を年利５％で計算した金額を合算した金額である．すなわち，高齢者１人世帯の場合所得認定額が87万ウォン以下，高齢者夫婦の場合には所得認定額が139.2万ウォン以下（2014年基準）である場合に基礎老齢年金が受給できる（表６－８）．

※所得認定額＝月所得評価額＋財産価値を１カ月の所得に換算した金額*
*財産価値を１カ月の所得に換算した金額＝{（財産－基礎控除額）＋（金融資産－金融控除額）－負債}×所得換算率（５％）÷12カ月

基礎老齢年金の給付額は，単身世帯である場合には１カ月当たり最大９万6,800ウォン，夫婦世帯である場合には最大15万4,900ウォンが支給される．

基礎老齢年金の財源は，国と地方自治体が共同で負担する仕組みになっているが，地方自治体の高齢化率や財政状況により国庫補助率は40～90％の間で差等適用される．「基礎老齢年金法」では2009年から受給者の割合が65歳以上人口の70％になることを明記しているが，実際に４年間における平均受給者割合は67.4％（2009年68.9％，2010年67.7％，2011年67.0％，2012年65.8％）で，70％には至っていない．

11）　2008年１月から2008年12月までは，高齢者のうち所得と財産が少ない70％の高齢者に支給．

(3) 基礎年金制度

2014年7月からは既存の「基礎老齢年金制度」を改正した「基礎年金制度」が実施されている．「基礎年金制度」は，朴槿恵大統領の選挙公約の1つであり，既存の「基礎老齢年金制度」の給付額を引き上げた制度である．つまり，2013年時点で単身世帯には1カ月当たり最大9万6,800ウォン，夫婦世帯には15万4,900ウォンが支給されていた給付額が最低10万ウォンから最大20万ウォンまで調整された．

では，基礎年金制度はどのような仕組みになっているだろうか．「基礎年金法案」第1条では，基礎年金は高齢者に安定的な所得基盤を提供することにより，高齢者の生活安定を支援し，福祉を増進することを目的にしている．また，韓国政府が発表した基礎年金導入関連説明資料では基礎年金法案が財政の持続可能性に基づき，高齢者の貧困を緩和し，未来世代の安定的な公的年金を保証する方向で設計されていると紹介している．

受給対象者

基礎年金の受給対象は65歳以上の高齢者のうち，所得認定額が下位70％に該当する者である．所得認定額とは，1カ月の所得評価額（金融所得，勤労所得等）や財産を1カ月の所得に換算した金額を合計したものであり，この金額が選定認定額（単身世帯87万ウォン，夫婦世帯139.2万ウォン，2014年7月基準）を下回る時，基礎年金が支給される[12]．所得認定額の計算方法や事例は次のとおりである．

（式1）　所得認定額＝①1カ月の所得評価額＋②財産を1カ月の所得に換算した金額

（式2）　①1カ月の所得評価額＝{0.7×（稼働所得－48万ウォン)}＋その他の所得

（式3）　②財産を1カ月の所得に換算した金額＝［{(一般財産－基本財産額)＋（金融資産－2,000万ウォン）－負債}×0.05（財産の所得換算率，年5％）/12カ月］＋高級自動車及び会員権の時価

12）公務員年金，私立学校教職員年金，軍人年金，別定郵便局職員年金の受給権者やその配偶者は基礎年金の受給対象から排除される．

※一般財産：土地，建築物，住宅等

※基本財産額（控除額）：大都市1億800万ウォン，中小都市6,800万ウォン，農漁村5,800万ウォン

※高級自動車：排気量3,000cc以上あるいは時価4,000万ウォン以上の車両を保有している場合，時価の100％が（式3）に適用される．

給付額

基礎年金の給付額は，①全世代の高齢者に最低限の公的年金からの収入保障を意味する「基準年金額」，②国民年金加入者に対する基礎年金収入保障のための「国民年金受給者付加年金額」，③国民年金給付のうち，個人の所得水準や保険料納付額と関係なく所得再分配のためにすべての国民年金受給者に同一に支給される「A給付」，そして，④将来のA給付の増加による未来世帯の給付額減少部分を考慮した調整係数（2/3）により決まるように設計されている（式4）．

（式4）　$$\text{基礎年金額}=\left(\text{基準年金額}-\frac{2}{3}\times\text{A給付}\right)+\text{国民年金受給者付加年金額}$$

※2014年基準の基準年金額は20万ウォン，国民年金受給者付加年金額は10万ウォン

（式4）により計算した結果が10万ウォン未満である時には10万ウォンが，20万ウォン以上である時には20万ウォンが基礎年金額として算定される．また，基礎年金額と毎月受給している国民年金からの給付額を合わせた金額が50万ウォン未満である場合には最大20万ウォンまで基礎年金が支給される．一方，所得水準が高い高齢者や夫婦2人で基礎年金を受給する場合には基礎年金の給付額が減額（夫婦2人の場合は20％）される時もある．ただし，①無年金者，②国民年金の平均月給付額が30万ウォン以下である者，③国民年金の遺族年金や障害年金の受給者，④障害者年金の受給者の場合は（式4）の計算式に関係なく毎月20万ウォンが支給される．

しかしながら（式4）は，A給付が多くなればなるほど，つまり加入期間が長くなればなるほど基礎年金の給付額が減少する仕組みになっている．具体的には国民年金への加入期間が11年間以下である場合には20万ウォンの基礎年金が支給されるが，加入期間が11年を超過すると，基礎年金の受給額は段階的に減額される（加入期間が1年増加するごとに1万ウォンが減り，加入期間が20年を超えた

場合，受給額は10万ウォンまで減少する）．つまり，現役世帯の生涯平均加入期間は20年以上になることが予想されているので，将来彼らの基礎年金給付額は10万ウォンになる可能性が高く，野党や市民団体等は現在の基礎年金制度は，誠実に年金制度に加入した人や若者にとってむしろ不利になる仕組みであるとして，制度の改正を強く求めている．

また，基礎年金の導入により，高齢者貧困率が少しは改善されると期待されている中で，10～20万ウォンの基礎年金だけで高齢者貧困率を引き下げるには限界があるという主張も出ている．ユンソクミョン［2014］[13]は，所得認定額が0ウォンである高齢者の割合が39％に達している現実を考えると，OECDの貧困率算定指標である相対貧困はもちろん最低生活費を基準とした絶対貧困（2013年現在月57.2万ウォン）からも抜け出すことが難しいと主張している．

しかしながら，韓国政府が基礎年金制度を高齢者の所得保障手段として今後も持続させるためには，何よりも財政の確保が不可欠である．国会予算政策処が2014年11月17日に発表した「2015年予算案分野別分析報告書」によると，基礎年金に対する 国や地方自治体の財政負担は，急速な高齢化や物価上昇により，2018年の各々 9.1兆ウォン，12.2兆ウォンから2040年には各々 74.5兆ウォン，25.5兆ウォンまで増加することが予想されている[14]．基礎年金の給付額の増加は，結局国民の税金に対する負担につながるので，制度の改正なしで現在の制度をそのまま維持すると制度の持続可能性が低くなるだろう．したがって給付の対象を，低所得者，例えば所得水準が貧困線以下の低所得高齢者に絞り，より手厚い給付を行うなどの工夫が必要である．国民から集めた税金が政権維持のためにばらまかれるのではなく，より経済的支援が必要な高齢者に使われることを望むところである[15]．

13）　ユンソクミョン［2014］「基礎年金導入背景および予想効果」『Click経済教育』2014年1月号．

14）　地方自治体に対する国庫補助率を74.5％に維持した場合．

15）　金明中［2014］「韓国政府が基礎年金制度を導入――制度の仕組みと今後の課題」『基礎研レター』から引用．

16）　加入者が国民年金や特殊職年金からの給付を得るために必要な期間である．

図 6-14　社会保険徴収業務の統合前後の比較

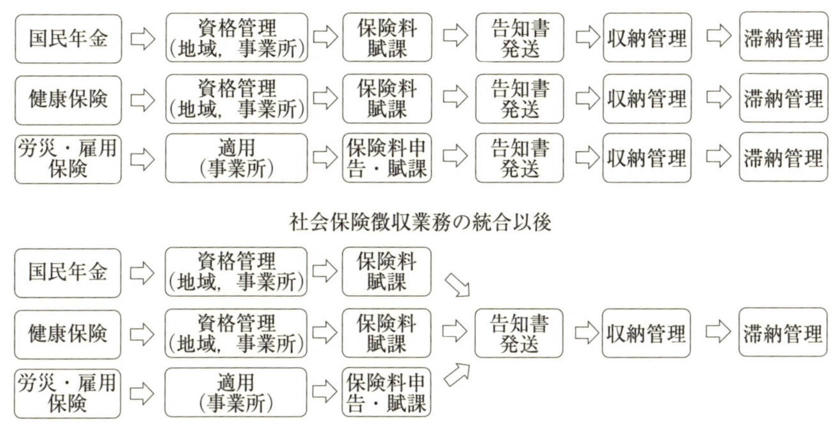

（出所）　保健福祉部「社会保険徴収業務」ホームページ.

公的年金連携制度の実施

韓国政府は，高齢者の年金受給権や老後の所得を保証する目的で2008年から公的年金連携制度を実施している．既存の年金制度では，被保険者が受給資格期間[16] 20年を満たさず，転職などの理由によって既存の年金制度から脱退，移動した場合には，他の年金制度に加入しても年金の受給資格期間を満たさなかったという理由で各制度から一時金だけが支給され，加入者の年金権や所得が十分に保障されていなかった．しかしながら，公的年金連携制度の実施によって被保険者は受給資格期間20年を満たさなくても，加入していたすべての年金制度の加入期間を合算してそれが20年以上になった場合には，通常の老齢年金がもらえる仕組みに変わった．

社会保険徴収業務の統合[17]

韓国では雇用保険制度が導入された1995年から社会保険制度の統合の話が出てから，2009年に社会保険徴収業務と関連する 6 つの法律の改正作業が進み，2011

17）　ソルジョンゴン［2010］「4 大社会保険の徴収統合推進現況と今後の計画」『保健福祉フォーラム』を参照して筆者作成.

18）　健康保険，年金，雇用保険，労災保険.

表6－9　2011年4大社会保険の徴収実績比較

（単位：%，%p，億円）

区分	2011年徴収率	比較分析							
		目標徴収率	増減率徴収額	前年徴収率	増減率徴収額	3年平均徴収率	増減率徴収額	5年平均徴収率	増減率徴収額
合計	97.3	96.9	0.4↑	97.1	0.2↑	96.8	0.5↑	96.5	0.8↑
			3,164		1,229		3,340		5,817
健康保険	99.2	98.4	0.6↑	99.1	0.1↑	98.6	0.6↑	98.2	1.0↑
			2,761		456		2,102		3,419
国民年金	94.8	94.7	0.1↑	94.6	0.2↑	94.7	0.1↑	94.5	0.3↑
			155		440		156		727
雇用保険	98.9	98.6	0.3↑	98.5	0.4↑	97.9	1.0↑	97.3	1.6↑
			119		164		436		707
労災保険	97.9	97.6	0.3↑	97.5	0.4↑	96.3	1.6↑	95.5	2.4↑
			129		169		646		964

（出所）　国民健康保険公団［2012］「4大社会保険徴収統合1年」.

年から4大社会保険[18]徴収業務を一元化し健康保険公団で運営・管理している．次は徴収業務が統合されるまでの流れである．

2008年4月22日：関係長官会議等で徴収業務だけを健康保険公団に委託する方案を決定．→国民の受容性，制度の安全性を考慮．

2008年7月17日：徴収統合の推進業務を国務総理室から福祉部に移管．

→根拠：社会保険徴収統合推進企画団構成及び運営に関する規定．

2008年8月11日：公的機関先進化推進過程で「公的企業先進化推進計画（第1次)」に含めて推進．

2009年6月4日：社会保険発展と徴収統合のための政労使合意．

→福祉部長官，労働部長官，3大公団理事長，3つの労組委員長が署名．

2010年1月27日：社会保険徴収統合関連法律改正完了．

2011年1月1日：4大社会保険徴収業務一元化（図6－14）．

→4大社会保険の徴収業務を一元化し健康保険公団に委託．資格管理，賦課，給付関連業務は既存のとおり，各公団で実施．

4大社会保険の徴収業務の統合によって，①被保険者の保険料納付の簡素化，②事業主の事務簡素化とそれによる費用の節減，③各社会保険公団の運営費節減と余剰人材の活用による社会保険サービスの改善，④徴収費用の節減という効果が発生することが期待されている．では，効果はあったのだろうか．国民健康保

表6-10　財産の差し押え件数の変化

（単位：千件，％）

区　分	2011年					前年実績	増減（増減率）
	合　計	不動産	自動車	預　金	その他		
国民年金	327	12	39	230	46	171	156（91.2↑）
雇用保険	275	12	40	176	47	146	129（88.4↑）
労災保険	281	12	41	180	48	229	52（22.7↑）

（出所）国民健康保険公団［2012］「4大社会保険徴収統合1年」.

険公団が，2012年3月に発表した「社会保険徴収業務の統合1年後の効果」では，社会保険徴収業務の統合は，告知・収納業務の効率化，事業費の節減，徴収実績の向上などに寄与していると説明している.

4大社会保険徴収業務の統合が被保険者に与えた最も大きな影響は，4大社会保険の各公団別に告知されていた保険料が1枚の紙にまとまって告知されたことであり，その結果被保険者は4大社会保険の保険料納付を1回ですませることになった．また，保険料の納付方式も既存の告知書，自動振込，インターネットバンキング，インターネットジロ[19]，仮想口座，CD/ATM以外に，コンビニ支払い，モバイル決済，無請求書[20]，統合徴収ポータル（インターネット）が追加され，納付者にとってはより納付しやすい環境が提供されることになった.

さらに，社会保険の徴収管理対象事業所が統合以前の322万カ所から142万カ所に減ったことは，保険料の滞納事業所をより効率的に管理することになったと言えるだろう．このような努力の結果であるだろうか．保険料の徴収率は社会保険の徴収業務を統合する以前の2010年の97.1％から2011年には97.3％に上昇した（表6-9）.

また，不動産，自動車など健康保険公団の幅広い情報が利用できることにより，国民年金，雇用・労災保険の未納事業所に対する財産の差し押さえ件数も増加することになった（表6-10）.

徴収を担当するステップは統合以前の3,062人から2,541人に521人が減り，人件

19）請求された公共料金をインターネットサイトで納付する仕組み.

20）請求書を持参しなくても，本人であることが確認できる住民登録証を銀行に提示し公共料金を納付する方法.

図６-15　積立金や積立倍率の推移

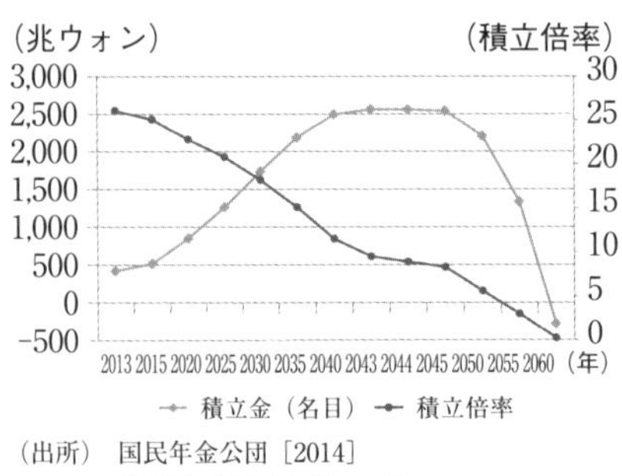

(出所)　国民年金公団［2014］『国民年金統計年報 2013』.

図６-16　国民年金基金の財源の構成

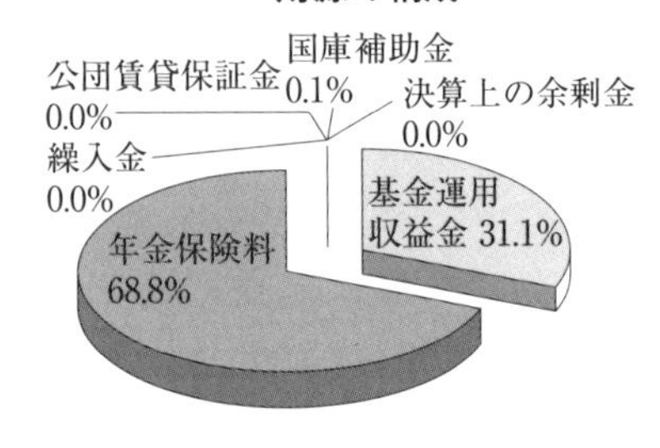

(出所)　国民年金公団［2014］『国民年金統計年報 2013』.

費286億ウォンが節減することになり，請求費用も年間122億ウォンが減少することになった.

基金運用

国民年金公団は，国民年金の積立金を体系的で専門的に管理・運用するために1999年に「基金運用本部」を設置した．基金運用本部は，本部長やファンドマネジャー 22人と資金管理や企画担当17人の合計40人で出発し，現在は156人まで増員している．さらに，海外株式やオルタナテティブ投資の業務を強化する目的で2015年までに関連分野の専門家65人を増員する計画である.

2003年に100兆ウォンを超えた国民年金基金の積立金は，2014年７月末には453兆ウォン（積立倍率26.1）まで増加しており，2044年には2,562兆ウォン（積立倍率9.5）まで増加することが予想されている．しかしながらその後は年金を受給する高齢者が増加することにより積立金は減少し続け，2060年には積立金が枯渇されると予想されており，年金財政に対する対策が求められている状況である（図６-15)．国民年金基金の財源は68.8%の保険料と31.1%基金運用収益金で構成されている（その他0.1%程度，図６-16).

国民年金基金の運営状況を見ると，2013年現在92.8%が国内部門で，7.2%が海外部門で運営されている（図６-17)．その中身を見ると，国内債券の割合が55.8%で最も多く，次が国内株式（19.7%)，海外株式（10.4%)，オルタナティブ投資（9.4%）の順である（図６-18).

基金運用本部は，国民年金基金の安定的な運営やリスク分散のために，国内債

図 6 -17　国民年金基金の運営状況（国内と海外）

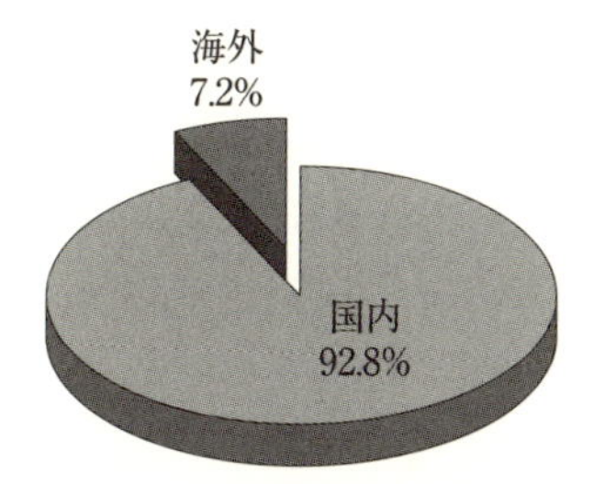

（出所）　国民年金公団［2014］『国民年金統計年報 2013』.

図 6 -18　国民年金基金の運営状況（詳細）

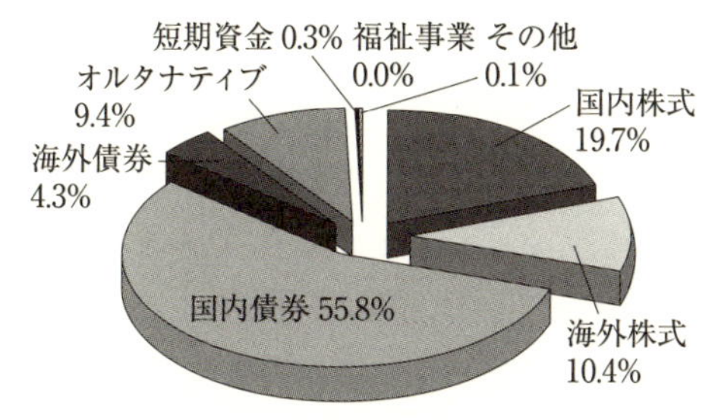

（出所）　国民年金公団［2014］『国民年金統計年報 2013』.

図 6 -19　海外投資やオルタナティブの対国民年金基金比の動向

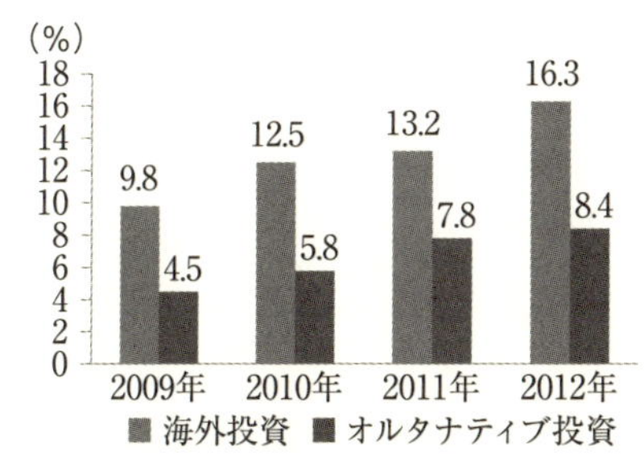

（出所）　国民年金公団［2013］『国民年金統計年報 2012』.

表 6 -11　国民年金基金の2019年末資産配分（案）

区　分	2013年末 金額（兆ウォン）	2013年末 割合（%）	2019年末 割合（%）
株式	128.3	30.1	35% 以上
国内株式	83.9	19.7	20% 以上
海外株式	44.4	10.4	15% 以上
債券	257.8	60.4	55% 未満
国内債券	239.3	56.1	50% 未満
海外債券	18.5	4.3	10% 未満
オルタナティブ	40.3	9.5	10% 以上
合計	427	100	100%

（出所）　保健福祉部［2014］「国民年金の今後５年間の戦略的資産配分」５月23日報道資料.

権の割合を減らす代わりに，国内外の株式とオルタナティブ投資の割合を拡大する等，年金基金のポートフォリオの多様化を推進している．実際，国民年金基金に占める海外投資とオルタナティブ投資の割合は2009年の9.8％と4.5％から，2012年には16.3%と8.4%まで増加している（図 6 -19）.

さらに，2014年５月に開催された「国民年金基金運用委員会」では，2019年を目標とする中期（2015～19年）資産配分（案）について議論を行い，今後５年間の目標収益率を５％に定め，目標収益率を達成するための年金基金の最適ポートフォリオを株式35％以上，債券55％未満，オルタナティブ10％以上にする方針を固めた（表 6 -11）[21].

21）　保健福祉部［2014］「国民年金の今後５年間の戦略的資産配分」５月23日報道資料.

4　結論

2012年における韓国人の平均寿命（男性78歳，女性85歳）は，81歳で国民年金が導入された1988年の70.03歳（男性66.31歳，女性74.57歳）に比べると10歳以上も長生きすることになった．しかしながら1997年のアジア通貨危機や最近の経済のグローバル化などの影響などで50歳前後に非自発的に会社を辞めることが多く，高年齢者は20～25年という老後に対する公的あるいは私的な準備が必要である．1988年に導入された，国民年金制度は満額の年金を受給するためには40年という加入期間が必要であり，2028年になってからはじめて，国が約束した所得代替率によって満額の給付が受けられる．しかしながら所得代替率は国民制度が導入された以降，継続的に引き下げられ，満額を受給しても将来年金給付だけで健康で文化的な生活が保障できるとは言い切れない状況である．

また，公的所得保障制度が十分ではなかった時代には子女からの経済的支援によって生活をすることが一般的だったが，出生率が低下し核家族化が進んだ現在においては子女からの経済的支援を期待することもなかなか難しくなったのが現実である．

特に，国民年金が給付面で成熟の段階に入る2028年以前に退職を迎えるベビーブーム世代の老後所得を国としてどのように保障すべきであるのかについて十分な検討が行われるべきである．

また，ベビーブーム世代の退職や少子高齢化の進行によって急速に増えることが予想される給付額をどのように確保し，将来の年金財政安定化をどのように構築すべきかを検討することも重要である．すでに国民年金制度は1998年と2007年に財政安定化のための年金法の改正を行った経緯がある．すなわち，1998年の改正では所得代替率が既存の70％から60％に調整され，年金の受給開始年齢も60歳から段階的に65歳まで引き上げることが決まった．2007年改正では，所得代替率を追加的に調整し長期的に2028年には40％まで引き下げることになった．それにもかかわらず，2008年の財政計算によると国民年金の積立金は2060年に枯渇することが予想されている．

日本より40年以上遅れて導入された韓国の国民年金制度でも，日本がすでに経験した問題点が少しずつ現れており，日本が実施した改革が行われている．財政再計算による保険料率の引き上げや所得代替率の引き下げなどがその例である．さらに，日本を上回る少子高齢化の速さは，より迅速な年金制度の改革を要求しているかもしれない．その過程でまだ日本が実施していない新しい政策が出る可能性もある．社会保険徴収業務の統合や基礎年金の導入がその例である．

公的年金制度の改革とともに，労働市場の改革も大事である．多数の若者や女性，そして高齢者が労働市場で十分に活躍しておらず，彼らの多くは，非正規労働などの不安定労働者として労働市場に参加しているケースが多い．彼らにとっては将来の所得保障より現在の所得保障がより大事な問題であるかもしれない．

現在の年金制度を持続可能な制度にするためには何より，雇用を拡大し雇用の安全性を維持させることが大事であるだろう．今後，韓国政府がどのような雇用政策を行い，年金制度を維持していくのか，今後の動きに注目するところである．

【参考文献】

［日本語文献］

大沢真知子・金明中［2009］「労働力の非正規化の日韓比較――その要因と社会への影響」『ニッセイ基礎研所報』Vol. 55, Autumn.

大沢真知子・金明中［2010］「経済のグローバル化にともなう労働力の非正規化の要因と政府の対応の日韓比較」『日本労働研究雑誌』No. 595, 特別号.

大沢真知子・金明中［2014］「韓国の積極的雇用改善措置制度の導入とその効果および日本へのインプリケーション」RIETI Discussion Paper Series, 14-J-030.

金明中［2012］「韓国の失業率は本当に低いのか？――非労働力人口の割合などが高いのが原因」『ニッセイ基礎研REPORT』２月号.

金明中［2013］「韓国における積極的雇用改善措置制度の効果――女性の雇用改善や地位向上に与えた影響」『研究員の眼』２月14日.

金明中［2013］「特集：グローバル景気後退と各国の失業者支援政策――韓国における雇用保険制度と失業者支援政策の現状」『海外社会保障研究』No.183, pp. 36-58.

金明中［2014］「韓国における女性の労働市場参加の現状と政府対策――積極的雇用改善措置を中心に」『日本労働研究雑誌』特別号, No.643, pp. 92-104.

金明中［2014］「若者たちの悲鳴――韓国における教育事情と若者雇用を取り巻く現状と対策」『基礎研レポート』６月13日.

金明中［2014］「韓国政府が基礎年金制度を導入――制度の仕組みと今後の課題」『基礎研レター』, 11月21日.

［韓国語文献］
キム・ユソン［2013］「韓国の非正規雇用の規模とその実態」.
キム・ボクスン［2014］「65歳以上老人人口の雇用構造及び所得」『月刊労働レビュー』10月号.
雇用労働部［2012］「積極的雇用改善措置制度の男女労働者現状分析結果（2012年）」.
雇用労働部［2013］「事業所1778カ所，男女労働者雇用現況」9月23日公表資料.
国民健康保険公団［2012］「4大社会保険徴収統合1年」.
国民年金公団［2014］「国民年金統計年報2013」.
国防部［2014］「2013年度軍人年金主要統計図表」.
ジャン・ジヨン［2003］『高齢化時代の労働市場と雇用市場Ⅰ』韓国労働研究院.
私立学校教職員年金公団「2009年統計年報」.
ソルジョンゴン［2010］「4大社会保険の徴収統合推進現況と今後の計画」『保健福祉フォーラム』.
中央労働委員会［2013］『調整と審判』夏号.
統計庁「経済活動人口調査」各年度.
保険未来フォーラム［2010］『年金の進化と未来』.
保健福祉部［2013］「統計でみた2012年度基礎老齢年金」.
保健福祉部［2014］「国民年金の今後5年間の戦略的資産配分」5月23日報道資料.
ユンソクミョン（2014）「基礎年金導入背景および予想効果」『Click経済教育』1月号.
［英語文献］
OECD［2013］*Employment Outlook 2013.*
Osawa, Machiko, Myoung Jung Kim, and Jeff Kingston［2013］“Precarious Work in Japan”, *American Behavioral Scientist*, March, 57（3）：pp. 289-308.

第7章
公務員の年金と雇用

関　ふ佐子

1　公務員と民間被用者の年金制度

厚生年金の対象を公務員と私学教職員にも拡大する形で，被用者年金を一元化する改革が行われ，2015（平成27）年10月から全面的に施行される．2階部分の公的年金は厚生年金に一元化される．これに伴い，共済年金の3階部分（職域部分）は廃止され，「退職等年金給付（通称，「年金払い退職給付」）」が創設される．歴史的に見ても大きな改革が進行しており，本改革は多くの公務員の働き方に影響を及ぼしうる．そもそも，公務員の年金制度は，公務員固有の制度として誕生し，民間被用者の年金制度とは区別されながら，公務の特殊性を加味して発展した．本改革は，この公務員の年金制度の性格を根本的に変えるのであろうか．改革の内容を検証する必要がある．

この点，年金制度の研究と言うと，民間被用者の年金制度に関する研究が中心を占めており，公務員の年金制度に関する研究は，制度や改正の紹介を超えて本格的に考察した研究が乏しい．とりわけ，法学の観点からの研究は[1)]，公務員の1階部分の年金が基礎年金制度に一元化され，3階部分の職域年金が創設された1986（昭和61）年の改革に際して若干見られるものの（坂本［1986］），その後は下火となっている．これは，社会保障制度全般についても言え，坂本重雄の研究以降（坂本［1969，1983］），年金も含めた公務員の社会保障法制に関する本格的な研究は行われていない．そこで，本稿では，こうした公務員の年金をめぐる法制度について，その性格から再検証し，公務員特有の唯一の年金給付となった退職等年金給付を中心に，改革の内容と課題について考察したい．

1）　経済学など他分野の研究は別途ある（神代［2013a, 2013b］，山崎［2012］など）．

このため本稿では，まず第2節で，恩給制度に始まった公務員の年金制度の沿革を昨今の改革に至るまで整理する．次に第3節で，その後の議論の前提として，公務の特殊性を公務員が負う義務などから確認する．第4節では，今回の改革の概要を整理するとともに，退職等年金給付をめぐる法の構造を確認し，本改革の全容を明らかにする．第5節では，改革の前提となった官民比較のあり方について検討する．そして，第6節では，退職等年金給付の性格などを検証し，公務員の年金制度の将来像を考察する．

なお，国家公務員と地方公務員の年金制度をめぐっては，それぞれ個別の論点があるところ，本稿では，国家公務員の年金制度を中心に検討を進め，地方公務員固有の論点の検討は将来の課題としたい．

2　年金制度の沿革

2.1　恩給制度

わが国の共済年金制度は，戦前の恩給制度にその歴史的起源を持つ（坂本［1969］, p. 37以下；坂本［1983］, p. 2以下；林・小林［1976］, p. 3以下）．恩給制度は，わが国で最も古い年金制度であり，軍人に対する1875（明治8）年の海軍退隠令および1876（明治9）年の陸軍恩給令に始まった．政府職員に対する恩給制度は，1883（明治16）年の官吏恩給令を起点としている．1890（明治23）年には官吏恩給法と軍人恩給法が定められ，当初は，軍人，官吏，教職員などを個別に対象としていた．46存在した法律と勅令による関係法規が，1923（大正12）年には恩給法（大正12年法律48号）として統合され，1933（昭和8）年の改正を経て戦後に及んだ．

恩給制度は，軍人，官吏などの永年勤務に対する恩恵として，または慈恵的特権的待遇として，本人もしくは遺族に年金か一時金を支給した．他方で，国に対する無定量の服従義務の精神を培養する役割を果たし，官僚機構を維持するための人事管理制度の一環としての性格を持っていた（坂本［1983］, p. 23，註2）．

第2次大戦後の被占領下では，軍人軍属およびその遺族に対する恩給は停止されたが，占領終了後に復活した．1948（昭和23）年には国家公務員共済組合法（昭和23年法律第69号，以下，「国公共済法」）が制定されたものの，これは各省庁の共済組合などが実施してきた退職年金制度を一本化したもので，官吏のための恩給法はそのまま存続した．その後，国公共済法が1958（昭和33）年に全面的に改正され（昭和33年法律第128号），これにより，恩給は，共済組合の長期給付である共済年金に切り替えられた．

恩給制度は，1956（昭和31）年の公共企業体職員等共済組合法，1958（昭和33）年の国公共済法，および1962（昭和37）年の地方公務員等共済組合法により，公務員等共済組合制度に移行した．恩給法は存続したものの，これらの法律の移行時期までの退職公務員などに対する恩給給与の根拠法としての役割を担うのみとなった．2014（平成26）年現在，恩給の受給者（予算人員）は約57万人となっている（総務省［2014］）．

2.2 国家公務員共済制度

以上のとおり，恩給制度が適用されていた国家公務員には，1958（昭和33）年に改正された国公共済法が施行されて以降，共済年金が支給されることとなった．

国家公務員の年金制度は，国公共済法に加えて，国家公務員法（以下，「国公法」）によって定められている．国公法は，職員が，相当年限忠実に勤務して退職した場合，職員に支給する年金に関する制度が樹立し実施せられなければならないと定めている（107条）．この点，国公共済法は，「この法律は，国家公務員の……退職……に関して適切な給付を行うため，相互救済を目的とする共済組合の制度を設け……もって国家公務員及びその遺族の生活の安定と福祉の向上に寄与するとともに，公務の能率的運営に資することを目的とする．」（以下，傍点は筆者加筆）と定める（１条）．そして，本法律の規定による長期給付の制度は，国公法107条に規定する年金制度とすると定めている（126条の６）．

国公共済法のコメンタールは，法の「国家公務員及びその遺族の生活の安定と福祉の向上に寄与する」という部分は，「共済組合が，実質的に，……厚生年金保険の代行的役割を果たすとともに，福祉事業については国の役割をも代行する面を有することを示す」と解している（林・小林［1976］, p. 10）．また，法の「公務の能率的運営に資する」という部分は，「共済組合制度が，公務の能率的な運営に資するため，国家公務員の勤務の特殊性にふさわしい給付を行う職域的な社会保険制度であるべきことを明らかにしている．」と説明する．

また，元人事院総裁の佐藤は，「退職年金制度が設けられている目的は，『国民全体の奉仕者』として，国民に信頼され，中立，公正な行政執行を期待される国家公務員の退職後の生活保障を行うことにより，職員に安心して公務に精励する意欲をもたせるとともに，組織の新陳代謝を容易にすることを通じて，公務の能率的運営を実現することにある．」と説明する（佐藤［2009］, p. 202）．

戦前からの伝統を持つ共済年金制度は，公務という特殊職域を対象としており，「民間のそれ（年金制度）に対し有利性をもつ反面，公務員の労働者性および労使対等の原則を否定されたまま，戦後の社会保障制度の一環として組み込まれた」ととらえられている（坂本［1983］, p. 3）．同制度では，一方で，職場における懲戒処分を理由とした給付制限を設け（国公共済法97条，同施行令11条の10），中立・公正な行政執行の代償として退職後の生活を保障した．他方で，職員が退職し，組織の新陳代謝を容易にすることも目的とされた．共済年金制度には，忠実な勤務の遂行および公務の能率的な運営といった雇用管理という側面と，老後保障という社会保障の側面の双方の機能が盛り込まれてきた．

2.3　被用者年金制度の一元化

無定量の服従義務を負った戦前の官吏法制とは異なり，基本的人権は原則として公務員にも保障され，例外的に公共の福祉のために制約が認められるのみである．国公法105条に，「職員は，職員としては，法律，命令，規則又は指令による職務を担当する以外の義務を負わない．」と規定され，公務員の労働者としての側面が認められるようになった．恩給が廃止され定年制が導入されるなど，公務員の特権は廃止され，給与の民間準拠が行われ，雇用法制において官民の接近現象が進行していった（宇賀［2010］, pp. 284, 315）．

被用者年金制度の一元化については，厚生年金より共済年金のほうが有利であるとして，1974（昭和49）年ごろから議論されてきた（坂本［1983］, p. 7 以下）．官民格差への批判が出始めた以前は，共済年金の平均受給額は厚生年金の約2倍と言われていた．その後，厚生年金の充実と相まって，給付額の格差は縮小していった．とはいえ，給付水準に加えて年金支給開始年齢の差，さらには天下り高級官僚への給付制限について，大蔵省を中心に改正が検討された．

同時に，恩給に由来する恩恵としての報償という性格を弱め，厚生年金と同様の社会保障制度としての機能を高めるべきとの指摘もなされた．国家公務員共済組合審議会会長の今井一男は，1975（昭和50）年に次のメモを審議会に提出した

（坂本［1983］, p. 9）.「①恩給は論功行賞に重きをおき現役時代の賃金格差が退職後にもちこまれるが，社会保障の考え方のもとでは生活保障の比重を増して定額制の導入が合理的で，20年を超える分の支給率アップは若干下げるべきだ，……」

1979（昭和54）年12月21日には，国公共済法が改正され，退職年金などの支給開始年齢が55歳から60歳に引き上げられ，年金の繰り上げ支給における減額率が改定され，高所得の年金受給者への支給制限が設けられた．さらに，1984（昭和59）年２月の閣議決定で，1995（平成７）年を目途に公的年金制度の一元化を完了させるという目標が掲げられた．

共済年金一本であった公務員の年金制度が大きく変わったのは，1986（昭和61）年４月の全国民を対象とした基礎年金制度と公務員独自の３階部分としての職域年金の創設による．その後，1997（平成９）年４月には，JR共済，JT共済およびNTT共済が厚生年金に統合され，2002（平成14）年４月には農林漁業団体職員共済組合が厚生年金に統合された．

こうした経緯を経て，制度の安定性・公平性を確保し，公的年金全体に対する国民の信頼を高めることを理由に，共済年金制度を厚生年金制度に合わせる方向を基本とした公務員も含めた被用者の年金制度の一元化が2006（平成18）年４月28年に閣議決定された．被用者年金制度の一元化に関する法は，2007（平成19）年の第166回国会に提出されたが，衆議院解散に伴い廃案となった．その後，2012（平成24）年２月17日に閣議決定された「社会保障・税一体改革大綱について」において，被用者年金一元化が定められた．

これを受け，社会保障・税一体改革の関連法案として，年金制度の一元化を定める法案が提出された．「被用者年金制度の一元化等を図るための厚生年金保険法等の一部を改正する法律（平成24年法律第63号，以下「被用者年金一元化法」）」は2012（平成24）年８月10日に成立した．この法律は，1986（昭和61）年の基礎年金制度の創設以上に，公務員の年金制度を大きく変えた．歴史的に見て，公務員の年金制度における最も主要な改革と位置づけられよう．

被用者年金一元化法は，共済年金の職域部分を廃止し，同時に新たな年金制度を創設することも規定した．具体的には，「この法律による公務員共済の職域加算額（……退職共済年金の職域加算額，障害共済年金の職域加算額及び遺族共済年金の職域加算額……）の廃止と同時に新たな公務員制度としての年金の給付の制度を設けることとし，……」と定めた（附則2条）.

2.4　退職等年金給付の創設

今回の改正は，2011（平成23）年3月に公表された人事院による「民間の企業年金及び退職金の調査（以下，「官民比較調査」．人事院［2012a, 2012b］）」が提示した官民格差の数値を契機としている．官民比較調査は，民間の退職金と企業年金の合計額と公務員の退職手当と3階（職域）部分の合計額を比較し，官民格差は402.6万円になると報告した．この官民比較調査と被用者年金一元化法附則2条の規定を踏まえ，「共済年金職域部分と退職給付に関する有識者会議（以下，「有識者会議」）」が設けられた（共済年金職域部分と退職給付に関する有識者会議［2012a, 2012b］）.

有識者会議の報告書などに基づき，「国家公務員の退職給付の給付水準の見直し等のための国家公務員退職手当法等の一部を改正する法律（平成24年法律第96号，以下，「国家公務員退職手当法等の一部改正法」）」が2012（平成24）年11月26日に制定された．この法律により，国家公務員退職手当法が改正され，国家公務員の退職手当の支給水準が引き下げられるとともに，国公共済法が改正され，退職等年金給付（年金払い退職給付）が設けられた．この法律は，2015（平成27）年10月から施行される．地方公務員については，「地方公務員等共済組合法及び被用者年金制度の一元化等を図るための厚生年金保険法等の一部を改正する法律の一部を改正する法律」が制定され，同じく2015（平成27）年10月から施行される.

有識者会議では，官民格差の存在を大前提に議論が進められ，まず格差の解消を一時金である退職手当の支給水準の段階的な引き下げにより行うことが確認された．3階部分については，被用者年金一元化法附則2条が「新たな公務員制度としての年金給付の制度を設ける」と規定していたものの，有識者会議では，退職給付の全額を退職手当として支給すべきという見解も出された．結局，全額を退職手当として支給しても，退職給付の一部に年金制度を導入しても，官民調整が行われる仕組みからすると，いずれも民間と同じ退職給付の水準となり，公務員の退職給付への税投入水準は変わらないとして，年金払い退職給付（退職等年金給付）の創設が提言された．そして，議論の争点は，退職給付の水準が一定の中での，退職手当と年金との間での退職給付総額の配分方法，および年金の仕組みの設計方法に移っていった．

新たな年金制度を確定給付型と確定拠出型のいずれの制度とするかという点もさかんに議論された．確定拠出型については，権限に基づく情報入手によるインサイダー投資などが懸念される．そこで，公務員が投資教育を受けたり年金の資産運用に配慮したりすることなく，服務規律を維持し，高いモラルをもって公務に専念できるような柔軟な制度を設計すべきとして，岡田副総理が当初支持した確定拠出型の年金制度の導入は見送られた．結局，年金財政の健全性を堅持する観点から，キャッシュ・バランス方式の導入が提言された．

このほか，遺族・障害年金の取り扱いも焦点となったところ，共済年金の職域部分との違いを明確にするために，年金額を抑制する見解が支持され，公務上障害・遺族年金を除いて，障害・遺族年金制度は廃止されることとなった．退職等年金給付の具体的な内容や従来の職域部分との違いは，4.3「退職等年金給付の概要」でより詳しく検討する．

3　公務の特殊性

3.1　公務員の義務

公務員の年金制度の性格は，公務の特殊性に左右されうるため，年金制度と関連する限りで，公務員が負う職務上の義務の内容をここで確認しておく（宇賀［2010］, p. 384以下；佐藤［2009］, p. 100以下；坂本［1983］, p. 39以下）.

公務員は，第1に，憲法15条2項に基づき，「全体の奉仕者として，公共の利益のために勤務」するという一般的な誠実義務を負う（国公法96条，地方公務員法（以下，「地公法」）30条）.

第2に，職務専念義務を負う．公務員は，「その勤務時間及び職務上の注意力のすべてをその職責遂行のために用い，政府がなすべき責を有する職務のみに従事しなければならない」（国公法101条，同趣旨：地公法35条）．この全力をあげて職務の遂行に専念する義務と関連して，兼職および重複給付の原則的禁止も定められている（国公法101条1項後段）.

兼業などの規制として，公務員には，私企業からの隔離が義務づけられている．公務員は，「所轄庁の長の申出により人事院の承諾を得た場合」を除いて（国公法103条２項),「商業，工業又は金融業その他営利を目的とする私企業を営むことを目的とする会社その他の団体の役員，顧問若しくは評議員の職を兼ね，又は自ら営利企業を営んではならない」(国公法103条１項，同趣旨：地公法38条１項).

第３に，公務員は，「職務上知ることのできた秘密を漏らしてはならない．その職を退いた後といえども同様と」いう秘密保持義務を負う（国公法100条１項，同趣旨：地公法34条１項)．この退職後も公務員に課せられている秘密保持義務の存在は，共済年金が厚生年金よりも優位する理由とされてきた.

3.2　雇用管理と再就職

民間においては，契約上特段の義務を負っている場合などを除いて，退職後の再就職は自由である．他方，公務員には職業選択の自由は無制限に保障されない．権限と予算を背景とした押付け的な再就職のあっせんなどが行われ公務の公正中立性が阻害されないよう，国公法は各種の退職管理について定めている（宇賀[2010], p. 404以下)．各府省職員などによる職員の再就職あっせんは禁止され(国公法106条の２第１項)，内閣府に2008（平成20）年に設置された官民人材交流センターが離職後の就職の援助を一元的に行うこととなった（国公法18条の５第１項，18条の６，18条の７第１項)．しかし，本制度はいまだ十分に機能しているとは言えない．官民人材交流センターは，(1) 職員の離職に際しての離職後の就職の援助，(2) 官民の人材交流の円滑な実施のための支援を行う．しかし，(1) については，2009（平成21）年９月以降は，組織の改廃などに伴い離職せざるをえない場合を除き，行わないこととなった.

早期退職募集制度の施行に併せて，2013（平成25）年10月から民間の再就職支援会社を活用した再就職支援が行われてきた．６カ月間の実績でしかないものの，2013年度に，民間の再就職支援会社を活用した再就職支援が終了した者（支援期間が経過した者または再就職先が決まった者）はいない.

2014（平成26）年４月の国公法の改正により，「官民人材交流センターに委任する事務の運営に関する指針」(平成26年６月24日内閣総理大臣決定）が示された．これに基づき，上記 (1) の「職員の離職に際しての離職後の就職の援助」が再度行われることとなった.

このほか，公務員は，職務と利害関係を有する企業などに対する求職活動も原則として禁止されている（国公法106条の３第１項）．

年金の支給開始年齢の引き上げとともに，再任用制度の活用の拡大が図られているが，2014（平成26）年度の公務の再任用では，①短時間再任用が約71％，②定年前より職責の低い係長級・主任級のポストでの再任用が約85％，③補充的な業務の担当が一般的となっている（人事院［2014］, p. 35）．現在の定員管理や退職管理の下でのフルタイム・ポストの確保は難しく，再任用による所得の確保も十分に行われているとは評価しがたい．

寿命が伸びた昨今，充実した年金給付ないしは定年年齢後の就労により所得が保障されなければ，晩年の生活は安定しがたい．こうした中，従来の職種とは異なる新たな職を退職後に急遽見つけることは難しく，民間企業の被用者には，若・中年期から，人事交流やセカンド・キャリアなどを利用した，第２の就労先の開拓が求められている．この点，公務員の職務専念義務，兼業規制，退職管理などは，公務員の再就職を阻む壁となっている．年金制度のあり方を検討するにあたっては，公務員の再就職が民間企業の被用者の再就職より厳しい環境に現在は置かれている点が，高齢化の進行に伴いより検討を要する課題となる．

3.3　代償的機関としての人事院

公務員は，労働基本権と政治的行為が制限されている．恩給制度においては，恩給のすべてを政府が一方的に定め，その決定に公務員が対等の労働関係を前提に参加する形はとられていなかった．共済制度の確立以降も，予算編成期になされる恩給の増額は圧力団体向けの選挙対策として実現されたもので，その権利性が承認されたわけではないととらえられている（坂本［1983］, p. 44）．

この公務員の労働基本権や政治的行為の制限の代償として人事院が設置されており，生存権擁護のための措置を講ずる機能を果たすべく，公務員の給与や年金制度に関する勧告などをしている（国公法22条，23条，28条など，最大判昭48・４・25刑集27巻４号547頁，宇賀［2010］, pp. 303, 372）．「給与法定主義」（国公法63条）により，公務員の給与，勤務時間その他の勤務条件は法律で定める一方，勤務条件は，社会的，経済的な情勢の変化に対応して改定されなければならないという「情勢適応の原則」が定められている（国公法28条，佐藤［2009］, p. 12）．賃金や退職給付は労使の交渉により決定されるべきところ，給与の法定主義が結果として公務員の不利益とならないよう制度上の調和が図られたのが代償的機関

表7-1　退職給付の最終年収に対する割合[2)]（2011年）

	アメリカ	イギリス	ドイツ	フランス	日　本
事務次官級	－	56.0%	67.8%	－	32.9%
局　長　級	72.3%	57.0%	67.8%	67.0%	36.3%
課　長　級	72.3%	58.2%	67.8%	67.0%	35.7%
課長補佐級	72.3%	63.1%	67.8%	67.0%	45.7%
係　長　級	72.3%	67.2%	67.8%	67.0%	49.1%

（出所）人事院［2012a］, p. 20参照.

である人事院制度である．さらに，情勢適応の原則を担保するために，人事院勧告という特別の手続きが定められたのである（森園・大村［2011］, p. 5）.

3.4　諸外国の公務員と退職給付

公務員の年金制度の性格を考察する前に，諸外国が公務員の退職給付をどのように位置づけているのかを確認する．表7-1にあるとおり，わが国では，諸外国に比べて，最終年収に対する退職給付の割合が低い.

こうした国では，公務の公平・中立な立場の確保，公務の特殊性（職務専念義務，私企業からの隔離，信用失墜行為の禁止など）という観点を加味して，年金額が設計されている．諸外国では，公務員は一般的に信用されておらず，汚職などに走らないよう，退職後の所得保障を充実させていると言われている．さらに，例えば，アメリカでは，公務員の退職給付は，貴重な能力を持った労働者の誘因を促し，かつ高齢の労働者が所得不足に陥ることなく引退できるように設けなければならないと説明されている（神代［2013b］, p. 1）.

3.5　職域年金と公務の特殊性

1985（昭和60）年に3階部分として共済年金の中に職域年金が設けられた改正において，6月18日の衆院本会議では，公務という職務上の特殊性を考慮する必要性と職域年金の設定の必要性について答弁されている[3)]．竹下登国務大臣は，

2）「退職給付の最終年収に対する割合」とは，勤続38年，年金満額支給年齢で退職した場合に受給する退職給付の退職前の最終年収に対する割合である.

3）昭和60年衆院本会議・共済年金職域部分と退職給付に関する有識者会議第4回資料3「昭和60年6月18日（衆）本会議答弁　吉井光照君（議事録抜粋）」.
http://www.gyoukaku.go.jp/koumuin/kaigi/dai4/siryo3.pdf（2014年11月参照）.

「公務員には，公務の公平，中立の立場の確保という観点から，職務専念義務，私企業からの隔離，信用失墜行為の禁止等服務上種々の特別の制約があります．したがって，共済年金制度のあり方を考えるに当たっても，社会保障としての公的年金部分のほかに，公務という職務上の特殊性の面も考慮した配慮が必要であると認識をしておるわけであります．」

また，政府委員は，「今回の改正案の中の職域年金部分につきましては，公務の能率的運営に資するという観点から，公務員の身分上の制約等の特殊性，民間における企業年金の動向をもにらみながら，総合的に勘案して設定されたものと承知いたしております．公務員の退職年金制度が引き続き公務員制度の一環として機能するためには，このような公務の職域年金の設定は当然に必要であると考えております．」と答弁している．このように，職域年金が創設された当初は，3階部分は，公務の特殊性を加味した制度と位置づけられていた．

4 年金改革の全容

4.1 被用者年金一元化法

被用者年金一元化法により，2015（平成27）年10月より，厚生年金に公務員および私学教職員も加入し，共済年金と厚生年金の制度的な差異については，基本的に厚生年金にそろえて解消することとなった．すなわち，同じ報酬で同じ加入期間の場合，民間企業の被用者も公務員も，1・2階部分については，同じ年金額を受給するよう設計された．保険料については，共済年金の1・2階部分の保険料を引き上げていき，厚生年金の保険料率（上限18.3%）に統一される．他方，厚生年金事業の実施にあたっては，効率的な事務処理を行う観点から，共済組合および私学事業団が活用される．

なお，追加費用削減のため，恩給期間に係る給付が本人負担の差に着目して27%引き下げられた[4]．この点については，2014（平成26）年8月1日から施行されているが，一定の配慮措置が講じられている．

4） 恩給期間の給付の引き下げの課題などについては、「共済年金に関する最近の課題――恩給期間の年金額の減額(下)」『週刊行政評価』2584号（2014年2月27日）p. 2参照.

4.2 退職手当の引き下げ

国家公務員退職手当法等の一部改正法により，退職手当と年金をあわせた「退職給付」の官民均衡を図る観点から，退職手当の支給水準が引き下げられる．さらに，職域部分廃止後の官民均衡は，退職給付の一部として，退職等年金給付（年金払い退職給付）を設ける形で確保される（図7－1）．

具体的に見ると，図7－1にあるとおり，2011（平成23）年の官民比較調査によると，民間の退職給付の合計は2,547.7万円（企業年金1,506.3万円＋退職一時金1,041.5万円），公務員の退職給付の合計は2,950.3万円（共済年金職域部分243.3万円＋退職手当2,707.1万円）であった．両者の差は402.6万円であり，公務員の退職給付の合計額を民間と同額とするため，公務員の退職手当が引き下げられる（約14.9％）．2015年（平成27）10月に共済年金の職域部分が廃止されると，職域部分の経過支給が減る分，退職等年金給付（年金払い退職給付）が支給される．2060年ごろには，職域部分の給付は無くなり，退職等年金給付（年金払い退職給付）のみが支払われる予定である．この間も，退職手当と退職等年金給付の合計額が民間の退職給付の合計額と同額となるよう，退職手当が調整されていく．官民均衡を図るために法律上設けられた「調整率」は，段階的に引き下げられる．

図7－1　国家公務員退職手当法等の一部改正法

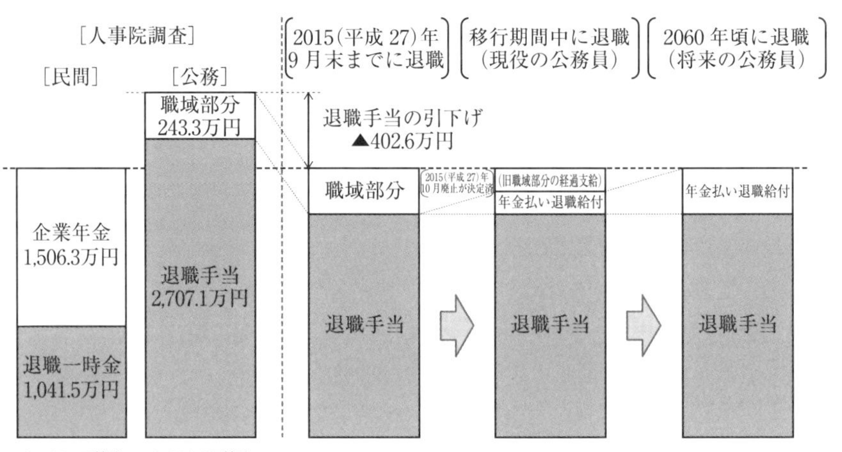

（出所）　総務省［2013］，p. 2より抜粋．

このほか，公務員の平均年齢が上昇している状況を踏まえ，年齢別構成の適正化を通じて組織活力の維持などを図るため，早期退職募集制度の導入などが行われた．定年前早期退職特例措置の適用対象年齢の下限は50歳から45歳とされ，割増内容は定年前１年につき一律２％から３％を上限とした割増に変えられた．こうした退職手当の支給水準の引き下げと早期退職のインセンティブ拡大により，退職給付の官民格差402.6万円の全額が解消される予定である．

4.3　退職等年金給付の概要

改正前の共済年金職域部分は，賦課方式の終身年金であり，モデル年金月額は約２万円であった．これに対して，退職等年金給付（年金払い退職給付）の退職年金は，半分が終身年金（終身退職年金），半分が有期年金（有期退職年金）となる（改正後国公共済法76条）．65歳から給付され（60歳まで繰り上げ可能），モデル年金月額は約1.8万円と想定されている．有期退職年金は，10年支給，20年支給，または一時金を選択できる（改正後国公共済法76条，79条の２）．本人が死亡した場合は，終身年金部分は終了し，有期年金の残余部分が遺族に一時金として支給される．財政は積立方式を採用し，給付方式は，キャッシュ・バランス型が採用された．キャッシュ・バランス型とは，毎月の報酬の一定率と利子を累積した給付算定基礎額を基礎に給付額を計算し，国債利回りや予想死亡率に連動する形で給付水準を決定することにより，給付債務と積立金とのかい離を抑制する仕組みである[5)]．保険料の追加拠出リスクを抑制したうえで，さらに，労使あわせた保険料率の上限が現在の職域部分の保険料率に相当する1.5％に法定され，現状以上の事業主負担が発生しない仕組みとなった．

公務に基づく負傷または病気により障害の状態になった場合や死亡した場合には，公務上障害・遺族年金が支給される．さらに，服務規律維持の観点から，現役時から退職後までを通じた信用失墜行為などに対する支給制限措置が導入され

---

5)　キャッシュ・バランス型は，確定給付型と確定拠出型の双方の特性を有するハイブリット型である．加入者ごとに一定の金額を仮想的に積み立てていき，その積立残高に対して一定の利率を基準金利として付与していくことによって，各加入者の給付額を算定する制度である．将来の給付型をあらかじめ決められた方式で算定し，それに向けた掛金拠出と運用を行っていくという意味では本質的には確定給付型と言えるが，国債利率などに基づいて決定される基準金利の変動を通じて，言わば自動的に給付水準の調整が図られる点が確定給付型にはない特徴である．

た．旧職域部分の未裁定者については，経過措置が規定されている．

従来の職域部分と退職等年金給付（年金払い退職給付）の相違点は，次のように説明されている．退職等年金給付の性格をどうとらえるかという点は後に詳しく検討するが，政府は，年金の性格について，従来の職域部分は，公的年金たる共済年金（社会保障制度）の一部と説明する一方，退職等年金給付は，退職給付の一部（民間の企業年金に相当）と説明している（土谷・加塩［2013］，pp. 38, 41）．次に，財政方式について，前者は現役世代の保険料収入で受給者の給付を賄う世代間扶養を行う賦課方式である一方（積立金があるため修正積立方式とも分類しうる），後者は将来の年金給付に必要な原資をあらかじめ保険料で積み立てる積立方式であると説明する．制度の創設にあたっては，従来の職域部分が保有する積立金は一切活用せず，ゼロから保険料を積み立てる形となっている．給付方式について，前者は現役世代の報酬の一定割合という形で給付水準を定める確定給付型である．他方，後者は年金の給付水準を国債利回りなどと連動させるキャッシュ・バランス型である．また，退職年金について，前者は終身年金である一方，後者は有期年金と終身年金を組み合わせる形となった．遺族年金について，前者は終身年金（退職年金の3/4）である一方，後者は有期年金の残余部分の一時金支給という形となった．保険料率について，前者は上限がない一方，後者は公務員の相互救済という観点から労使折半になるとともに，上限が設定され，労使合わせて1.5%と法定された．また，全額公費負担であった公務上障害・遺族年金制度も労使折半の枠内で導入されることとなった．さらに，公務に基づかない事由を理由とする，障害・遺族年金制度は廃止された．

4.4　退職等年金給付の法構造

公務員にとっては給付内容が切り下げられ保険料負担も上がった本改革の是非については，第6節で詳しく検討する．ここでは，退職等年金給付（年金払い退職給付）の性格を条文の構造などから確認しておく．

4.4.1　給付の名称

本改正で創設された3階部分の給付の名称は，法律上は「退職等年金給付」と明記されているところ，政府説明資料の影響もあり，通称である「年金払い退職給付」という名称が一般的に定着している．そのため，退職等年金給付は，退職手当の一部を年金化したものか，それとも年金給付なのかといった混乱を招いている．法律上の名称および法律が規定する給付内容（定期的・継続的に支払われる退職年金など）からすると，退職等年金給付は年金給付である．また，被用者年金一元化法は共済の職域加算の廃止を規定しており，退職等年金給付は従来の職域年金を振り替えたものではなく，新たな年金制度であるととらえられている．

3階部分のあり方について審議した有識者会議では，職域加算部分を廃止し新たに制度を設けるにあたって，新たな制度が単なる看板のかけ替えととらえられないよう，国民感情に配慮する必要性が唱えられた[6)]．職域加算は公務員を優遇し官民格差を生んでいるという声に対応した見解である．そこで，新制度が職域加算とは異なるというイメージを打ち出すために，制度の名称の審議に時間が割かれ，「年金払い退職給付」という通称が生まれたわけである．

4.4.2　改正法の構造

国家公務員退職手当法等の一部改正法は，「民間における退職給付の支給の実情に鑑み，退職手当の額を引き下げ……」，被用者年金一元化法「附則第2条の規定等を踏まえ，公務員共済の職域加算額の廃止に伴う退職等年金給付の導入……」などの必要があるとして提出された[7)]．これにより，国公共済法が改正され，退職等年金給付が第4章「給付」第3節「長期給付」第3款「退職等年金給付」に設けられた（改正後国公共済法74～93条）．退職等年金給付の種類は，退職年金，公務障害年金，公務遺族年金である（改正後国公共済法76条）．

この改正にあたって，職員が相当年限忠実に勤務して退職した場合に支給する年金制度を樹立し実施しなければならないと定める国公法107条，および国公共済法の長期給付の制度は国公法107条に規定する年金制度とすると定める国公共済法126条の6は改正されていない．また，改正後国公共済法72条は，「この法律における長期給付は，厚生年金保険給付及び退職等年金給付とする．」と定めている．さらに，退職等年金給付の給付算定基礎額の算定に必要な付与率は[8)]，「退

6)　第4回，5回，7回議事録参照（共済年金職域部分と退職給付に関する有識者会議［2012b］）．

7)「平成24年における改正，国家公務員退職手当法等の一部改正法（条文・理由）」内閣府「国家公務員退職手当法等の改正について」p. 123参照．

職等年金給付が組合員であつた者及びその遺族の適当な生活の維持を図ることを目的とする年金制度の一環をなすものであることその他政令で定める事情を勘案して，連合会の定款で定める」と規定されている（改正後国公共済法75条２項）．すなわち，「退職等年金給付」は，国公法が樹立と実施を定める「年金制度」に位置づけられている．

また，相互救済を目的とする共済組合の制度を設け，公務の能率的運営に資することを目的とするという，国公共済法の目的も維持されている（国公共済法１条）．公務員の２階部分の年金制度が厚生年金に一元化されると，３階部分のみが公務員固有の年金制度となる．そこで，退職等年金給付においても，従来の職域部分と同様に，能率的な公務の運営に資するよう，公務員制度の一環として，服務規律維持のための支給制限措置が導入され，公務上障害・遺族年金が設けられた．すなわち，共済年金の職域加算が廃止され退職等年金給付が創設されたものの，法律の構造から見て，３階部分である退職等年金給付の年金制度としての性格は変わっていないと言えよう．

5　官民比較の方法

5.1　比較対象とする民間企業の規模

人事院が，官民比較をしたうえで給与勧告などを行うのは，これが情勢適応の原則に沿い，利害の対立する関係当事者に対して説得性を持ち，ことに納税者である国民に納得されやすいからである（佐藤［2009］, p. 46）．官民比較は，退職給付の水準を定める際の主要な要素の１つである[9]．この点，国家公務員退職手当法等の一部改正法による退職手当の支給水準の引き下げと退職等年金給付の支給水準の設定は，人事院調査が提示した官民格差402.6万円の解消を目指して行われた．官民比較は退職給付の水準を定める際の主要な要素の１つにすぎないの

8）給付算定基礎額（退職等年金給付の給付事由が生じた日における当該退職等年金給付の額の算定の基礎となるべき額）は，標準報酬月額と標準期末手当等の額に付与率を乗じて計算される．

9）官民の均衡と人事院勧告制度の歴史的経緯などについて，詳しくは，西村［1999］参照．

にもかかわらず，この数字を金科玉条にして退職給付の額が決定されたのである．公務員に厳しい目が向けられており，官民格差を是正すべきとの声に政治は左右されたのであろう．そうであったとしても，公務員の退職給付の改革がこの数字のみで決められていいわけではない．さらに，公務員の給与や退職給付を算定する際の資料となる官民比較調査が及ぼす影響の大きさからしても，調査の方法や内容は常に検証していくべきであろう．ここでは，官民格差の数字により退職給付額を決定する仕組みの課題を検討し，官民格差の是正を法改正の主軸とする改革について問い，退職等年金給付の性格やあり方を考察する第6節に続けたい．

多様な観点から公務員と比較すべき民間企業の従業員は想定されるべきところ，企業規模で算出された数字を基準とすると，比較対象とする企業規模を変えれば，官民格差の前提となった数字は大きく異なってくる．例えば，企業規模1,000人以上の企業と比較すると，こうした民間企業の退職給付額は2,761.3万円であり[10)]，官民較差額は402.6万円（13.65%）ではなく189.0万円（6.41%）となる．民間の退職給付額を上回る公務員の退職手当の額が189.0万円であるとすると，較差を埋めるために調整すべき退職給付の額も変わってくる．

この点，国家公務員との比較対象として，企業規模50人以上の民間企業の従業員が適切か否かは争点となる．国家公務員の人数は，今回の官民比較を行った当時，約64万人であった（官民比較の対象となった行政職俸給表（一）適用職員は14万3,442人）．民間企業では，従業員数が最も多いトヨタ自動車で，その数は単体で6万9,125人であった．働く者の数からすると，例えば，従業員数1,000人以上，さらには5,000人以上の民間企業の従業員も比較対象の選択肢となろう．民間企業の平均と比較するのか，同規模の企業と比較するのか，その他の要素も加味するのかは常に課題となる．

このように，比較する対象を変えると，官民比較の結果を基軸に築いていく制度の方向性も異なってくる．この点，そもそも，人事院が数字を出しているのは1,000人以上の民間企業までであり，それ以上の規模の民間企業についてはデータがなく，比較することもできない．適切な数字をもとに多様な観点から比較す

10）　企業規模1,000人以上の退職事由別・勤続年数別の退職給付総額を使用し（人事院［2012a］, p. 13），公務の退職事由別・勤続年数別の退職者数（人事院総裁［2012］, p. 16, 別表第4）と掛け合わせて，民間の1人当たり退職給付平均額を計算した（人事院見解の計算方法である）．

るための基礎資料として，こうしたデータの公表が求められる．

5.2　官民比較の方向性

労働者の立場にたつと，年金や給与は雇用条件である．国家公務員との比較対象として一般的な感覚にあうのは，就職先を探す大学生などが国家公務員となるか民間企業に就職するかを悩む際に検討する民間企業の従業員であろう．そうした比較を可能とするきめ細かな官民格差の分析が望まれる．優秀な若者が就職を希望するような国家公務員の給与・退職給付体系を築かなければ，長期的に見て公務は停滞しかねない．なお，民間の役員報酬の水準と事務次官の年間給与を比較すると，民間の役員の年間報酬額は3,184万9,000円（3,000人以上だと4,542万2,000円）である一方，事務次官（指定職８号俸）の年間給与は2,265万2,000円である（人事院［2013］）．国家公務員の給与に加えて退職給付の額が低下していくならば，主に安定志向の高い者のみが公務員を志望する形とならない制度設計，公務員の仕事へのモチベーションを高めうる制度改革がより必要となろう[11)]．

官民比較は難しい作業ではあるものの，公務員が安心して公務に専念でき，優秀な若者が公務員への就職を希望するような給与・退職給付体系，３階部分の制度設計を可能とする官民比較が求められる．このため，第１に，どういった条件を官民比較の要素とするかという点も含めた抜本的な検証が望まれる．例えば，そもそも，国家公務員は多様であるため，中央と各地方ごとに，それぞれの職種に相当する企業と比較するのである．この点，退職給付のラスパイレス比較では，公務の人員分布（退職事由および勤続年数）を仮定して民間の平均退職給付額を算出している．これに対して，給与の比較では，役職段階，勤務地域，学歴，年齢階層別の国家公務員の平均給与と，これと条件を同じくする民間の平均給与が比較されている．なお，リーマンショックなどの経済状況が数字に及ぼす影響に鑑みると，５年に一度の比較で十分かという点も課題となる．

第２に，5.1節で検討したとおり，官民の均衡を図るために比較する民間企業の企業規模の設定次第で，制度設計のあり方は変わってくる．例えば，従業員規模1,000人以上の企業の企業年金に着目すると，こうした企業の88.1%が企業年金

11）　アメリカとの比較研究から，公務員の質の確保と退職給付などとの関係を考察した研究として神代［2013a，2013b］参照．

制度を有している[12]．公務員と比較すべき対象が大企業の従業員となった場合，その大多数が企業年金を有しており，公務員についても，これと釣り合う形で3階部分の年金制度を拡充すべきことになる．他方，企業規模50人以上100人未満の企業で企業年金制度を有しているのは42.8%であり，公務員と比較すべき対象をこうした企業の従業員とする場合，結論は異なってくる．

第3に，官民比較の結果は参考にすべきであるとしても，官民格差の数字のみで公務員の退職給付の額を決定すべきなのかは一考を要する．公務員のモチベーションが低下し，老後の不安を抱えながら行政の裁量権を行使する制度には不安が残る．諸外国では，公務員が権力を悪用しないよう配慮した制度設計となっていた．公務員については，行政の中立性・公平性を保つための一定の身分保障や生活保障，権力濫用の予防策などの必要性を検討したうえで制度を設計する視点が民間以上に欠かせない．いま一度，諸外国の事例も踏まえ，こうした視点を十分に検証した公務の特殊性と年金との関係の考察が求められる．

6　公務員の年金制度の将来像

6.1　退職等年金給付の性格

6.1.1　公務員制度としての年金制度

退職等年金給付（年金払い退職給付）の性格をどのように位置づけるかによって，退職等年金給付，ひいては公務員の年金制度の将来像は異なってくる．しかし，退職等年金給付の性格については，制度の創設にあたって，有識者会議においても十分な議論がなされたとは言いがたい．そこで，これまでの検討を踏まえて，退職等年金給付の性格を検証していく．

4.4.2節では，退職等年金給付が年金制度である点を確認した．そこで，ここでは，公務員制度としての年金制度の性格について考察する．共済制度は，公務の能率的運営に資することなどを目的として，公務員とその家族に，疾病，負傷，死亡，退職などに際して，適切な給付を行うための制度である（国公共済法1条）．とりわけ，共済年金の職域部分は，公務という職務上の特殊性を考慮する

12）「第4表　企業規模別退職給付制度の状況」（人事院［2012a］, p. 3）参照．

必要性から設けられた制度であった．その後，退職等年金給付の創設を導いた被用者年金一元化法も，「新たな公務員制度としての年金給付の制度を設ける」ことを規定していた（同法附則2条）．

一元化により1階部分と2階部分の年金制度が民間の被用者と公務員とで変わらなくなると，公務員制度としての年金制度という性格を持たせうるのは3階部分しかない．この点，政府は，退職等年金給付の性格について，退職給付の一部であり，民間の企業年金に相当すると説明するのみである（土谷・加塩［2013］，pp. 38, 41）．そこで，新設された退職等年金給付の内容に注目すると，現役時から退職後までを通じた信用失墜行為などに対する支給制限措置および公務上障害・遺族年金が設けられており，従前と同様，公務員制度としての性格をみることができよう．さらに，信用失墜行為に加えて，職務専念義務や兼業規制といった公務の特殊性を担保する役割を退職等年金給付にどの程度課すかに応じて，退職等年金給付の公務員制度としての性格の強弱が変わることになろう．

6.1.2　老後保障としての年金制度

退職等年金給付の老後保障としての性格について検討していく．政府は，従来の職域部分は，公的年金たる共済年金の一部であり社会保障制度の一部であるのに対して，年金払い退職給付（退職等年金給付）は，全国民が基礎年金に加入するという国民皆年金の一環ではなく，世代間扶養の仕組みもないと説明する（土屋・加塩［2013］, p. 41）．また，退職等年金給付は民間の企業年金に相当するとも説明する．こうした分析にあたっては，退職手当と年金の異同および老後保障におけるそれぞれの役割を，本稿での検討にも限界があるものの，将来的には税法上の優遇措置の相違なども含めて考察し，分析に反映していく必要がある．というのも，わが国の企業年金制度は，退職金制度を起点に福利厚生の一環として発展してきた一方，老後保障の側面が重視されつつあるからである．企業年金の性格は時代とともに変容しており，これに相当すると言われる退職等年金給付の性格も複雑化しており，政府説明のように明確に整理しきれない部分がある．また，民間の退職金および公務員の退職手当ともども，その性格は，勤続報償的，生活保障的，賃金後払い的な性格をそれぞれ有し，これらの要素が不可分的に混合していると言われている（退職手当制度研究会［2011］, pp. 3-9）．退職手当であれば，世代間扶養の仕組みはなく，老後保障の機能を有しないわけではない．

第1に，世代間扶養には，公的年金にみられる全国民間での世代間扶養のみならず，公務員といった特定の集団内の世代間扶養もありうる．第2に，そもそも，3階部分に位置づけられる民間の企業年金は，税制上の優遇措置に差があり保険法上の規制に委ねられた民間保険会社の商品である個人年金とは異なる．社会保障法の範囲のとらえ方については学界でも見解が分かれているものの，公的関与の度合いにより，企業年金の一部を社会保障に含める見解が有力である．「企業年金法制に対する規制や助成のあり方を社会保障制度としての公的年金と連続的に捉える視点が必要である」として，企業年金法制は社会保障法の主要な体系書の検証対象となっている（菊池［2014］, p. 166）．

老後保障の側面を有する企業年金は，民間の個人年金とは異なる形で，将来の給付分についても，一定の受給権が保護されている（菊池［2014］, pp. 177-179）．例えば，給付水準の引き下げなどの加入者にとっての不利益変更は，規約型確定給付企業年金については，労働組合などの同意を得て，厚生労働大臣の承認を受けなければならない（確定給付企業年金法6条）．企業年金の給付減額・廃止をめぐる判例においても，年金支給開始後の減額根拠となりうる改定条項が年金規定などに存在する場合でも，減額には変更の必要性や変更内容・手続の相当性などが求められている（最1小決平19・5・23労判937号194頁）．

今後の企業年金制度の方向性としては，労使自治を極力尊重し過度の法規制は望ましくないという立場と，国民の老後保障の側面を重視し，受給権などを保護する相対的に強い法規制が望ましいという立場がある．さらに，「制度目的の重なりや，公的年金の給付額の縮減とともに企業年金が『基礎的』生活部分の保障にまで及ばざるを得なくなる将来的可能性をも勘案した場合，老後所得保障の側面を重視した制度設計をせざるを得ないように思われる.」との見解もある（菊池［2014］, p. 180）．

こうして，企業年金においても，老後保障の側面を重視する形で制度が設計される可能性がある．すると，退職等年金給付が民間の企業年金に相当するとしても，退職等年金給付にも社会保障制度にみられる世代間扶養や老後保障の機能を与えうることになろう．とりわけ，前述したとおり，改正された国公共済法には，相互救済の目的が残されており，国公共済法72条は退職等年金給付を組合員などの生活の維持を図ることを目的とする年金制度の一環と位置づけている．

この点，共済制度は，公務員とその家族について，疾病や老齢といった事故が生じた場合も安定した生活を保障することを目的としており，憲法25条の生存権保障規定に基づく社会保障制度の一環として位置づけられてきた（坂本［1969］, p. 15；坂本［1983］, p. 1；堀［2013］, p. 50）．社会保障制度としての機能を持つことを掲げた共済年金のように，退職等年金給付の持つ老後保障としての側面を重視すると，長生きリスクを担保しうる終身年金として年金を支給したほうが，一時金より，公務員やその家族は長寿を安心して享受しうる．

退職等年金給付の一部を有期年金とし，一部を終身年金としたことにより，個人の選択の自由は増えたと言えよう．他方，改革後の制度では，長生きした場合は給付される年金額が減り，長生きリスクへの対応という側面は減少した．とりわけ，現在の退職給付は，一時金として支給される退職手当の割合が高く，長生きリスクを担保する機能は十分に担っていない．また，退職した者で，一時金を自ら運用できる者は限られている．退職者の世代は，年齢とともに判断能力が低下する者も出てくる世代である．こうした退職者像からすると，運用を期待して，一時金を支給する意義は高くない．

さらに，わが国の国家公務員の最終年収に対する退職給付の割合は，前述したとおり，諸外国と比べて極めて低い水準にあり，年齢を重ねるほど，終身年金の老後保障としての役割は高まっていく．先進国（アメリカ，カナダ，イギリス，スウェーデン，オランダ，スイス，オーストラリアなど）では，公務員の職域年金を一元化した年金制度に上乗せする例が多い（神田［2010］, p. 49;宮崎［2014］, pp. 54, 56, 70）．2階部分のみならず，3階部分についても，老後保障の役割を持たせる意義はある．

この点，確定給付型であった従来の職域部分は，給付額の予測がつき人生設計を可能としており，公務員の老後保障に資する制度であった．他方，キャッシュ・バランス型で保険料率の上限が設定された退職等年金給付では，給付額が定まっているとは言いがたい．確定拠出型と比べ給付額の予測はつきやすいとはいえ，老後保障の機能は低下した．

創設された退職等年金給付は，モデル年金月額も1.8万円であり，老後保障としての機能は十分に担っていない．この点，退職等年金給付における老後保障の重視は，国家公務員およびその遺族の生活の安定を謳う国公共済法の趣旨にも適っている．長生きリスクとの関係で，3階部分の終身年金の割合を将来的に増加していく点の検証も含めて，退職等年金給付に老後保障の機能をどの程度持たせていくかという観点は，今後も検討を要する課題である．

6.2 退職等年金給付のあり方

6.2.1 公務の特殊性と服務規律維持

退職等年金給付が公務員制度としての性格を持つとすると，公務員の服務規律維持との関係で，退職等年金給付の制度像も検討を要する．

第1に，年金給付には，公務員に課せられた身分上の制約（兼業禁止，再就職の制約，生涯にわたる秘密保持義務など）を担保するという側面を持たせうる．恩給や共済年金は，公務員が公務を執行するために失った経済上の取得能力を補うという損失補償の性格を持つとされている（堀［2013］, p. 49）．判例も，恩給や共済の目的・性格として，生活保障とともに損失補償を挙げた（最3小判昭50・10・21集民116号307頁；坂本［1991］, pp. 88-89）．すると，再就職の制約が厳しくなる中で年金給付を切り下げると，年金は損失補償としての機能を果たせず，公務員の老後保障が危うくなりかねない．

第2に，年金制度は，公務員のあるべき姿を提示し，公務員制度の信用失墜を招かぬよう抑止力を維持し，生涯にわたる秘密保持義務などを担保する仕組みとして機能しうる．この点，退職後に反社会的な行為があった場合の支給停止措置を盛り込む形で，退職後の服務規律維持に資するのは，確定給付型やキャッシュ・バランス型である．

服務規律の維持は，民間の企業年金や退職金規程においても，懲戒解雇や同業他社への転職などに際して企業年金給付を減額・没収する規定である「バッド・ボーイ条項」によって担保されている（森戸［2003］, p. 189）．例えば，確定給付企業年金では，加入者または加入者であった者が，その責めに帰すべき重大な理由によって実施事業所に使用されなくなった場合などは，規約に定めることで，全部または一部を給付しないことができる（確定給付企業年金法54条，同給付令34条2号）．バッド・ボーイ条項は，たとえ実際に発動されなくとも，就業規則に存在することで，従業員への抑止力になるという役割を担い，企業秩序を維持している．バッド・ボーイ条項は，退職後一定期間内に発覚した在職中の行為についても適用される．公務員の制度においても，こうした規定の存在意義は高く，企業年金と同様，その役割を3階部分の年金制度が担っている．

こうして，退職等年金給付では，服務規律維持の観点から，現役時から退職後までを通じた信用失墜行為などに対する支給制限措置を導入した．しかし，モデル年金月額1.8万円の半分が有期年金となった中で，服務規律維持にどの程度資するかは疑問が残る．有期年金と終身年金のバランスを検討する際には，この点も考慮する必要がある．

6.2.2　公務における障害・遺族年金

今回の改正では，障害・遺族年金の給付内容も切り下げられたが，退職等年金給付におけるこれらの年金の意義とあり方を検討する．

公務員には障害を負う危険性が高い職種もあり，障害の保障（補償）には，公務上障害年金と公務災害補償があり，前者が生活保障，後者が損害の補償と，それぞれ異なる目的を有している．国公法も，公務傷病に対する補償（93条）とは別に，公務上障害に対して適当な生活の維持を図るために年金制度を樹立するよう要請している（107条）．このため，両者が併給される場合の調整については，一方の支給を完全に停止するという考え方はとられていない．

障害や死亡に際した保障は，例えば，自衛官が，命をかけた危険な業務に専念できるよう提供されてきた．この点，1985（昭和60）年改正前の公務上の障害年金では，公務のために障害を負った者には手厚く保障すべきという恩給制度の理想を引き継いでいた．そこで，公務外の障害年金と比べ，障害等級1級の場合は給料年額の3割，障害等級2級の場合は給料年額の2割の割増が行われていた．さらに，職域部分を設ける際にも，その割増を職域部分でも行う形となった．

こうした観点からすると，退職等年金給付に公務上障害・遺族年金が維持された意義は高い．なお，この制度は労使折半の枠内で導入されており，障害を負う可能性の高い公務員が職務に専念できるよう，全額使用者負担で給付を行ってきた共済制度と比べると保障は切り下げられている．また，事故で障害者となった者や遺族となった者の生活保障の観点からすると，障害・遺族年金を終身で受給できる確定給付型の障害年金より保障が切り下げられた．

さらに，生活保障の観点からすると，老後に加えて障害や遺族について保障する意義も高く，公務に基づかない事由を理由とする障害・遺族年金制度を廃止した点を再考する余地もある．

6.2.3　民間との均衡

退職給付額以外の観点から，民間との均衡について見ていく．民間企業では，受給権保護の観点などから退職給付を年金化してきた．このため，企業年金の割合は退職一時金より高く，公務員の制度とはバランスがとれていない．この点，民間に合わせて年金給付である退職等年金給付の割合を退職手当より増やしたとしても，退職給付の総額（税金投入額）が増えるわけではない．

また，民間の企業年金でも，確定給付型の終身年金などは，従業員の老後保障の機能を持ち，長生きリスクを担保している．民間では，確定給付企業年金の採用件数が最も多く，資産残高も最も高い．企業規模1,000人以上の企業では，70.6％が確定給付型（規約型＋基金型）の年金制度を保有しており，確定拠出型の年金制度を保有している企業は，38.2％である（複数回答）[13]．確定拠出型を実施している企業のうち，他の企業年金と併用している企業は約64％（そのうち確定給付型は52％）である（厚生労働省［2014］）．

官民均衡を内実ともに図るのであれば，退職給付において退職手当の占める割合が高い公務員の制度を見直し，退職等年金給付の割合を高め，終身年金の割合を高める改革も検討すべきこととなろう．

6.2.4　年金制度をめぐる議論のあり方

官民比較の方法や程度については検討が必要であるとしても，税を財源とした公務員の年金制度においては，今後とも官民比較は求められていく．こうして，退職給付の水準が民間と調整されていくとしても，退職給付における年金と退職手当の比重のあり方は，別途検討していかねばならない課題である．そのバランスのあり方，年金の比重を高めるか否かは，公務員の働き方や老後保障に大きな影響を及ぼすからである．

兼業禁止などの若・中年期に公務員が負う服務規律維持との関係で，現在，公務員の再任用や民間企業への再就職は，民間企業の労働者の再就職と比べて厳しい状況に置かれている．長寿化が進み，60歳以降の就労が所得を確保するうえで重要となるとしても，公務員の再任用や再就職をめぐる環境の整備が進まない状況においては，就労を補完する所得保障としての役割も年金制度は担っている．

13）「第6表　企業規模別企業年金の種類の状況」（人事院［2012a］，p. 4）参照．

この点は，従来と比べて深刻な現代的課題として検証を要するものであろう．

厚生年金への一元化が行われた制度において，公務員制度としての年金制度の存在に意義を見出すとすると，これは3階部分で行うほかはない．現在，退職等年金給付（年金払い退職給付）は，毎月1.8万円程度の支給をモデルとしたささやかな制度となっている．公務員やその家族の老後保障や長寿化した社会における所得保障という視点も加味すると，退職手当とのバランスにおいて，退職等年金給付の役割を拡充していく方向も考えられる．そのためには，退職等年金給付の性格を改めて検証する必要がある．

今回の改正は，公務員バッシングの流れの中で政治家が主導した．しかし，退職給付（退職手当と3階部分の年金給付）のあり方は，公務員の働き方に大きな影響を及ぼしうる課題である．当事者である公務員，あるいは人事院が，これを検討する議論に参加できない場合は問題も残ろう．保険制度である年金制度においては，保険者自治の尊重が望まれる．もちろん，給与や退職給付の財源に税金が投入されている公務員の制度においては，他の年金制度と同じ形では保険者自治を機能させられない．とはいえ，人事院のかかわり方も含めて公務員独自の保険者自治を検討し，官民比較のみを制度改革の基軸とせず，公務員とその家族の就労環境や老後保障も意識した制度改革を再考する意義は大きい．

【参考文献】

※HPについては，すべて2014年11月時点のものである．

宇賀克也［2010］『行政法概説Ⅲ』（第2版），有斐閣．

神田眞人［2010］「公僕の俸祿たてよこ（下）　国際的・歴史的視座からみた国家公務員給与・年金」『ファイナンス』第46巻5号（通号537），pp. 49–59.

菊池馨実［2014］『社会保障法』有斐閣．

共済年金職域部分と退職給付に関する有識者会議［2012a］「共済年金職域部分と退職給付に関する有識者会議報告書（平成24年7月5日）」．
http://www.gyoukaku.go.jp/koumuin/kaigi/houkokusyo.pdf

共済年金職域部分と退職給付に関する有識者会議［2012b］「開催状況」．
http://www.gyoukaku.go.jp/koumuin/kaigi/

神代和欣［2013a］「公共部門の人材確保　行革・退職給付の削減は公務員の質を低下させないか」『試験と研修』第14号，pp. 2–9.

神代和欣［2013b］「公務退職給付の日米比較――公務人材確保・育成の視点から」『年金と経済』

第32巻 3 号, pp. 49-60.
厚生労働省［2014］「企業型年金の運用実態について（平成26年 9 月30日）」.
http://www.mhlw.go.jp/topics/bukyoku/nenkin/nenkin/kyoshutsu/unyou.html
坂本重雄［1969］『公務員共済入門』労働旬報社.
坂本重雄［1983］『公務員の社会保障——その法構造と機能』勁草書房.
坂本重雄［1986］「共済年金法成立と新年金法の施行」『賃金と社会保障』935・936号, pp. 45-57.
坂本重雄［1991］「公務員共済組合法の退職年金と恩給法の普通恩給の性質」佐藤進・西原道雄・西村健一郎編『社会保障判例百選』（第 2 版）, 有斐閣, pp. 88-89.
佐藤達夫［2009］『国家公務員制度』（第 8 次改訂版）, 学陽書房.
人事院［2012a］「参考資料（平成24年 3 月）」.
http://www.jinji.go.jp/nenkin/H23/taisyokukennkai23.html
人事院［2012b］「民間の企業年金及び退職金の調整結果並びに当該調査結果に係る本院の見解の概要（平成24年 3 月）」. 参照HPは, 人事院［2012a］と同じ.
人事院［2013］「平成25年民間企業における役員報酬（給与）調査の概要」.
http://www.jinji.go.jp/kankoku/h25/pdf/25yakuin.pdf
人事院［2014］「平成28年人事院勧告　別表第 1　職員の給与等に関する報告」.
http://www.jinji.go.jp/kyuuyo/f_kyuuyo.htm
人事院総裁［2012］「民間の企業年金及び退職金の実態調査の結果並びに当該調査の結果に係る本院の見解について（本文・別紙・別表, 平成24年 3 月 7 日）」. 参照HPは, 人事院［2012a］と同じ.
総務省［2013］「第21回地方公務員共済組合分科会　資料 3『年金払い退職給付』について」.
http://www.soumu.go.jp/main_content/000229824.pdf
総務省［2014］「恩給に関するQ&A」Q4.
http://www.soumu.go.jp/main_sosiki/onkyu_toukatsu/onkyu_qa.htm#q4
退職手当制度研究会編［2011］『公務員の退職手当法詳解』（第 5 次改訂版）, 学陽書房.
土谷晃浩・加塩雄斗［2013］「国家公務員の『年金払い退職給付』の創設について」『ファイナンス』第48巻10号（通号566号）, pp. 36-41.
内閣府「国家公務員退職手当法等の改正について」.
http://www.cas.go.jp/jp/gaiyou/jimu/jinjikyoku/jinji_c4.html
西村美香［1999］『日本の公務員給与政策』東京大学出版会
林正夫・小林昇［1976］『国家公務員共済組合法詳解』大村書店.
堀勝洋［2013］『年金保険法』（第 3 版）法律文化社
宮崎成人［2014］「主要先進国における国家公務員年金制度」『ファイナンス』第40巻 1 - 3 号（通号 461-463）, pp. 54-61, 70-77, 56-63.

森園幸男・大村厚至［2011］『公務員給与法精義』（第4次全訂版），学陽書房.

森戸英幸［2003］『企業年金の法と政策』有斐閣.

山崎泰彦［2012］「共済あれこれ 年金払い退職給付――疑問・批判に答える」『共済新報』第53巻10号, pp. 2-6.

第3部　年金と雇用の課題別研究

第8章
マルチジョブホルダーへの厚生年金適用

丸谷浩介

1　はじめに――問題の所在

非正規労働者の増加により，国民年金第1号被保険者に占める被用者割合が増加している[1)]．その一方で，国民年金第1号被保険者のいわゆる「未納未加入問題」「空洞化問題」に対応するため，非正規労働者の厚生年金適用拡大が論じられるようになってきた[2)]．

これを受け，2012（平成24）年の年金機能強化法（「公的年金制度の財政基盤及び最低保障機能の強化等のための国民年金法等の一部を改正する法律」）では，厚生年金保険被保険者資格の見直しが行われ，厚生年金被保険者の適用拡大が行われ，就業者に係る国民年金第1号被保険者の適用縮小が行われた．そして，同法附則2条2項では「短時間労働者に対する厚生年金保険及び健康保険の適用範囲を更に拡大するための法制上の措置を講ず」ることとされ，さらなる拡大が予定されている．

2013（平成25）年の社会保障改革プログラム法（「持続可能な社会保障制度の確立を図るための改革の推進に関する法律」）6条2項では，「公的年金制度を（……）社会経済情勢の変化に対応した保障機能を強化（……）する観点から」，「短時間労働者に対する厚生年金保険及び健康保険の適用範囲の拡大」をはかるための措置を講じることを政府に義務づけ（同条2号），適用拡大の方針が維持

1)　年金制度が雇用に非中立的な影響を与えていることから，事業主がその雇用する第1号被保険者の国民年金保険料を賃金から控除し，納付義務を負わせるという提案がなされたことがあった（駒村［2009, p. 9］, 岩村［2008, p. 256］）．

2)　この点を論じるものは枚挙に暇がないが，代表的なものとして駒村［2009］, p. 9．

されている[3]．このように，非正規労働者の中でも短時間労働者への厚生年金・健康保険適用拡大の方針であることが確認できよう．

ところで，従来は直接雇用・無期労働契約・フルタイム就業を正規労働者の特徴であるとし，このうち１つでも当てはまらないものについては非正規労働ととらえてきた．近年では「標準的な完全雇用モデル」から「フレキシブルで兼職を伴う半失業（underemployment）モデル」への転換が指摘されるなど，非正規労働をめぐる論じ方が変容している[4]．裁判例においても，「使用者は，労働者が他の会社で就労（兼業）するために当該時間を利用することを，原則として許さなければならない」として労働者の兼職の許可申請拒否を理由とする損害賠償請求が認容された事例[5]に見られるように，兼業を原則自由とする見方が広がってきているように思われる．つまり，従来の非正規労働としてとらえられてきたものに加え，複数の労働契約を締結しつつ生活を維持するモデルを措定し，そこに新しい労働者像を見出そうとするのである．

もっとも，このような兼職を行う労働者（以下，「マルチジョブホルダー」）は，高い労働能力を兼職によって発揮している場面と，生計を維持するためにやむをえず行われるものの２つがあるだろう．2012（平成24）年の就業構造基本調査によると，「副業を有する労働者」は324万人で，副業者比率は3.6％であるが，その比率はリーマンショック以降は減少傾向にある．「副業を有する」者の年間所得を見ると，199万円以下の階層と1,000万円以上の階層とで二極化していることを合わせ考えると，マルチジョブホルダーのかなりの部分は，生計を維持するためにやむなく複数の職を兼ねる働き方を余儀なくされているとも言える．

ところで，これまで非正規労働者の厚生年金適用問題は，その適用基準の決め方（行政内部基準である内かんによる規制方法の是非・妥当性[6]と，その基準である労働時間に着目して論じるもの[7]，厚年法の「適用事業所に使用される

3）菊池［2014, p. 33］は「再度俎上に載せることが既定路線と言える」と指摘したうえで，「世代内の公平すなわち低所得者や不安定雇用従事者の所得保障の必要性という側面からすれば，早期にさらなる適用拡大を行う必要がある」とする．

4）矢野［2013］, p. 153.

5）マンナ運輸事件・京都地判平24・７・13労判1058号21頁．

6）阿部［2010］, p. 32など．

7）清正［2005］, p. 3など．

(厚年法9条)」の解釈につき，民法623条の関係にない，請負や準委任契約における事業者性を有する者の適用をめぐる問題を論じることが多かった．しかしながら，労働時間を基軸に被保険者資格を論じるのは，その前提にシングルジョブホルダーを置いている．すなわち，非正規労働者の厚生年金適用拡大問題は，短時間労働者の労働時間と賃金額に限定して論じられてきたように思われるのである．

「副業を有する」者の所得状況が芳しくない状況に照らすと，マルチジョブホルダーは，稼働所得の喪失減少をもたらす社会的リスクに対応する公的年金制度による生活保障の必要性が高いと言える．そして，不安定雇用の問題は，マルチジョブホルダーに集約されていると言っても過言ではない．かかる状況に鑑み，本稿では，マルチジョブホルダーへ厚生年金適用を拡大することに伴う諸問題の論点整理を行い，厚生年金の適用基準について再検討を加えるものである．

2 マルチジョブホルダーと労働法・社会保障法

厚生年金の被保険者は,「適用事業所に使用される70歳未満の者（厚年法9条)」である．「使用される」の問題は，労働契約関係の存在を中核として，その周辺をいかに確定させるべきかということによって決まるから，まずは労働法におけるマルチジョブホルダーの取り扱いを確認する．

2.1 労働時間規制と兼職・兼業禁止

労働基準法38条1項は,「労働時間は，事業場を異にする場合においても，労働時間に関する規定の適用については通算する.」と定めている．

この規定の趣旨は，労働時間規制が労働者の長時間労働を防止し労働者の肉体的精神的疲労の回復をはかるとともに，労働者が労働から解放される余暇の利用を確保するために，同一の労働者が1日のうち何時間労働するかを規制することにある．

したがって，労働者の現実の労働時間を規制する趣旨にあるから，契約当事者が誰であろうとも，労働者を基準として労働時間が算定されることになる．通説・解釈例規[8] によれば，本条文は，労働者が同一使用者の下で労働する場合

8) 有泉［1963］, p. 283；東京大学労働法研究会［1990］, p. 529；昭23･5･14基発769号.

のみならず，異なる使用者の下で労働する場合にも適用される．これから，派遣労働者についてもそれぞれの事業場での労働時間が通算されることになる[9]．特定使用者との間の使用従属関係ではなく，労働者保護のために設けられた規定であることがわかる．

しかし，本条は労働者が自ら労働時間を決する自己決定能力に乏しいことを想定しているのであり，労働者自らがその自由意思で複数の事業所で働くことを選択した場合にまで適用させるべきかどうかについては議論がある．そのような者にまで適用すべきではないという論者によると，本条が弱者に対する一般的保護を強調するあまりかえって労働者の自己決定を阻止する結果になり，労働者を自己の自由時間すら自由に配分・使用することができない判断能力の欠如した極度の弱者として性格づけることになりかねないとの見地から，同一事業者の複数の事業所で労働する場合に限定して適用すべきとする[10]．

しかしながら，そもそも強行法規たる労働基準法の適用について，制定法上の根拠がなく当事者意思で適用を排除することができるかどうかという根本的な問題があるうえ，そのような当事者意思をいかに認定あるいは推定すべきかという技術的な問題もあるだろう．したがって，このような解釈は困難であろうと思われる．

いずれにしても現行法の解釈上，マルチジョブホルダーの労働時間については，当事者意思の如何にかかわらず，労働者保護のために労働時間の通算規定が適用されることになる．しかし，多くの論者が指摘するように，労働時間の通算性はその実効性に疑問が残る．そもそも36協定内容をいかに確定させるべきか，時間外労働に係る割増賃金の支払義務者を誰にすべきか，いずれの使用者に責任を分担すべきなのかが一義的に明らかにならないために，現実的には様々な困難を伴う．

他方，兼業禁止については，多くの判例に見られるように，就業規則による原則禁止と兼業許可制は，会社の職場秩序に影響せず，かつ会社に対する労務の提供に格別の支障を生じせしめない程度の程度・態様であるかぎりは禁止してはな

---

9)　昭61・6・6基発333号．

10)　三井［2000］, p. 46；菅野［2012］, p. 274.

らないという取り扱いが合理的なものとされてきた[11]．つまり，現行法の労働時間の通算制度と兼業禁止の取り扱いは，本業の賃金が生計を維持することを可能にするものではあるけれども，それ以上の賃金等を求める労働者の副業就業を希望を許可するか，ということを前提にしている．労働者には本業たる労働契約関係があり，当該契約関係にある使用者が副業を許容するか，という論点で問題が設定され，労働者にとって主たる契約関係と副たる契約関係の２つ以上があることを所与の前提としてきたものと言えよう．

このような問題設定は，本業の事業主が十分な賃金を支払っているからこそ許可すべきか否かという論点が生じるものといえる．しかし，今日の非正規労働のように，本業であっても生計を維持するに足る賃金の支払いが必ずしも約束されていないような場合には，許可制自体の有効性･合理性を再検討しなければならないのであろう．それは，副業を営むことを選択した自由意思をいかに尊重すべきかという問題設定ではなく，副業せねば人たるに値する生活を営むことが困難になる事情があることから，余儀なくされた副業をいかに考えるべきか，ということに論点が移ることになるのである．そうすると，本業の事業主が，その雇用する労働者がマルチジョブホルダーであることを，許可ではなく当然の前提とした労働条件が定められる場合を想定しなければならないかもしれない[12]．そうすると，労働者保護の観点からは，兼職許可制の合理性とともに，労働時間通算制のあり方についても再考を迫られているものと言えよう．

2.2　雇用保険法の議論

もっとも，このようなマルチジョブホルダーを社会保険法上どのように取り扱うべきかについては，従来から議論があった．とりわけ雇用保険法においては，リーマンショックを契機とした度重なる非正規労働者を包摂する法改正の中で，たびたび議論の俎上に上ってきた．

---

11)　小川建設事件･東京地判昭57･11･19労民集33巻６号92頁，国際タクシー事件･福岡地判昭59･１･20労判449号25頁，都タクシー事件･広島地決昭59･12･18労民集35巻６号30頁，日通名古屋製鉄所事件･名古屋地判平３・７・22労判429号64頁，関西外国語大学事件・大阪地判平10･６･15労経速1681号10頁，上智学院事件･東京地判平20･12･５判タ1303号158頁など．

12)　前掲マンナ運輸事件は，本業の勤務日数と賃金が低下し，本業上司の紹介で副業を始めた，余儀なくされた兼職であると言える．

2.2.1　現状

雇用保険法の被保険者は,「雇用保険の適用事業に雇用される労働者（雇用保険法第4条第1項)」である．このうち「雇用される労働者」とは,「事業主に対してその支配下で労務を提供して（労務提供の従属性),その対価を得ることによって生計を維持する者（労務対償性)」によって決すべきとされており[13]，労働契約上の使用従属関係のみならず，労務対償性＝生計維持関係＝経済的従属性によって判断されているものと言える．

ところがここから雇用保険法は適用除外を設ける．1週間の所定労働時間が20時間未満である者（雇保6条2号)，同一の事業主に継続して31日以上雇用されることが見込まれない者（雇保6条3号）がそれである．そうすると,「雇用される労働者」であっても，所定労働時間や労働契約期間の長短によって，雇用保険の被保険者にならないことが想定される．

雇用保険行政上，マルチジョブホルダーは次のように取り扱われている．同時に2以上の雇用関係にある労働者については，当該2以上の雇用関係のうち，当該労働者が生計を維持するに必要な主たる賃金を受ける1の雇用関係についてのみ，被保険者となる[14]．複数事業所における労働時間等が雇用保険法上の被保険者に該当するとしても，そのうち1つのみで保険関係が成立し，他方の雇用関係においては要件を充足したとしても保険関係が成立しない，ということになるのである．マルチジョブホルダーにとっては複数の保険関係が成立しないのであるから，労働時間や保険料算定基礎となる賃金額については複数事業所の間で通算される必要がないことになる．つまり，副業の労働時間や賃金は，保険料算定と保険給付の算定基礎とはならないのである．

マルチジョブホルダーが離職した場合，基本手当等の保険給付はどうなるか．保険関係が成立している本業の所定労働時間が20時間以上で，保険関係が成立していない副業も週20時間以上であるとすれば，本業の労働契約関係が解消したとしても，副業との間で新たに保険関係が発生することになるので，本業との関係では「離職」にあたらず，基本手当等の給付が行われないという取り扱いになっている[15]．この場合には保険給付を受けていないことになるのであるから，新

13)　国・大阪西公共職業安定所長事件（福岡高判平25・2・28判タ1395号123頁)．
14)　雇用保険に関する業務取扱要領20352.
15)　職業安定分科会雇用保険部会（第90回：平成25年7月30日）資料2．

たに保険関係が成立した副業との間では，被保険者期間が通算されることになる.

他方，本業の保険関係が成立している所定労働時間が週20時間以上で，副業が週20時間未満である場合，本業の労働契約関係が解消したときには，副業の契約が解消していないとしても保険関係が成立しないのであるから，本業との関係では「離職」したことになる．これにより，本業の保険関係消滅を保険事故とした基本手当等の保険給付が行われることになる．もとより，かかる場合は失業の認定に係る期間中に自己の労働によって収入を得たことになり，基本手当から一定額を減額（雇保19条）されることになる．所得保障ニーズを充足する観点からすると，妥当な取り扱いであろう.

2.2.2　マルチジョブホルダーの雇用保険適用議論

以上のように，現行法とその取り扱いを見てみると，複数事業所における労働時間と賃金が通算されず，所定労働時間からして保険関係が成立しない事業所で働いていることがまったく評価されないことに気づく．雇用保険の被保険者が使用従属関係（人的従属性）と経済的従属関係によって決せられることからすると，保険関係が成立しない労働関係を無視することには，所得保障ニーズの充足，多様な働きからの観点からして，疑問が残る．そこで，雇用保険におけるマルチジョブホルダーの適用について，労働政策審議会職業安定分科会雇用保険部会で検討が重ねられてきた.

平成21年の雇用保険部会報告書では，保険料の設定・徴収についての実務上の課題があるのではないかとされ，平成23年１月31日の報告書でも「マルチジョブホルダーへの対応（については）労働政策全体の議論も踏まえながら引き続き検討するべきである」ものとされた．結局，平成25年12月の報告書では「マルチジョブホルダーについては，適用に当たっての労働時間の把握方法や失業の判断といった課題もあり，2017年の番号制度のシステム運用の状況を考慮しつつ，中長期的観点から議論していくべきである」ものとされ，継続審議扱いとなった.

このように，マルチジョブホルダーの雇用保険適用については，その必要性が十分に認識されているにもかかわらず，主として技術的な理由によって解決が先延ばしにされているものと言えよう.

2.3　労働者災害補償保険法におけるマルチジョブホルダー

これに対し，労働者災害補償保険法ではマルチジョブホルダーの適用関係については雇用保険法等とは異なる取り扱いを行っている．原則的には，業務災害給付も通勤災害給付も全面的に適用される．そもそも労働基準法の災害補償の規定（第9章）は事業主の過失責任を問わない賠償責任を定めているのであって，その適用範囲は労働基準法の労働者であれば使用者が賠償責任を負うことになる．これにより，被災した労働者が労基法上の労働者であれば，労働時間や報酬の多寡によらず，労基法上の災害補償が適用されることになる．業務上災害認定ないし通勤災害認定を受けるかぎり，労基法上の労働者であれば給付の対象となるという意味で，労働時間や雇用上の地位によらず適用されるという関係になる．したがって，災害性の業務災害給付については，マルチジョブホルダーだからといってその適用関係が問題になるようなことはなかった．

しかしながら，マルチジョブホルダーが労災保険給付の全面的な適用を受けるとしても，複数の雇用関係がある以上は避けられない問題があった．1つは，保険給付に関する給付基礎日額の算定に関し複数の賃金を合算するのかという問題である．もう1つは，複数事業主間を異動する際の交通事故等に関する通勤災害給付の適用可能性の問題である．

これらのうち前者についてはいまだ解決されていないが，後者については立法的な解決がはかられた．労働政策審議会の「労働者災害補償保険制度の改善について（建議）」(2004年12月）が，「複数就業者の事業場間の移動については，移動先の事業場における労務の提供に不可欠なものであること，通常一の事業場から他の事業場に直接移動する場合には私的行為が介在していないこと，事業場間の移動中の災害はある程度不可避的に生ずる社会的な危険であると評価できること等から，通勤災害保護制度の対象とすること」が適当であると指摘したことを受け，労働者災害補償保険法7条2項2号・3号が追加され，事業所間移動が通勤災害給付の対象とされた．

複数事業所間移動の通勤災害給付については，労働基準法上の災害補償の規定が及ばないため，いずれの事業者が労基法上の無過失責任を負うべきか，という問題が生じない．そのため，いずれの事業所を基点にして事務処理を行うか，給付基礎日額の算定基礎となるべき賃金日額をいずれにすべきかについては法律上明確な定めがない．考え方としては，事務処理上の簡便さから，単一の事業所における通勤災害と同じように考え（すなわち，一方事業所をあたかも労災保険法７条にいう住居，他方を就業の場所といった取り扱いを行う），複数であることに関して特段の取り扱いを行わない，というものである．もう１つは，通勤災害によって生じた生活保障は，複数の事業所から得ていた賃金によって補塡されるべきであるとの考え方から，給付基礎日額の算定対象となるべき賃金日額を合算すべきである，という考え方である．

取り扱いとしては，前者が採用された．事業場間移動は当該移動の終点たる事業場において労務の提供を行うために行われる通勤であると考え，当該移動間に起こった通勤災害に関する保険関係の処理については，終点たる事業場の保険関係で行うものとされている．すなわち，通勤災害給付においては生活保障原理よりも事務取り扱いの簡便さが優先されているものと言えよう[16]．

2.4　労働法・社会保障法におけるマルチジョブホルダー

以上に見たように，マルチジョブホルダーの労働法・社会保障法の適用に関しては次の点が指摘できよう．

第１に，適用の必要性である．労基法が労働時間を通算するのは労働者保護のためであるし，労災保険法における事業所間移動に係る通勤災害給付の適用は，その必要性が強く意識された証左である．また，雇用保険においてもマルチジョブホルダー適用可能性が検討されているのも，生活保障の必要性に由来している．

第２に，適用拡大の可能性である．労基法38条の労働時間通算制は，長時間労働の弊害から労働者を保護するための規定である．そのため，自らの自由意思によってマルチジョブホルダーとなることを選択した者についての適用議論がある．これだけでなく，労働時間通算制は原則的に労働者の自己申告に委ねられており，使用従属関係にある労働者がこれを行うことに関しては実効性に疑問を残す．さらに労働者が使用者に申告していたとしても，労基法37条の時間外労働に係る割増賃金の支払義務をいずれの事業者が負うべきか，という解釈論上の問題も残されている．このような次第から，労基法38条第１項についてはその現代的なあり方について再考の余地がある．

16）　もっとも，賃金日額の通算については労働政策審議会で継続審議扱いとなっている．

雇用保険においては適用の場面と給付の場面の両方で，マルチジョブホルダーをいかに取り扱うべきであり，その場合の事務処理をいかにすべきかが適用拡大を阻んでいるものと言えよう．

労災保険で通勤災害で適用拡大がはかられたのは，被保険者資格が問題にならないという法制度上の性格に由来するものである．生活保障の観点からは，通勤災害だけではなく，業務災害に関しても賃金日額の通算が検討されるべきであろう．

このように見ていくと，労働法と社会保障法では，マルチジョブホルダーの適用に関しては可能なかぎりこれを拡大していくことが立法政策の方向性であると言えよう．これを阻んでいるのは各法律分野における制度趣旨と，マルチジョブホルダーの存在を前提としないで成立してきた事務処理手続の問題である．そこで次に，厚生年金においてマルチジョブホルダー適用拡大の必要性と，それを阻む事務的な問題を意識しつつ検討を加える．

3　現行法におけるマルチジョブホルダーへの厚生年金適用

3.1　現行法の取り扱い

3.1.1　所定労働時間

厚生年金保険法は，「適用事業所に使用される70歳未満の者」を被保険者とし（厚年9条），臨時に使用される者，季節的業務に使用される者等を適用除外としている（厚年12条）．しかし，短時間労働者の取り扱いについては明文規定を置かず，行政法学がいう通達にあたる「内かん」に基づいて定められてきたことの是非は，たびたび議論されてきた．

1980年の厚生省保険局保険課長，社会保険庁医療保険部健康保険課長，社会保険庁年金保険部厚生年金保険課長の連名による，都道府県民生主管部（局）保険課（部）長宛の内かんによると，厚生年金保険が適用されるべきか否かは，「常用的使用関係」にあるかどうかにより判断されるとする．具体的には「所定労働時間及び……所定労働日数が……通常の就労者の……おおむね4分の3以上」である場合に「常用的使用関係」があるものとしていた．

そもそも厚年法行政では，「常用的使用関係＝4分の3要件」があたかも法律上の適用基準であるかのような機能を果たし，労働者もこれに基づいた就労調整を行うなど，広く社会的な影響を有していた（なお，以下では説明の簡略化のために週当たり所定労働時間30時間以上で常用的使用関係があるものとする）．

ところで，厚年法は「使用される」の意味について，内かんの言うような「常用的使用関係」に限定することまでも通達に委任しているのであろうか．被保険者資格という重要な事項を法律で明確にすることなく，行政規則によって定めていることについては学説上の批判が強い．確かに被保険者資格範囲確定について一定の行政裁量が認められるべきとする学説もある[17]．しかし，社会保険料に租税法律主義の趣旨が及ぶことからしても[18]，厚年法が被保険者範囲の確定を内かんという行政規則にまで当然に委任したと理解することには無理があり，基準の明確性からしてもこのような取り扱いには問題があったと言える[19]．その意味で，2012年改正によって被保険者の範囲確定につき，行政規則から法律レベルで定められるようになったことは，望ましい改正であったと言える[20]．

いずれにせよ，厚年法９条にいう「使用される」という用語は法律上の概念であり，「常用的使用関係」という委任の範囲を超えた文言に限定されるべきとする必要はない．そうすると，「使用される」か否かは，ある雇用形態が「常用的」であるかどうかということに関わりなく確定されるべきことになる．したがって，「使用される」の判断基準に「常用的雇用関係」を媒介させることなく，慣習としての４分の３要件が用いられるべきであった，ということになろう．

3.1.2 マルチジョブホルダーの適用関係

このような４分の３要件を前提とすると，被保険者が同時に２以上の事業所または事務所（以下，「事業所」）に使用される場合，厚生年金の適用はどのようになるだろうか．労基法が明確に週40時間以上の労働を禁止していない以上（労基法36条参照），通算労働時間が40時間を超える場合も想定すると，労働時間に着目した厚生年金の適用は次のような３つの類型が考えられる（厚年平24年法附則法第62号第17条）．

17） 台［2008］, p. 308.
18） 旭川市国保条例事件・最大判平18·３·１民集60巻２号587頁.
19） 濤井［2009a］, p. 103；笠木［2014］, p. 15.
20） 笠木［2014］；濤井［2009b］, p. 79.

a）いずれの事業所においても保険関係が成立しない場合

各事業所での所定労働時間が30時間に満たないため，２以上の事業所等との間にいずれも保険関係が成立しない場合は，いずれの事業所においても厚生年金の適用関係にない．労働時間を通算して週30時間を下回る場合はもちろん，30時間を超えるとしても厚生年金の被保険者とならない．

b）２以上の事業所のうち，１の事業所で保険関係が成立する場合

１の事業所における労働時間が週30時間を超え（常用的）使用関係が成立し，他方の労働時間が30時間に満たずに（常用的）使用関係が成立しない場合は，前者の事業所との間のみに保険関係が成立する．この場合には保険関係が成立する事業所との間だけで労働時間や標準報酬が算定され，当該事業所が届出義務を負う．保険関係が成立しない事業所の労働時間や賃金は合算されない．この点は労基法38条の労働時間通算制度と取り扱いを異にする．また，保険関係の成立に関する届出義務は保険関係を成立させた事業所の事業主が負う（厚年27条）ので，被保険者は届出・保険料納付義務を負わないことになる．

c）２以上の事業所の間で複数の保険関係が成立する場合

複数の事業所のいずれも所定労働時間が30時間以上である場合には，いずれの事業所でも（常用的）使用関係が認められることになり，複数の事業所との間で保険関係が成立することになる．

いったん厚生年金が適用された後は，厚生年金保険の保険料算定などについて労働時間を算定する必要はない．したがって事業所間の労働時間は通算する必要がないので通算しないことになる．

保険料算定基礎となる標準報酬は，各事業所で受ける報酬の額を合算した額によって決定または改定される（厚年24条２項）．そして，厚生年金保険料は，標準報酬月額・標準賞与額に保険料率を乗じて得た額を各事業所で受ける報酬の額の割合によって按分され，事業所ごとに徴収される．したがって，いずれの事業所においても保険料の算定においてはマルチジョブホルダーとそれ以外の労働者で異なることはない．

保険給付の際には，厚生年金額の算定基礎となる被保険者期間は，１事業所の場合と同じように計算され，２倍ないしそれ以上としては計算されない．保険給付額は，合算された標準報酬に基づいて計算されることになる．

3.1.3　届出義務の転換

保険関係の成立等に関する届出義務は事業主に課されている（厚年27条）．しかし，マルチジョブホルダーでは保険関係の成立に関する届出義務で異なった取り扱いが行われる．被保険者は，自らが複数の保険関係が成立したマルチジョブホルダーになった時には，２以上の事業所に使用されるに至った旨を年金事務所に届け出なければならないこととされている（厚生年金保険法施行規則２条）．すなわち，複数の保険関係が発生するマルチジョブホルダーについては，届出義務が事業主から被保険者たるマルチジョブホルダーに転換するということになる．これは，複数事業主の下で労働しているという情報については，事業主よりも労働者（被保険者）本人がもっとも知りうる立場にあるということによるのであろう．

しかしながら，このような取り扱いが正当なものかどうかは再考を要する．シングルジョブホルダーに関する届出義務の懈怠については，行政刑罰（６月以下の懲役または50万円以下の罰金：厚年法102条１項１号）で履行を担保している．法は行政刑罰まで用意して使用関係の発生・喪失・変更に関する届出義務を課してその法目的の実現を図ろうとしているが，「２以上の事業所に使用されるに至ったときは，被保険者が年金事務所に届け出る義務を負う」というような法的義務を容易に転換してもよいのだろうか．そもそも事業主の届出義務についても実効性が疑問視されている[21]のに，複数の労働契約を締結したことに由来する届出義務が転換したことを労働者が知りうるとは考えにくく，それが実際に履行

21）そもそも事業主負担を生じさせる事業主の届出義務も，保険料負担を回避すべく行動する事業主が存在する以上，その実効性は疑問がある．雇用保険につき，山口（角兵衛寿し）事件・大阪地判平１・８・22労判546号27頁，大真実業事件・大阪地判平18・１・26労判912号51頁，グローバルアイ事件・東京地判平18・11・１労判926号93頁［ダ］．厚生年金につき，リブラン事件・東京地判昭60・９・26労判465号59頁，三庵堂事件・大阪地判平10・２・９労判733号67頁，エコープランニング事件・大阪地判平11・７・13賃社1264号47頁，京都市役所非常勤嘱託員厚生年金保険事件・京都地判平11・９・30判時1715号51頁，関西棋院事件・神戸地尼崎支判平15・２・14労判841号88頁，新潟県鹿瀬町事件・新潟地判平17・２・15判自265号48頁，豊國工業事件・奈良地判平18・９・５労判925号53頁，船舶運営会事件・名古屋高金沢支判平19・11・28判時1997号26頁，Y工業事件・大阪高判平23・４・14賃社1538号17頁．標準報酬の過少申告につき大阪高判平23・４・14賃社1538号17頁，年金記録第三者委員会の処分取消につき大阪地判平25・９・25LEX/DB25446304など．

されるというのもあまり現実的ではない．

学説でも「複数の事業者と使用関係にある被保険者について被用者保険法上の届出義務を事業主から被保険者本人に転換する現行法の仕組みは，被用者の保護を目的とした被用者保険制度の趣旨に矛盾する側面があるから，立法論としては改善の余地がある」と言われていた[22]．このように，現行法の届出義務転換については再考の余地がある．

3.1.4　同一事業主の複数事業所

このような取り扱いは，複数の事業主で複数の事業所が存在する場合はもとより，同一の事業主で複数の事業所で労働する場合も同様の扱いがなされる．すなわち，同一の事業主の下で複数の勤務地で並行的に労務を提供する場合も，複数の保険関係が成立するためにはすべての事業所におけるそれぞれの労働時間が30時間を超えていなければならない．特定の事業所における所定労働時間が30時間に満たないのであれば，その事業所における（常用的）使用関係がないということになり，当該事業所における保険関係が成立しない．結局，同一事業主であってすべての事業所で使用従属関係を見出すことができるとしても，（常用的）使用関係にない事業所における労働は評価されず，保険料の納付義務が発生せず，保険給付に反映しないということになるのである．

これは，届出義務の転換についても同様である．同一事業主における複数の事業所で常用的使用関係が認められるとしても（あるいは労働者がその可能性を信じたとしても），保険関係成立の届出義務は事業主でなく被保険者に転換する．裁判例もこれを是とする．複数保険関係の成立の届出を怠ったことにより発生した損害賠償を求めた事案[23]は，厚生年金保険料が納付されていなかったため事業主に損害賠償を求めたが，被保険者が「被保険者所属選択，二以上事業所勤務届」を都道府県知事（社会保険事務所：当時）に対して提出しなければならず，「かかる届け出をして，要件をみたした場合にのみ，保険給付額が２つの事業所から受ける報酬を合算した総報酬に基づいて算定された標準報酬月額・標準賞与額により計算され，同標準報酬月額・標準賞与額に応じた額を各事業所での報酬

22）　倉田［2009］, p. 133.

23）　三島新聞堂事件・静岡地沼津支判平13・９・19・LEX/DB28071612.

額に按分し，事業主が他の被保険者分と同様に納めることとな」るが，１つの雇用関係が「常用的使用関係とはいい難く」，仮に常用的使用関係にあって「『二以上の雇用関係』があったとしても，前記厚生年金の届出義務は，Xらが負っていたのに，Xらはそれを」せずに，厚年31条１項による確認請求をすることができたのに，これらを行っていなかったことから，事業主が厚生年金保険料の納付をしなかったことと損害の発生との間には相当因果関係がないものとした．つまり，厚生年金保険の保険関係成立基盤はあくまでも事業所ごとに成立するのであり，使用従属関係の表現たる事業主と労働者の関係は，従たる要素なのだ，ということであろう．

このように見ていくと，現行法の問題は，①労基法では労働時間を通算するのに，厚年法では通算しない点，②保険関係成立の単位を事業主ではなく事業所ごとに設定する点，③届出義務の転換にあると言えよう．

4　年金機能強化法によるマルチジョブホルダーの厚生年金適用

年金機能強化法は，被保険者範囲の基準を法定することで明確性を高めた．これに加え，被保険者範囲の確定基準について変更を加えた．

基準の変更は，適用の拡大をもたらすものであった．また，この基準変更は健康保険法も同様であるので，法改正によって新たに厚生年金と健康保険の被保険者となる者が生じることになる．このような新たな被保険者は，厚生年金保険料と健康保険料が控除された賃金が支払われることになり，手取り収入が減少することになる．もっとも，支払わなくなる国民年金保険料と国民健康保険料（税）を加味すると，実際の手取額が増える場合もあることを考慮する必要がある．ただ，国民年金法の第３号被保険者から第２号被保険者に変更される場合のように，厚生年金と健康保険料の負担が新たに発生する場合も少なくない．

法改正は被保険者範囲を拡大し，そのような者から新たに保険料を徴収することになる．手取額の減少に伴い，新たに職を得ることでマルチジョブホルダーとなるケースもあるかもしれない．そうすると，所得保障ための法改正による副作用的な就労促進効果が生じる場合があり，そのようなマルチジョブホルダーの厚生年金適用をどう考えるかという論点が浮上することになる．そこで，法改正を概観した後，新たな適用要件がマルチジョブホルダーにいかに影響するのかを考える．

4.1　年金機能強化法（2012（平成24）年）による適用除外

年金機能強化法は，次の者を適用除外とした（年金機能強化法第3条，厚年法12条）[24]．

①1週間の所定労働時間が20時間未満

②同一の事業所に継続して1年以上使用される見込みがないこと

③報酬月額が8万8,000円以下であること

④高校・大学等の学生であること

⑤労働者数501人以上の適用事業所でないこと（平24改正法附則17条1項）

これらの適用拡大措置により，新たな対象者は25万人にとどまり，平成24年改正法附則2条2項は政府に対し「平成31年9月30日までに検討を加え，その結果に基づき，必要な措置を講じる」ものとしている[25]．

本稿では，マルチジョブホルダー適用固有の問題を検討する．このため，年金機能強化法によって明確になった適用除外条項のうち，④の高校・大学等の学生であること，⑤の事業所規模を除いて検討を加える．さらに，マルチジョブホルダー適用の必要性が承認されているものの，それを阻んでいるのが手続的側面にあることが多いという事実に鑑み，適用除外要件だけでなく手続的な側面についても検討しよう．

4.2　所定労働時間

改正法は短時間労働者の適用を拡大させるが，マルチジョブホルダーの適用拡大を行うものではない．したがって，マルチジョブホルダーの取り扱いについては現行制度に準じて適用されることになろう．改正によって所定労働時間が週20

24）　2016（平成28）年10月以降有効な規定（施行日未定）．

25）　もっとも，適用拡大が限定的にとどまった主たる原因は適用事業所である．今回の改正は労働者数501人以上の適用事業所に限定したが，これを賃金収入5.8万円で所定労働時間を週20時間で適用事業所（厚年6条，8条）とした場合には220万人の適用拡大となる．これに対し，賃金収入5.8万円だけで非適用事業所にも適用拡大した場合には，1,200万人が新たに厚生年金に加入することになる．

時間以上であれば適用されることが明記されたため，マルチジョブホルダーの適用問題が一層顕在化することが予想される[26]．

4.2.1　所定労働時間の類型

以下では，2つの労働契約を締結し，所定労働時間が長い「本業」と短い「副業」で働くことを想定してみる．なお，本業と副業とで事業主が同一でも異なっていてもよいが，事業所を異にするものとする[27]．そうすると，次の4つが想定される[28]．

a）本業：20時間未満，副業：20時間未満であり，合計20時間未満の場合

いずれの事業所においても保険関係が成立しない．

b）本業：20時間未満，副業：20時間未満であり，合計20時間以上の場合

労働時間は通算されないので，いずれの事業所においても保険関係が成立しない．

c）本業：20時間以上，副業：20時間未満の場合

本業で保険関係が成立し，保険料算定にあたって副業の報酬は加味されない．

d）本業：20時間以上，副業：20時間以上の場合

いずれの事業所でも保険関係が成立し，報酬合算の上保険料が算定され，被保険者に届出義務が転換する．保険給付は合算報酬に応じて決定される．

4.2.2　マルチジョブホルダーと所定労働時間

上記4類型を見ると，マルチジョブホルダーにとって以下の点が問題になることがわかる．

第1に，労働時間の通算制である．すでに見たように，労働基準法では労働時間を通算するが，厚年法をはじめとする社会保険法では通算しない．これにより，

26）短時間労働者の労働時間について，第1号被保険者の37.9％，第3号被保険者の30.0％が週10時間以上20時間未満の労働時間とされており，新たな就業によって通算労働時間が20時間を超える者は少なくないことを推察させる．厚生労働省「パートタイム労働者総合実態調査」（平成23年）．

27）もっとも，厚年法8条の2によると，2以上の適用事業所の事業主が同一の場合は，1の適用事業所とすることができる．

28）裁量労働制については，協定労働時間か，それとも実労働時間を標準とするかについては検討の余地があろうが，ここでは検討外とする．

b）のケースにおいては労働基準法上の労働時間である通算労働時間が20時間を超えているにもかかわらず，厚生年金に加入することができない．c）のケースにおいては，副業について厚生年金保険関係が成立しないことになり，副業による報酬も加味して生計が維持されているにもかかわらず，それが将来の年金に結びつかないことになる．

それでは改正法の文言から，労働時間を通算してはならないということが導けるのであろうか．改正前の内かんが用いていた常用的使用関係というものが，同一の事業主の下での使用関係と理解すれば，改正前は当然に通算されないことになろう．しかし，改正法は20時間基準が常用的使用関係と等しいと明記したわけではない．そうなると，改正法は「常用的」なる単一の労働契約関係を前提にした，同一事業主の下での使用従属関係に限定される必要もないということになる．というのは，法が「同一の事業主」に限定しているのは労働契約期間なのであり，労働時間については「同一の事業主」の限定を加えていないのである（厚年法12条）．この明文上の相違点を軽視すべきでなく，複数事業主間での労働時間を通算することは，必ずしも法と矛盾しないという結論が導かれる．

第2に，届出義務の転換である．もっとも，マルチジョブホルダーの通算労働時間を把握することができるのは労働者本人であり，事業主ではない．ここから届出義務を転換させるのには意味があろう．しかしながら，改正法によっても労働時間を通算しないのであるから，届出義務が問題になるのはd）のケースだけである．この場合，保険者が年金番号等によって年金記録を管理すれば足りるのであるから，届出義務を転換させる理由にはならない．むしろ，労働時間を通算することとした場合に届出義務をいかに設定すべきかについては議論の余地がある．

第3に，4分の3要件を20時間へと，基準を変更したことによる影響である．もちろん，4分の3と20時間では算定方法が異なるので，新たに適用が排除される者もあろうが，ごく少数にとどまるであろう．そうすると，法改正で影響を受けるのは，新たに拡大した部分であるc）とd）のケースである．そもそも厚生年金の適用拡大趣旨は短時間労働者をいかに包摂するかということなのであるから，これは趣旨に合致している．

ところが，基準変更に伴い生ずる2つの問題を考えなければならない．1つは，新たな就労調整が生じることである．就労調整には被保険者によるものと事業主によるものの2通りがあろう．被保険者によるものとしては，改正前に本業の所定労働時間が20時間台であったc）のケースにおいて，法改正を契機に本業の適用を逃れるために本業の所定労働時間を20時間未満に変更する就労調整を行い，b）のケースになる場合である．またこれは，事業主がその保険料負担を嫌って，c）の労働者を配置転換し，同一事業主複数事業所内部でb）のように労働時間を調整するような場合である．このような就労調整は，所得保障の観点からは望ましくない．

もう1つの基準変更に伴って生ずる問題は，事業主負担が発生することである．新たにc）あるいはd）のようなケースに該当するに至った事業主は，厚生年金の事業主負担を拠出しなければならないことになる．この問題は，厚生年金における事業主負担の意義と根拠をどこに求めるか，という問題に帰着する．

4.3　一事業所における短時間労働と事業主負担の根拠

マルチジョブホルダーの適用に限らず，非正規労働者の厚生年金適用拡大を阻む現実的な理由は，保険料の事業主負担である．この是非を検討するにあたっては，改正前の常用的使用関係にある使用者は事業主負担が義務づけられるのに，短時間労働者を雇用する事業主はなぜ義務づけられないのだろうか，ということを問い直されなければならないだろう．そのためには，事業主負担とは何かということの再検討が必要となる．

現行の厚生年金の適用基準（内かん）は，健康保険法の適用基準と共通である．この点に着目して，事業主負担の根拠は厚生年金と健康保険で共通しているものとして論じられてきたように思われる．もっとも，健康保険法では保険料拠出と給付との間で，その牽連性を認めつつも，保険料と給付の対価性が無いことから，厚生年金よりも一層事業主負担の論拠をめぐる議論が活発であった．そこではおおむね次のように議論してきた[29)]．

①原因者負担説

傷病の発生について事業主にその原因を求め，事業主ないし事業主総体としての資本に対して賠償ないし補償を求めるとするもの[30)]．

---

29)　以下の分類は台［2007］, p. 60, による．

30)　吾妻［1957］, p. 145；西原［1963］, p. 333；荒木［1983］, p. 46；遠藤［1991］, p. 104；堀［2004］, p. 58；江口［2001］, p. 155；小西［2001］, p. 171.

②受益者負担説

事業主が健康保険制度の運営から生じる外部的な便益を享受しているから，その受益に応じた負担をすべきとするもの[31]．

③賃金説

事業主負担は実質的に賃金の一部なのであり，名目上の賃金に含めないで事業主から直接に徴収するとするもの[32]．

④連帯説

事業主と被保険者との間において，相互にまたは一方的に扶助すべき法的義務を発生させる連帯関係が存在するとするもの．あるいは，個別事業主と個別被保険者の連帯より広く，事業主全体の被保険者集団に対する社会的責任のような連帯であるとみるもの[33]．

⑤企業課税説

事業主による賃金の支払いに担税力を認めて課税する賃金税とみるもの．

上記の5説に分類されるであろう．

なお，裁判例では，「保険の利益を享受しない事業者についても社会保険の相互扶助的性格に基づき保険料の負担を要請している」として，（社会）連帯説を採用しているように思われる[34]．

ここでいずれの説の優越を論じることはしないが，①事業主が老齢・障害・生計維持者の死亡といった厚年法上のリスク発生原因に寄与することを観念することは困難であること（間接的な寄与については議論の余地がある），②受益者負担説によると，厚生年金に加入することによって事業主が受ける便益は，かえって負担が増えるので説明できないこと，③賃金説については労基法上の賃金とは言えないだけでなく，厚年法が設定した負担なのであるから厚年法3条1項4号の定義規定のいう「労働の対償として受ける」ものであるとは言いがたいこと，

31）　西原［1963］, p. 333；高藤［1994］, p. 29；堀［2004］, p. 58；江口［2001］, p. 155；島崎［2011］, p. 265；台［2007］, p. 60.

32）　西原［1963］, p. 333.

33）　高藤［1994］, p. 29；良永［2010］, p. 134. 労働者に対する配慮義務とみるものに，島崎［2011］, p. 265.

34）　横浜市健康保険組合事件・横浜地判平10・9・16判自187号86頁.

④企業課税説については課税の根拠を示したことにはならない，といったことからすると，厚年法に関しては連帯説で説明せざるをえないであろう．

それでは，連帯説で事業主負担を説明した場合，短時間労働については連帯関係から生じる負担義務を免じられるのだろうか．おそらく，短時間だからといって連帯関係から排除すべき特段の理由は無いであろう．そもそも厚生年金等に係る事業主の保険料納付義務は労働契約上の付随義務であると考えられており[35]，当該付随義務が短時間労働であるがゆえに免ぜられるとも考えにくい．そうだとすると，ごく短時間でも法律によって加入が強制されるのであれば，すべての事業主が厚生年金保険料を負担し，納付する義務を負うことになる．

このように考えると，短時間労働であるがゆえに事業主が保険料負担を免じられる法的な根拠には乏しいものと言わざるをえないであろう．しかしながら，事業主が連帯の担い手になりえるとはしても，どの程度連帯に関する責任を負わなければならないのか，ということは別問題である．この点，少なくとも，賃金によって生計を維持している者を使用している事業主は，連帯の現れとして事業主負担をしなければならないと考えるのであれば，通算労働時間が20時間を超える場合のすべての事業主は事業主負担をすべきということになる．

これに加え，1の事業所における所定労働時間が20時間に満たないのは，副業の存在を前提とすることもあろう．かかる場合の特定の事業主が加入を免じられることによって，他の事業主のもとで労働していることによる利益を享受しているということになる．本業の事業主が保険料負担をしないのは，副業事業主との労働契約関係があることのゆえなのであり，副業事業主にとっても本業があるからこそ負担を免じられているのである．そうすると，連帯説の立場からは本業も副業も加入義務を負うという結論になろう．したがって，上記b）とc）のケースでは，厚生年金加入義務を負うべきであると言えよう．

4.4 同一事業所雇用見込み要件

厚年法12条1項2号ロでは，2月以内の期間を定めて使用される者については，

35） この点議論の余地はある．加藤［2003, p. 461］では，労働契約上の義務と位置づけるが，小島［2014, p. 111］では，社会保険法関係上の義務にとどまり，労働契約を持ち出す必要はないとする．

厚生年金被保険者とならない旨を定めている．つまり，改正前の取り扱いとしては2月以上の有期労働契約については，4分の3要件を満たすかぎり，改正後は週所定労働時間が20時間を超えるかぎりにおいて，厚生年金の被保険者となる．したがって，所定労働時間が20時間以上30時間未満は本来厚生年金被保険者となるが，適用拡大部分のうち労働契約期間が2カ月を超えていても，更新して1年を超える見込みがない場合には，被保険者とならないことになる．

この改正理由は，短時間労働者の場合はフルタイム労働者に比べて労働移動が頻繁であるため，事業主の事務負担が過重であることから，新たに適用対象となる短時間労働者にはより長い雇用期間を求めることとしたと説明されている[36]．

実際，パート労働者の85.9％は有期労働契約であり，そのうち9割以上が1年未満である．他方で，まったく契約更新しないこととされているのはごくわずかであり，大多数の有期労働契約が更新を予定している[37]．そして，実際にパートタイム労働者として従事している者の平均勤続年数を見ると，7割以上が1年を超えている[38]．このように見てみると，確かに事業主の事務負担を考慮することは必要であろうが，事業主が1年を超える契約更新に消極的になる事態も懸念される．

改正法とマルチジョブホルダーとの関係は，次のような分類が可能になる．なお，いずれも本業とも副業とも，所定労働時間が20時間以上30時間未満と想定することにする．

a）本業の労働契約期間が1年に満たないことが見込まれ，副業も1年に満たない

いずれの雇用関係においても厚生年金の被保険者とならない．

b）本業の労働契約期間が1年を超え，副業が1年に満たない

本業との間で被保険者資格が発生する．

c）本業の労働契約期間が1年を超え，副業も1年を超える

いずれの雇用関係においても被保険者資格が発生する．

36）　第24回社会保障制度審議会年金部会資料（厚生労働省年金局「短時間労働者に対する被用者保険の適用拡大」2014年）．

37）　労働政策研究・研修機構「短時間労働者実態調査（事業所調査）」2010年．

38）　厚生労働省「賃金構造基本統計調査」2013年．

このように見ていくと，適用拡大の余地があるのはa）とb）の副業ということになる．ただ，これらはマルチジョブホルダー固有の問題ではない．労働契約期間の取り扱い一般の問題に還元される．すなわち，①所定労働時間によって(30時間以上か，20時間以上30時間未満か)，労働契約期間要件が異なる（2カ月以上か，1年以上か）はどのような必然によるものであるか，②有期労働契約の大半が更新を予定している現状に鑑みると，契約更新によって被保険者資格要件を満たすことが明らかになった時点から被保険者資格が発生し，被保険者資格が更新前の労働契約の始期にさかのぼって発生しないのは果たして適切であるのか，という問題を論じなければならないことになる．

そうすると，労働契約期間とマルチジョブホルダーの適用関係は，有期労働契約労働者の被保険者資格をどう考えるべきかということになる．ただ，学説では改正前の雇用保険法被保険者資格のうち，「同一の事業所」要件が不要であるとする見解もある[39]．確かに，登録型派遣就業を繰り返しているような労働者にとっては，必要な措置である．労働者派遣の直接雇用化を避けるために派遣就業と有期労働契約を繰り返すような事例においても[40]，<厚生年金保険法における>黙示の労働契約の成立の余地を検討することはできるであろう．これを前提にすると，b）の事例については，副業も被保険者資格が発生すべきと検討する余地はある．

4.5　報酬月額

今後さらなる適用拡大をはかるとしても，最後まで残る要件が報酬月額である．短時間労働を厚生年金に加入させるべきではないとする意見がある．いわゆる標準報酬逆転問題である．

逆転問題とは，第1号被保険者が第2号被保険者になる時に発生する．例えば，報酬月額が8万5,000円で厚生年金が適用されているとすると，2014年度の厚生年金保険料は1万4,800円余になる．同年の第1号被保険者の国民年金保険料が1万5,250円であるから，厚生年金被保険者になったことにより保険料負担が減少する．年金受給時には，新たに第2号被保険者になった者は老齢基礎年金に加

39）清正［2001］, p. 232.

40）マツダ事件・山口地判平25・3・13労判1070号6頁.

え，老齢厚生年金を受給する．これに対し，第１号被保険者は第２号被保険者よりも高額の保険料を拠出したにもかかわらず，老齢基礎年金だけ受給することになり，第２号被保険者よりも低年金になる．これは公平ではない，というのが逆転問題による適用拡大の限界であるとされてきた．

ところが，このような説明は奇異に思われる．１つは，このような説明での第２号被保険者の逆転現象は，厚生年金の保険料負担が全額第２号被保険者に帰着していることを前提にしている．事業主負担分は賃金とは言えず，経済学的にも被保険者に帰着するか事業主に帰着するかが明確ではないとされている以上，被保険者本人負担部分のみで論じることがあってもよい．上記の例では，１万4,800円の２分の１，7,400円をもって逆転が生じるかどうかを論じることも必要になる．そうすると，現行制度で逆転現象が生じるのは，標準報酬月額が18万円を分岐点とすることになり，多くの正規労働者に現在でも逆転現象が生じていることを論じるべきである．

もう１つは，基礎年金拠出金の財政方式である．基礎年金拠出金は，第２号被保険者個人別に第１号被保険者の保険料相当額を算出して個人別に計上しているわけではない．第３号被保険者に係る基礎年金拠出金と同様に，第２号被保険者全体で共同負担している．これをあえて第２号被保険者別に割り戻すとするならば，第２号被保険者１人当たり４％から５％程度の保険料として算出される．老齢厚生年金が純粋に保険料比例になるから，拠出金の算出も保険料比例に算定せざるをえないからである．そうすると，仮に基礎年金拠出金を標準報酬の５％だと仮定するならば，標準報酬月額30万円未満の者については，全員逆転現象が生じているということになる．事業主負担を排除すると，標準報酬月額60万円未満の者に逆転現象が生じていることになる．これはやはり奇妙な説明と言わざるをえない．

そもそも逆転現象は基礎年金制度が存在するかぎり不可避の現象なのであり，1985年に基礎年金制度が導入された当初から制度内在的な現象であった．そして，厚生年金保険料負担につき，事業主負担を含めるべきか否かという価値判断によって逆転が生じるのか否かということが左右されるのであるから，あまり説得的な議論ではないと言えよう．

仮に，逆転現象があるとしても，それは制度的にどのような意義を有するか．そもそも厚生年金は報酬比例で保険料を徴収し，平均標準報酬と被保険者期間，給付乗率を乗じて年金額を算出する．そうすると，老齢厚生年金の内部では，受給者ないし被保険者間で所得再分配が行われない．しかしながら，逆転現象の場合には，基礎年金制度を通じて受給者ないし被保険者間の所得再分配が行われる．これをどう評価するか．

第２号被保険者の間で所得再分配が生じるのは，逆転問題が生じた時である．逆転問題は低賃金労働者に発生する．つまり，高賃金労働者から低賃金労働者へ所得の移転が生じるのである．これは，財産権侵害の問題を発生させるとは言いがたく，むしろ正義に適った措置であると言える．そうすると，逆転問題はさほど問題ではないだけではなく，むしろ所得再分配の観点からはある程度望ましい措置であるとも言えるのである．そもそも低所得の第１号被保険者と低賃金の第２号被保険者との間で単純な比較をすることは，乱暴な議論である．低所得の第１号被保険者には自己の計算で事業を営み，労働契約の使用従属関係に入らない者も存在する．他方で，低賃金の第１号被保険者を想定するならば，それを可能なかぎり厚生年金に加入させることで第２号被保険者とすることが望ましいとするのが法政策の動向である．そうすれば，逆転現象というものは比較できないものを比較しようとしていることに，そもそもの問題があるように思えるのである．

これをマルチジョブホルダーの観点から見る．改めて分類するまでもなく，これには賃金の通算が前提となる．賃金の通算は労働時間の通算を前提とするので，4.2節の所定労働時間問題と同一になる．したがって，改正法を前提とすると，マルチジョブホルダーの報酬月額は直接の問題にはならないということになろう．

しかしながら，所定労働時間要件が廃止された場合には，報酬月額の要件が残る．この場合には所定労働時間が通算される方向での改正もありうるのであるから，報酬を通算することもあろう．そうすると，厚年法の「使用される」のうち経済的従属性を重視し，通算報酬額が一定以上であれば厚生年金被保険者となるべき，と言うことになる．

4.6　届出義務の転換

ここまで検討したように，可能なかぎりでマルチジョブホルダーに対する厚生年金適用拡大を行ったとしても，実効性のある措置をとることができるかどうかは，適用事務手続きの簡便さによる．雇用保険の適用や労災保険の通算について，その必要性は認識されているものの，それが現実化しないのは事務手続上の問題が解決できないからである．厚生年金もそのような事情から，マルチジョブホルダーの厚生年金被保険者資格の届出義務を事業主から被保険者に転換しており，その措置の措置のあり方に疑問が投げかけられていることはすでに述べたとおりである．

もっとも，このような正確な情報を有している者は誰か，という観点から届出義務を転換させる意義は薄くなっているものと言わざるをえない．行政手続における特定の個人を識別するための番号の利用等に関する法律，いわゆるマイナンバー法（番号法）は，その第９条第３項で厚生年金資格得喪の届出（厚年27条）に係る事項につき，必要な限度で個人番号を利用することができる旨を定めている．これにより，保険者は保険関係の成立について自ら情報を収集することができ，それを厚年法に従って利用することができる．そうすると，法定要件を満たすかぎりで職権適用が可能になるのであるから，マルチジョブホルダーについても，適用要件を変更するかぎりにおいて適用拡大をすることができると言えよう．少なくとも，同法施行状況をにらみつつ，マルチジョブホルダー適用の可能性を探りつつ検討すべきであろう．

5　マルチジョブホルダー適用の方向性と残された課題

以上検討の結果，マルチジョブホルダーの厚生年金適用についてはいかに考えるべきであろうか．厚生年金が「生活の安定と福祉の向上に寄与すること（厚年１条）」を目的とし，リスク分散と所得保障の観点から，あるいは雇用中立的な制度の観点から[41]，また，第１号被保険者の非正規労働者の生活保障の観点からも[42]，短時間労働者の適用拡大をはかることは望ましい政策であり，それはマルチジョブホルダーも基本的に変わることがないであろう．なぜならば，厚生年金をはじめとする社会保険制度の適用は，雇用関係に内在する「人的従属関係ではなく，経済的従属関係が重要」[43] だからであり，市場経済に従属せざるをえない労働者を可能なかぎり社会保険に包摂することが望ましいとされているから

41）　菊池［2010］, p. 81；水町［1997］, p. 255.
42）　駒村［2014］, p. 78.
43）　倉田［2009］, p. 110.

である．

そこで現行法と改正法を概観すると，シングルジョブホルダーの短時間労働者に関する適用については漸次配慮されていることがわかる．しかしながら，マルチジョブホルダーについては必ずしもその配慮がゆき届いていないように思われる．これは労働時間，賃金等の通算をすべきか否か，通算するとすればいかなる方法ですべきか，といった制度の枠組み構造をめぐる問題と，新たな費用負担をいかに考えるべきかという問題から生じている．これにとどまらず，厚生年金適用に係る事務負担と保険料徴収の確実性といった，事務手続上の問題も看過できない．仮にマルチジョブホルダーに適用を拡大するとしても，これらの点を解消しなければならないであろう．

このように考えると，マルチジョブホルダー適用問題は，単に技術的問題にとどまらないことがわかる．厚生年金の制度趣旨，年金における連帯，費用負担のあり方，年金制度の将来拘束性といった，規範原理に立ち返った議論が再度必要になっているものということができよう．

【参考文献】

吾妻光俊［1957］『社会保障法』有斐閣．

阿部和光［2010］「社会保険の適用範囲（権利主体）」河野正輝・阿部和光・石橋敏郎・良永彌太郎編『社会保険改革の法理と将来像』法律文化社．

荒木誠之［1983］『社会保障の法的構造』有斐閣．

有泉亨［1963］『労働基準法』有斐閣．

岩村正彦［2008］「基礎年金制度に関する一考察」菅野和夫・中嶋士元也・渡辺章編『友愛と法――山口浩一郎先生古稀記念論集』信山社．

碓井光明［2009a］「社会保障財政における社会保険料と租税――財政学からの分析」国立社会保障・人口問題研究所編『社会保障財源の制度分析』東京大学出版会．

碓井光明［2009b］『社会保障財政法精義』信山社．

江口隆裕［2001］「社会保障の財政」日本社会保障法学会編『講座社会保障法第１巻』法律文化社．

遠藤昇三［1991］『「人間の尊厳の原理」と社会保障法』法律文化社．

笠木映里［2014］「社会保障法と行政基準」『社会保障法研究』第３号．

加藤智章［2003］「強制加入の手続きと法的構造」西村健一郎・小嶌典明・加藤智章・柳屋孝安編『新時代の労働契約法理論　下井隆史先生古稀記念』信山社．

菊池馨実［2010］『社会保障法制の将来構想』有斐閣.
菊池馨実［2014］「平成26年財政検証と次期年金改正」『週刊社会保障』第2786号.
倉田聡［2009］『社会保険の構造分析』北海道大学出版会.
小島晴洋［2014］「企業」『社会保障法研究』第３号.
小西國友［2001］『社会保障法』有斐閣.
駒村康平［2009］「労働市場と年金制度」駒村康平編『年金を選択する――参加インセンティブから考える』慶應義塾大学出版会.
駒村康平［2014］『日本の年金』岩波新書.
島崎謙治［2011］『日本の医療』東京大学出版会.
菅野和夫［2012］『労働法［10版］』弘文堂.
清正寛［2001］「雇用政策と所得保障」日本社会保障法学会編『講座社会保障法第２巻　所得保障法』法律文化社.
清正寛［2005］「被用者保険法における被保険者概念の一考察――法人の代表者および短時間労働者をめぐって」『法学志林』第102巻２号.
台豊［2007］「健康保険料事業主負担の転嫁に関する規範的考察」『法政理論』第39巻３号.
台豊［2008］「被用者保険法における短時間労働者の取り扱いについて――健康保険法, 厚生年金保険法および1980年厚生省内かんに関する一考察」『季刊社会保障研究』第38巻４号.
高藤昭［1994］『社会保障の基本原理と構造』法政大学出版局.
東京大学労働法研究会［1990］『注釈労働時間法』有斐閣.
西原道雄［1963］「社会保険における拠出」契約法体系刊行委員会編『契約法体系Ⅴ（特殊の契約）』有斐閣.
堀勝洋［2004］『社会保障法総論［第２版］』東京大学出版会.
水町勇一郎［1997］『パートタイム労働の法律政策』有斐閣.
三井正信［2000］「労働法の新たなパラダイムのための一試論（一）――労働基準法38条１項の解釈と就業規則の兼職制限規定の法的根拠を手がかりとして」『広島法学』第24巻２号.
矢野昌浩［2013］「半失業と労働法」根本到・奥田香子・緒方桂子・米津孝司編『労働法と現代法の理論（上）――西谷敏先生古稀記念論集』日本評論社.
良永彌太郎［2010］「費用の負担」河野正輝・阿部和光・石橋敏郎・良永彌太郎編『社会保険改革の法理と将来像』法律文化社.

第9章
女性の年金権と雇用
――第3号被保険者制度と就労・育児の評価

常森裕介

1　はじめに

平成26年度の財政検証を終えた現在，公的年金制度について考える際には，制度を支える側と給付を受け取る側のバランスがより重要な論点となっている．特に出生率および女性の労働市場への参加が支え手の厚みに大きく関わっている．公的年金制度の基盤という点からも，子どもを産み，育てやすい社会と，女性が働きやすい社会の両方が求められている．ただし育児と就労の両立には多くの困難が伴う．本稿は，女性の雇用を軸とし，育児や就労といった諸活動を公的年金制度の中でどのように評価すべきか考察する．

本稿が主たる検討対象とするのは，第3号被保険者制度である．第3号被保険者制度は，女性，特に専業主婦の年金権を確立し，現在でも女性の老後の生活保障を支える重要な制度であり続けている．他方で，働く女性が増え，共働き世帯が増加する中で，第3号被保険者制度が前提としていた専業主婦モデルは，必ずしもわが国の標準的なモデルとは言えなくなっている．また保険料の拠出を伴わないため，第1号被保険者や第2号被保険者の女性との間で不公平感が生じている．

第3号被保険者制度については，廃止する，あるいは給付や拠出の形を変える方向での議論が続いてきた．後に検討するとおり，専業主婦世帯が一定数存在するかぎり，廃止した後どのように代替的な所得保障を行うのかという問題が残される．そのため近年の議論では厚生年金の適用拡大により，パートタイマー等の非正規雇用労働者を加入させることが政策上の焦点となっていた．本稿は第3号被保険者制度を維持することを前提に，制度を縮小し[1)]，現行制度と同様の形で給付を受ける世帯が例外的な存在となるための道筋を考える.

第3号被保険者制度を縮小するには，育児や就労といった活動を多様な形で評価する必要がある．収入が一定以下の女性を一律に被扶養配偶者とするのではなく，おのおのの活動に応じ拠出と給付を多様なものにしなければならない．加えて，就労や育児に従事しない被扶養配偶者に対する給付の形も再考する必要がある．ただしその際老後の生活保障という第3号被保険者制度および公的年金制度が持つ基本的な機能を失わせることがあってはならない．老後の基本的な生活を保障しつつ，女性の様々な活動をどのように評価するか．これが本稿の主たる問題意識である.

第2節では第3号被保険者制度の意義と課題を整理する．第3節と第4節ではそれぞれ女性の就労と育児や介護といったケア活動を年金制度内でどのように評価するかを考え，第5節では上記のような活動に従事しない被扶養配偶者に対する年金給付のあり方を再考する，第6節では，第5節までの整理を踏まえ，改めて第3号被保険者制度の意義を考える.

2　第3号被保険者制度の意義と課題

2.1　第3号被保険者制度の目的

第3号被保険者とは「第2号被保険者の配偶者であって主として第2号被保険者の収入により生計を維持するもの」(国年7条1項3号）である.「(略）第3号被保険者としての被保険者期間については，政府は，保険料を徴収せず，被保険者は，保険料を納付することを要しない」(国年94条の6）とされ，第3号自身および配偶者たる第2号被保険者に保険料納付義務は無く，第3号被保険者に対する給付は基礎年金拠出金を財源とする．第3号被保険者に該当するか否かは，前年の収入が130万円未満であること，配偶者の収入の2分の1を超えないことを基準に判断される（生計維持要件）[2].

第3号被保険者制度が導入されたのは1985年の改正時である．1961年に国民年

1)　堀［2012]，p. 55.
2)　第3号被保険者制度の概要については堀［2013]，pp. 136-139を参照.

金制度が発足した当時，第2号被保険者でいわゆる専業主婦と呼ばれる人々は強制適用の対象から外れ，任意加入のみ可能であった．だが任意加入した場合に夫の年金と併せ過剰給付になるおそれがあると同時に，「妻が任意加入していない場合は，障害年金は受給できず，さらに，離婚した場合には，自分名義の年金がない」ことが問題となっていた[3)]．

第3号被保険者制度の意義として，上記のような導入前の問題が解消されたことに加え，女性の年金権の確立，セーフティネットとしての機能があげられる[4)]．また女性が不利な雇用・社会慣行に直面しているために，第3号被保険者制度が必要との見方もある[5)]．第3号被保険者制度の主たる目的が，女性を中心とする被扶養配偶者の老後の生活保障であるとすれば，この目的は現在でも重要性を失っていない．本稿が第3号被保険者制度の維持を前提に検討を進めることも，この目的を重視するためである．

他方で女性の老後の生活保障は，第3号被保険者制度のみによって達成されるわけではなく，パートタイム労働者への厚生年金適用拡大等，複数の選択肢が考えられる[6)]．それゆえに年金制度の中で生活保障という目的を達成することを肯定的に評価するとしても，第3号被保険者制度という方式が妥当なのかを改めて検討しなければならない．

2.2　第3号被保険者制度への批判

第3号被保険者制度への批判は，次のように整理することができる．第1に，第3号被保険者自身が拠出を行わないにもかかわらず基礎年金部分の給付を受け取ること，第2に，第1号被保険者，被扶養配偶者を有しない第2号被保険者との公平性，第3に就労抑制効果である．

---

3)　社会保障制度審議会［2011］, p. 8．第3号被保険者制度の創設から現在に至るまでの流れについては本田［2013］も参照．

4)　社会保障制度審議会［2011］, p. 10.

5)　堀は「第3号被保険者の大半を占める女性は，我が国においては，不利な雇用慣行（退職後の不利な雇用機会，低賃金等），不利な社会慣行（女性が家事，育児，介護等を行うこと）に直面している」と指摘する（堀［2013］, p. 138)．

6)　堀は女性の低年金を解決する方法として，パートタイムから正社員への移行の促進，男女の賃金格差の是正，厚生年金の適用拡大，パートタイム労働者の労働条件の改善，最低保障年金の導入をあげる（堀［2009］, p. 419)．

まず，第3号被保険者制度では，第3号被保険者自身は保険料を拠出せずに，給付を受け取ることができる．すなわち配偶者たる地位に基いて給付を受け取る．この問題について，第3号被保険者制度については，拠出に基づく給付という保険原理ではなく，扶助原理が当てはまるという見方もある[7)]．わが国の基礎年金制度は拠出能力が無い者も強制加入とするため，保険料の減免を受ける者も含め，拠出に基づく給付という関係がすべての被保険者について貫徹されているわけではない．

次に，第1号被保険者や第2号被保険者の女性との間で不公平感が生じている．第1に，第3号被保険者は配偶者のみに適用される制度であるため，単身者との間で公平性を欠くことが指摘される[8)]．第2に，同じ配偶者であっても，第1号被保険者はおのおのが被保険者として保険料を拠出しているため，第1号被保険者との間で公平性を欠くとの指摘もある．第3に，同じ第2号被保険者の配偶者であっても，被用者で一定以上の収入がある者は，第2号被保険者として保険料を拠出しているため，いわゆる共働き世帯を含めこのような者たちとの間で公平性を欠くと考えることもできる[9)]．これら他の被保険者との比較において，第3号被保険者制度は公平さに欠けるという批判を生じさせてきた．

最後に，就労抑制の問題が指摘される．第3号被保険者制度は，収入額が一定額以下の配偶者を対象とし，この基準を超えると保険料を支払わなければならないため，例えばパートタイムで就労する女性が就労日数等を調整し基準を超えな

---

7)　堀は妻の保険料が個別に夫に課されないことにつき「社会保険の『能力に応じて負担し，必要（ニーズ）に応じて給付する』の原則に適合」し，「保険原理には反するが，もう1つの扶助原理に適合する」と述べる（堀［2012］, p. 51）．

8)　日下部は世帯ではなく個人単位で見ると「単身世帯と夫婦世帯との間，夫婦世帯でも片働き世帯と共働き世帯との間」で給付と負担の公平性を欠くと指摘する（日下部［2006］, p. 5）．

9)　高畠は「単身の第1号被保険者や第1号被保険者の被扶養配偶者には」第3号被保険者のような年金権の保障が無く「就労状況や負担能力が同様であっても，婚姻の有無や配偶者の就労形態によって，保障される老齢年金額に大きな差が生じて」おり，第2号被保険者全体で第3号被保険者の給付分を負担していることを考えると，「社会連帯を規範根拠として，拠出する側の被保険者の大多数が合意できるということは困難」だと述べる（高畠［2013］, p. 30）．鈴江は女性と年金検討会の議論でも第1号被保険者の処遇について議論がほとんどなされなかったことを指摘する（鈴江［2009］, p. 77）．

いようにする，いわゆる就労抑制効果が指摘されてきた[10]．

2.3 第3号被保険者制度の改革に関わるこれまでの議論

これらの批判を受けて，第3号被保険者制度に対して，幾度か改革案が提示されてきた．まずあげられるのは「女性のライフスタイルの変化等に対応した年金の在り方」で示された6つの案，および「年金改革の骨格に関する方向性と論点」である[11]．これら改革案について，第3号被保険者に（第1号被保険者と同じ）保険料負担を求める（Ⅰ案），第3号被保険者の配偶者（第2号被保険者）に定率の追加負担を求める（Ⅱ-1案），第3号被保険者の配偶者（第2号被保険者）に定額の追加負担を求める（Ⅱ-2案），第3号被保険者の給付を減額する（Ⅲ案），といった方向で整理がなされる[12]．また近年有力に主張されているのが二分二乗方式である．二分二乗方式とは「夫婦の納めた保険料を合算して二分したものをそれぞれの納付保険料とする」方法で，第3号被保険者も配偶者である第2号被保険者と「共同で保険料を負担していると考えることができるため」，第3号被保険者が「いわばみなし第2号被保険者として保険料を負担して給付を受け取ると認識」し，「不公平感」を「一定程度解消」することが期待される[13]．

上記諸改革案の多くは，第3号被保険者も保険料を負担しているという「認

10) 前田は就業調整は合理的な行動であり「130万円の壁が存在するような年金制度は女性の労働供給に関して中立的な制度とはいえず，労働のインセンティブに大きな影響を与えている」と指摘する（前田［2005］, pp. 198-199）.

11) Ⅰ案については潜在的な持分権という他の社会制度で採用されていない考え方を導入できるか，Ⅱ案については逆進性という問題を持ちやむをえず採用されている定額保険料を第3号被保険者にも課すことができるか，Ⅲ案については第3号被保険者の有無以外のリスク（性別，子どもの有無等）をどう考えるか，Ⅳ案については（Ⅱ，Ⅲ案と同様）片働き世帯の夫に，共働き世帯より高い保険料を求めることにつき事業主の負担を得られるか，Ⅴ案について部分的な解決にとどまるのではないか，Ⅵ案について育児・介護等の期間中にある者以外の被扶養配偶者をどう考えるか，といった問題が指摘されていた（女性のライフスタイル等の変化に対応した年金の在り方に関する検討会［2001］, pp. 67-72）．江口は2011年の税と社会保障の一体改革の中で示された第3号被保険者制度改革案のうち「妻の分は妻自身が負担する」案が妥当であるとし，その理由として「多様なライフスタイルに中立的な社会保障制度の確立が可能となり，個人がどのような人生を選択しても，年金保険料は自分で払うという原則が貫徹される」ことをあげる（江口［2011］, p. 37）．衣笠も第3号被保険者から「定額保険料をとり保険料免除制度で細やかに対応する」やり方を提示する（衣笠［2012］, p. 67）.

12) 社会保障制度審議会［2011］, pp. 26-31.

識」を第3号被保険者本人および他の被保険者に与えることに重きが置かれている．皆年金制度の下で，第3号被保険者についても拠出に基づく給付という社会保険の原則を貫徹するという観点から見れば，いずれも一定の意義を持つ[14]．また「不公平感」や納得感といった主観的な評価を改善するためには，「認識」も重要な要素となる[15]．二分二乗方式は第3号被保険者が負担している「認識」を形成するという点では，有力な選択肢となりうる．

2.4　検討の方向性――第3号被保険者制度の意義

第3号被保険者制度も含め，公的年金改革に関わる議論では，性別や職業に「中立的」な制度や，それを具体化するための年金の「個人単位化」が論点になることも多い．ただし「中立的」や「個人単位化」といった表現が，何を意味するのか必ずしも一義的に定まっているわけではない．確かに第3号被保険者制度について言えば，専業主婦モデルという一部の世帯類型に属する，被扶養配偶者（主に女性）を優遇する点で，「中立的」ではないと言うこともできる[16]．

しかし各個人が被保険者となっているわが国の年金制度において，さらに「個人単位化」を進めることが具体的にどのような制度構想につながるのか，あるいは性別や職業を考慮しない制度が望ましい制度であるか，簡単に結論を出すことはできない．例えば倉田は，年金制度の方向性について「公平の実現や中立性の確保といった政策選択の妥当性を，年金保険制度の趣旨・目的に照らして」考え

13）社会保障制度審議会［2011］, p. 33.

14）吉中は「社会保険制度における給付と負担の明確化のために，議論は終始，保険料徴収に重点が置かれている」と指摘する（吉中［2006］, p. 161）.

15）永瀬は第3号被保険者制度の検討にあたって，経済保障としての妥当性，育児活動等とのリンクに加え「国民がこれを公平と思い支持するか」という視点が重要だと述べる（永瀬［2004］, p. 59）.

16）吉中は「現行のように婚姻の有無，雇用形態や職域，就労時間や年収によって異なる年金制度に加入するのではなく，かつ個人の属性に関係なく，最低生活が保障された基礎年金を受け取る制度が望まれる．それは同時に，女性の就労形態に対しても中立的と考えられる」と述べる（吉中［2006］, p. 163）．鈴江は第3号被保険者制度については「『世帯単位』の年金制度から『個人単位』の年金制度を目指した」もので，「被用者の妻の年金権が確保されたという点においては，『個人単位』の年金制度の確立」であるが，「被用者年金加入者に加算される配偶者加給年金，配偶者への振替加算，配偶者への遺族年金が残されたことから『世帯単位』の年金制度の理念は継承され」，強化されたと述べる（鈴江［2009］, p. 70）.

るべきとしたうえで，第３号被保険者に保険料負担を求めても「保険料負担に対する公平感は増しても，保険料拠出における実質的な個人単位化は実現しない」と述べ，不公平感よりも無年金者解消が重要であり第３号被保険者制度の合理性は高いと述べる．倉田は第３号被保険者制度および公的年金制度について生活保障を重視し，「個人単位化」の意味や実現可能性について疑問を呈しているように読み取れる[17]．すなわち「中立的」な制度や「個人単位化」を目指すとしても，第３号被保険者制度が担ってきた役割，生活保障や拠出能力の無い者が無年金者になることを防ぐという役割をどのように担っていくのか考える必要がある．

本稿は「中立的」な制度や「個人単位化」といった枠組みではなく，現在の第３号被保険者制度の意義を再確認し，特に女性の老後の所得保障という機能を維持したまま，就労や育児など多様な諸活動を評価する方向での検討を行う．

3　公的年金と女性の就労

第２節で検討したとおり，第３号被保険者制度をめぐる近年の議論では，拠出能力のない第３号被保険者自身が保険料を拠出しているような「認識」を作り出すことが重視されてきた．他方，公的年金制度の外側に目を向けると，政府の経済成長戦略や平成26年度の財政検証の中で，女性の就労促進が打ち出されている．第３号被保険者制度も含め，公的年金と女性をめぐる問題は，公的年金制度内部の公平性と，財政規律や政治的な動きから要請される女性の就労促進という，複数の流れの中にある．以下では女性の就労を促進する流れについて概観した後，女性における正規雇用と非正規雇用の格差，特に年金制度内部での差を整理し，厚生年金制度の適用拡大がどのような意義を持つのか考察する．

3.1　女性の就労促進

現在わが国の人口は減少傾向にあり，労働力人口も同じく減少傾向にあるが，女性について見ると，労働力人口は増加し，就業率も上昇している[18]．政府は

17）　倉田［2010］, pp. 48-51.

18）　2013年の平均労働力人口は6,577万人で，前年と比べ，男性は16万人減少し，女性は38万人増加した．就業率も男性が前年と同率で，女性が0.9％上昇した．総務省統計局［2013］, pp. 1, 6．

女性の活用を成長戦略の柱の1つとし，高齢者とともに，潜在的な働き手として女性の就労に期待を寄せている[19]．また平成26年度の財政検証を見ると，労働力率と出生率が将来の年金給付水準を決定する重要な指標となっている．少子高齢化が年金財政の支え手と受け取り手のバランスを歪める中で，子ども（将来的な支え手）の数を増やすだけでなく，働くことのできる高齢者や女性など，支え手になりうる可能性を持った人々の就労および保険料拠出に期待が寄せられている[20]．同時に，少子化対策として，出産や育児に対する支援の充実もはかられている．

もちろん就労するか否かは個々人の決定に委ねられており，強制できるものではない．また支え手として期待されるのは現役世代の女性だけではなく，男性も同様である．ただし結婚，出産の後就労を断念する，あるいは就労時間を減らす女性が多いことを踏まえると[21]，女性の就労に期待することには政策的な合理性があると言える．

3.2　雇用形態に基づく差

女性の就労促進において，雇用形態や労働条件は重要な要素となる．第3号被保険者制度が現在でも意義を持つ理由として，女性の就業機会の少なさや雇用条件の悪さをあげることができる[22]．女性は，男性と比べ，非正規雇用や短時間労働に従事する割合が高い[23]．第3号被保険者制度は収入要件を設け，雇用形

19）わが国の経済成長の3つの要素の中に労働力としての女性の活躍が織り込まれている．産業競争力会議［2015］, pp. 5-6.

20）厚生労働省［2014］, pp. 4-5. 国民会議も雇用の促進や後述する適用拡大により支え手を増やすべきとする．社会保障制度改革国民会議［2013］, p. 46.

21）財政検証資料では女性の労働力率の推計も一要素となっており，「ゼロ成長シナリオ＋労働市場への参加が進まないケース」ではいわゆるM字カーブになっているのに対し，「経済再生シナリオ＋労働市場への参加が進むケース」では，30～50歳の就業率が高まり，M字の形状が修正されている．厚生労働省［2014］, p. 6 .

22）堀は「女性が家事，育児，介護等の大部分を担って」おり，「このことなどから，女性の就業条件，すなわち女性の賃金，就業機会（特に育児後の正規雇用の機会）等が，男性と比べて劣ったものとなっている」ことが第3号被保険者制度が必要な理由の1つであると説明する．堀［2012］, p. 54.

23）平成23年度の調査によれば，女性の就業者における正社員の割合は45.6％（男性79.7％），非正規は54.4％（男性20.3％）でその大半（45.9％）がパートタイム労働者となっている．厚生労働省［2011］.

態や労働条件による区別は設けていないが，後述する厚生年金への加入には労働時間が1つの要件となっている．すなわち有期か無期か，パートタイムかフルタイムかといった雇用形態の違いは，公的年金制度において直接被保険者の類型を決定する要件ではないものの，間接的に，あるいは事実上の影響を与えていると言うことができる．

非正規・短時間労働者は正規雇用の労働者と比較し，現役時の所得が低くなるだけでなく，第1号被保険者として国民年金に加入している場合には，厚生年金加入者と比べ，老後の給付額も低額にとどまる可能性がある．パートタイマー等女性の短時間労働者は，学生とともに家計補助的労働者と考えられていたが，非正規労働者の増加によって労働条件の改善が必要になった[24)]．第3号被保険者の中には，家計補助を目的とし，収入要件の130万円未満の範囲で就労している者が一定数存在する[25)]．これに対し，夫婦ともに短時間労働者の世帯を想定すると，老後の生活保障は双方の国民年金しかない．ただし低年金問題を考える際には，被用者として就労する第1号被保険者に着目する必要がある．

加えて，第3号被保険者制度の公平性を考える際には，収入要件の設定は論点の1つとなる．収入要件を現在よりも下げることで，より多くの短時間労働者等に保険料を課すことができる．しかし現在の第3号被保険者が第1号被保険者として保険料を拠出するようになったとしても，女性の雇用や老後の生活保障の問題が解決するわけではない．第3号被保険者制度のあり方を超えて，女性の雇用と年金制度全体の関係を考える必要がある．

3.3 厚生年金の適用拡大の意義

短時間労働者への厚生年金の適用拡大は，新たに保険料を賦課する対象を拡大するとともに，被用者として就労する第1号被保険者や第3号被保険者の給付額

24) 「1990年代初頭のバブル経済崩壊直後までのパートタイム労働者は，子育てが一段落した女性が家計補助者として家事と両立する態様で短時間労働に従事する『主婦パート』」が中心であったが，「1990年代後半以降，非正規労働者の大幅な増加のなかで，正社員に比して非正規労働者の賃金・待遇が格段に劣ることに対する不満や批判が高まり」対応が必要となった．菅野［2012］, pp. 240-241.

25) 例えば第3号被保険者で週所定労働時間が20～30時間の者のうち，年収別分布で最も多いのは90～100万円となっている．厚生労働省保険局［2012］, p. 14.

を増やすことにつながる.

従来，1週当たりの労働時間が30時間以上であることが厚生年金適用の基準となっていたが，2012年の改正を経て30時間から20時間に短縮された．これは非正規労働者に社会保険を適用することで「社会保険における『格差』を是正」し，「特に女性の就業意欲を促進して，今後の人口減少社会に備える」という考えに基づいている[26]．この改正により厚生年金に加入できる短時間労働者の範囲が拡大した．ただし学生は除外されており，適用は従業員数が一定以上の事業所に限られる[27]．厚生年金の適用拡大は，1階部分（国民年金）の給付のみであった短時間労働者が2階部分も含めた給付を受給できるようになるだけでなく，事業主による保険料の一部拠出という恩恵を受けることもできる[28]．他方で，短時間労働者本人の保険料負担を増大させ，事業主にも新たな負担を求めることになる[29]．

短時間労働者に対する厚生年金の適用拡大には，拠出能力のある者には拠出を求め，拠出と給付の牽連性を確保するという側面を持つ．また国民年金が定額給付，定額拠出である理由を所得把握の困難さに求めるならば，被用者で所得把握が容易な短時間労働者に所得比例年金を適用するという意味もある[30]．すなわち適用拡大は拠出と給付の結びつきや被用者に対する所得比例年金といったわが国の公的年金の原則を，短時間労働者にも貫徹することにつながる.

では厚生年金の適用拡大は，女性の雇用にどのような影響を与えるのだろうか.短時間就労により自ら生計を維持する，あるいは短時間就労かつ共働きの世帯で，おのおのが第1号被保険者である世帯は保険料負担が軽減される．逆に第3号被保険者であった労働者が厚生年金の適用を受けた場合，新たに保険料負担が生じ，

---

26)　厚生労働省［2012], p. 4 .

27)　1週当たり労働時間数のほか，月額賃金（8.8万円以上），勤務期間（1年以上），従業員数（501人以上）といった条件がある．厚生労働省［2012], p. 4 .

28)　藤本は遺族年金なども含めて考えると「非正規雇用者に国民年金が適用されることにより，被用者本人のみならず，家族の保障も小さくなっている」と指摘する．藤本［2014], p. 60.

29)　外食，流通産業から反発があり，「企業側の抵抗を受けた政府が妥協したため，当初のプランから大きく後退した」ことが指摘される．駒村［2014], pp. 78-79.

30)「国民年金第1号被保険者のうち約4割（39.4%）が，常用雇用及び臨時・パートの者で占められて」おり，第1号に占める「自営業者の割合が低下している」ことが指摘される．厚生労働省保険局［2012], p. 11.

労働時間や拠出額によっては得られる利益を負担が上回ることもあると考えられる[31)]．これは第3号被保険者制度の収入要件の基準設定にも関わる．現在の収入要件が女性の就労を抑制する効果を持つか否かについては，様々な見方がありうるが[32)]，厚生年金の適用要件と収入要件の設定によっては第3号被保険者の数が大幅に減少することも考えられる．

厚生年金の適用拡大は，継続的に働く意思と能力を持つ女性の就労を支援する重要な制度である．他方で，一定時間以上働くことのできない女性については，効果が及ばない部分もある．就労できない（しない）第3号被保険者に対しては，何らかの形で老後の所得保障を行う必要がある．同時に就労を希望しているにもかかわらず，育児等の理由で就労できない者に対しては，他の形での支援が求められる．

4 ケア活動と公的年金

女性が就労の機会を得たり，同じ雇用先で就労を継続する際に問題となるのが，家族に対するケア活動，具体的には育児や介護との両立である．育児や介護が女性によってのみ担われるべきものでないことは当然としても，女性が男性に比して大きな負担を負っていることも事実である．本節では女性のケア活動を公的年金制度の中でどのように評価するのか検討する．現行制度を見ると，第2号被保険者に対する保険料免除等，すでに実施されている制度もあるが，ケア活動を体系的に評価する仕組みが公的年金制度に備わっているとは言えない．以下では，

31） 例えば月収10万円の第1号被保険者が厚生年金に加入し，第2号被保険者になった場合，保険料が1年で約8万4,000円減り，給付が役17万3,000円増えるのに対し，第3号被保険者が第1号被保険者になった場合，給付は同額増えるとしても，保険料は約9万7,000円分増える．厚生労働省保険局［2012］, pp. 17-18.

32） 堀は「就業調整するパート等労働者は全体の約1割にすぎない」こと，収入金額のピークが収入要件の130万円ではなく90～100万円の層にあることから，「『130万円の壁』はないが，『100万円の壁』はある」とし，「第3号被保険者制度の就労抑制効果は余り出ていない」としつつ，「ある程度の所得のあるパート労働者には，できる限り厚生年金を適用したり，国民年金保険料を納めさせたりすることが望ましい」と述べる（堀［2009］, pp. 420-421）．大高は就業調整している割合が減っていることから「今後は課税や社会保険料が徴収されても，さらに多くの収入が得られる可能性があれば就労調整をしないパート労働者は増える」と述べる（大高［2014］, p. 41）．

育児を中心に検討する.

4.1　被保険者類型と育児活動の評価

わが国の公的年金制度において，育児活動への評価としてあげられるのが，第2号被保険者に対する育児期間中の保険料免除および従前標準報酬月額みなし措置である．育児休業を取得した者については，育児休業期間中の保険料が事業主負担分も含め免除される．育児休業を取得しない場合でも3歳未満の子を養育する時には，報酬額が低下する場合もあることから，養育する前の高い標準報酬月額を用いて計算する．加えて2012年の年金機能強化法により，従来育児期間ではなかった産前産後休業中の保険料も免除されることになった[33].

これに対し第1号被保険者には育児期間中の保険料免除は無い．この点で第2号被保険者とは異なる．年金機能強化法では第1号被保険者に対する出産前後の保険料免除については「検討が行われるものとする」とされ，検討規定となった[34].

第3号被保険者については，第3号被保険者自身に保険料納付義務が無いため，育児期間中に特に保険料免除制度があるわけではない．すなわち育児を行う者とそうでない者の間で拠出および給付において差が設けられていない．

上記のとおり，わが国の公的年金制度において育児活動に対する評価は限定的なものだと言える．対象が第2号被保険者に限定されているだけでなく，評価の方法も保険料免除に限られる[35]．第2号被保険者は育児のために休業せざるをえないことが多いため，保険料免除や給付額への反映は妥当であろう．これに対し仕事の時間や場所を柔軟に調整することができる者や，専業主婦は育児によって失うべきフルタイム雇用を持たない．しかし女性の雇用という視点で広く考えた時，後述するように第1号被保険者および第3号被保険者の育児活動を評価す

---

33)　堀［2013］, pp. 193, 194, 578.「みなし措置は年金に関し育児による不利益を解消するものであり，子育て支援・次世代育成支援の意味が込められている」と説明される（p. 193).

34)　厚生労働省［2012］, p. 18.　堀は第1号被保険者の産前産後の保険料免除につき,「基本的に自営業者ではなく労働者に係る制度」だと述べている（堀［2013］, p. 578).

35)　例えば堀は公的年金制度の中で育児活動を評価する方法は，多様な形（保険給付，保険料負担，年金積立金による支援，福祉施設事業による支援）がありうることを示している．堀［2005］, p. 47.

ることも可能である[36].

4.2 育児期間の評価と公的年金制度

子ども・子育て支援新制度の創設，育児休業の拡大など，就労と育児の両立を支援するための政策が重要性を増している．ただし現時点では短時間労働者への支援は限定的であり，育児支援策はフルタイム労働者が主たる対象となっている．この点は公的年金制度における育児支援策も同様であった．

多くの育児支援政策は，育児によって生じるニーズの補塡を目的としている．他方，育児によって生じるニーズを充足するだけでなく，出産や育児という活動そのものを評価するという視点も必要である．少子化対策という視点に加え，労働市場での賃労働と別の観点から育児の価値を認め，積極的に評価することもできる[37]．このように考えると，就労せず保険料を拠出していない第3号被保険者であっても，育児活動を行っている場合には，保険料を減免するとともに給付額に一定程度反映させるということも考えられる[38]．就労し雇用を維持しながら育児休業という形で育児に従事する場合と，仕事を辞めたり労働時間を抑制して育児に従事する場合では，ニーズで見れば前者のほうが大きいとしても，育児に従事しているという点では共通している．

第3号被保険者制度についても，育児を評価する視点を含んでいると考えることができる．第3号被保険者自身の保険料拠出を伴わずに給付を受けられるのは，

36）神尾はジェンダー平等の観点から第1号被保険者，第3号被保険者についても保険料免除すべきとし（神尾［2005］, p. 48），竹中も育児や介護に従事する主婦について，保険料免除が必要とする（竹中［2001］, p. 153）．また永瀬も育児期間の配慮の方法を具体的に提示する（永瀬［2002］, p. 56）．

37）高畠はドイツの議論を検討したうえで，育児を理由とする保険料免除の意義について，「子育てを社会的に有用な活動とみるだけでなく，年金制度そのものと関連付けて子育てを積極的に評価」し，保険集団への貢献とみなし，給付に結びつけていると説明する．高畠［2013］, p. 33.

38）堀は育児に従事した者の老後の給付額を引き上げる理由として，（育児をした者の）年金額が低い，老後の経済的ニーズが高い，非育児者との間に不均衡がある，という理由づけをあげたうえで，「非育児者と比べて育児者の老後の基礎的ニーズが高いとは必ずしもいえない」とし，年金額が低くなるという理由づけが説得的であるとするが，「老後になってから育児をした者の年金額を引き上げるよりは，現に育児中の者に対して育児給付を行う」か「育児者の年金保険料を減免する」のが望ましいとする．堀［2009］, pp. 240-242.

子どもや配偶者，あるいは要介護者等に対しケア活動を行うことが1つの貢献になっているという考え方もある一方，公的年金制度も含め社会保障制度の中で育児や家事労働に対し対価を支払うことに慎重な見方もある[39]．

確かに，同じケア活動であっても，育児，介護，家事はそれぞれ異なる社会的意義を有し，これらケア活動と就労を同列に論じることができない部分もある．しかし第3号被保険者制度の枠内，あるいは公的年金制度の枠内で考えることには限界もある．第3号被保険者制度を維持するという前提に立つとしても，公的年金制度の中で育児を評価するためには，より広い枠組みの中で育児の価値を考えることが必要になる．

4.3　公的年金制度における育児期間の評価

では第3号被保険者制度を維持したまま，公的年金制度の中で育児をより積極的に評価するためには，どのような方法が考えられるだろうか．まず第2号被保険者については，現在の保険料免除制度を維持し，第3節で述べたように適用拡大を通じ，保険料免除制度を利用できる第2号被保険者の数を増やしていくことで，制度の恩恵を受ける層を拡大することが望ましい．

第1号被保険者についても出産後一定期間，定額保険料を免除し，かつ給付額は維持するよう制度変更を行うことも考えられる．第1号被保険者の中には就業形態の柔軟さにより仕事と育児の両立が可能な者もいる一方で，いわゆる自営業者の割合は限定的であり，何らかの形で雇用されて働く者もいる．加えて育児期間に生じる所得の減少といったニーズをうめるだけでなく，育児活動自体を評価するという観点に立てば，現行の減免制度とは別に第1号被保険者の育児期間中の保険料免除も検討されるべきであろう[40]．第3号被保険者制度のあり方を考える際，第3号被保険者と，第1号被保険者および第2号被保険者の間に不公平感が生じていると言われるが，短時間労働者への適用拡大等を踏まえると，第1

39)　藤本は育児，介護に対する支援措置を組み込むべきだとする．藤本［2014］, p. 63. 高畠は，介護は育児と比べて間接的ではあるが，介護保険財政及び社会全体へ貢献しているといえ，保険料免除はありうるとしたうえで，実際に介護を行っているかどうかの判定等，複数の課題をあげる．高畠［2013］, pp. 37-38. 堀は家庭や地域でのアンペイド・ワークに対し「すべて国家が金銭的に支援すべきだということにはならない」と述べる．堀［2009］, p. 268.

号被保険者と第２号被保険者の間でも，均衡を失することのない形での支援が求められる．

第３号被保険者については保険料納付義務が無いため，第１号被保険者や第２号被保険者と同様の評価方法を採ることはできない．そのため第３号被保険者制度を前提に，育児に対する評価を年金制度に反映させていくためには，保険料の免除や給付額への反映など，様々な方法を検討していく必要があるだろう．

4.4　離婚時の年金分割と第３号被保険者制度

３号が従事する多様な諸活動に対する評価を考えるうえで，１つの手がかりとなるのが，離婚時の年金分割制度である．わが国の年金分割制度は，婚姻期間中の標準報酬総額を分割するもので，厚生年金その他共済年金の報酬比例部分を対象とする．年金分割には，合意分割と３号分割がある．合意分割では，当事者間の合意により，法が定める分割割合の範囲（２分の１以内）で分割を行い，合意に至らない場合には家庭裁判所の審判に委ねられる．３号分割では，被扶養配偶者であった期間につき，扶養者の年金記録を２分の１の割合で分割する[41]．合意分割は，老後の所得保障を担う社会保障的性質を有すると同時に，民法上の財産分与に近い清算的性格も有しており，３号分割とは性格を異にするが，制度創設後の審判および裁判例の中には，合意分割の際にも３号分割を基とする旨を判示している事例もあり，実際多くの審判および裁判例では，按分割合を0.5としている[42]．

厚生年金保険法は３号分割について「被扶養配偶者に対する年金たる保険給付に関しては（略）被扶養配偶者を有する被保険者が負担した保険料について，当

40)　高畠は「出産・子育てを年金制度上積極的に評価すると，免除の対象を育児休業者や産前産後休業者らに限る必然性はなくなり，国民年金第１号被保険者による育児に対しても，年金制度上何らかの評価をする必要」が生じるとしたうえで，所得把握やリスクの有無といった課題をあげる．高畠［2013］, pp. 33-34．衣笠も，「第１号被保険者も家族的責任を担う者があることは同じなので，第１号被保険者に対する保険料免除のあり方についても同時に考えていく必要があろう」と述べる．衣笠［2012］, p. 59．堀は現在の法定免除および申請免除に加え，第１号被保険者の育児者の免除を設けることについて，育児により就業できなかったことの判断の困難さ，財源の確保（保険料の引き上げ）の困難さをあげる．堀［2009］, p. 247．

41)　制度概要については，堀［2013］, pp. 416-433．

該被扶養配偶者が共同して負担したものであるという基本的認識（略）」（78条の13）を示す．3号分割は，そもそも第3号被保険者をめぐる2001年以降の議論の中で「政治的妥協の結果生み出された制度」であった[43]．分割割合を2分の1に固定する3号分割に対しては，私的自治の原則や夫婦別産制の観点から疑問を呈する見方もあり[44]，第3号被保険者期間についても当事者の合意で分割割合を決めるべきとの意見もある[45]．

年金分割制度にいう「寄与」は，合意分割等の裁判および審判で具体的に判断されるが，本稿では第3号被保険者による寄与という視点ではなく，被扶養配偶者自身の多様な諸活動を評価するという立場をとってきた．そのため扶養配偶者への寄与や共同負担の認識に基づき，固定した割合で分割する3号分割制度を肯定的に評価することはできない．ただし合意分割および3号分割は，財産分与の問題でもある年金分割について，女性の老後の所得保障という目的を打ち出し，女性自身の納付記録に基づき給付を受け取ることができるようにした制度でもあり[46]，この点で第3号被保険者制度を考える契機となる．

5　被扶養配偶者の所得保障

5.1　被扶養配偶者の評価

就労している第3号被保険者に対し厚生年金を適用し，育児期間中の者に対しては，拠出や給付面で報いるとしても，就労や育児に従事しない第3号被保険者は一定数存在する．第3節，第4節で検討したとおり就労や育児を評価し，制度

42）合意分割について，制度創設前の裁判および審判例，制度創設後の裁判および審判例については，生駒［2007］，二宮［2003］，常岡［2009］を参照．制度創設後の事例については，例えば大阪高決平21.9.4家月62巻10号45頁，広島高決平20.3.14家月61巻3号60頁等.

43）小島［2007］, pp. 73-78.

44）堀［2013］, p. 427.

45）高畠［2005］, p. 82.

46）年金分割制度により，年金を特有財産と考えるか共有財産と考えるか，年金を財産分与の対象にできるか，という問題が解消され「自らの権利として年金を受給できるようになった」と説明される．生駒［2007］, pp. 122-123.

の規模は縮小するとしても，拠出能力が無い被扶養配偶者に対し老後の生活保障を行う制度として，第3号被保険者制度の意義は残る．

第3号被保険者制度を廃止することを視野に入れた議論であれば，就労や育児にまったく従事しなかった被扶養配偶者については，拠出能力が無いとしても，何らかの形で拠出を求めることも考えられる．ただし本稿では第3号被保険者制度を維持する前提で検討を行うため，就労せず，ケア活動にも従事しない被扶養配偶者に対し給付を行う意義と，その方法について改めて考える．

拠出能力の無い被扶養配偶者に対し給付を行う意義は，老後の生活保障にある．第2節で見たとおり第3号被保険者制度をめぐる議論では，拠出能力の無い第3号被保険者に拠出を求める，あるいは拠出した「認識」を作り出すことに焦点が当てられていた．しかし給付を行い老後の生活保障のニーズを充足することを重視するのであれば，現在のように1つの被保険者類型として整理し，給付を行う以外にも方法がありうるのではないだろうか．以下では被扶養配偶者に対する給付を考える素材として，配偶者加算制度を取り上げ，改めて第3号被保険者制度のあり方を検討する．

5.2　諸外国の年金制度における配偶者の位置づけ

配偶者への給付について，加算という方式を採用している国は，先進国の中にも存在する．例えばアメリカの公的年金制度では，原則として稼得能力の無い者は適用対象となっていない．しかし被扶養配偶者および子，孫には，受給者の50%に当たる額の配偶者年金が支給される．被扶養者に対する給付には上限があり，また所得調査を伴う[47)]．アメリカにおける配偶者年金は「拠出を根拠としない受給者のニーズに応じた給付」であり，また被用者以外の老齢年金受給者の配偶者も対象となるため，第2号被保険者の被扶養配偶者（第3号被保険者）のみを対象とするわが国の制度とは異なる[48)]．アメリカの配偶者年金は，配偶者に年金を支給する点で保険原理の中に福祉的要素を導入したものとして評価されるが，自ら拠出し受給者となる者（女性）との間で不公平感が高まっているとも

47）　金子［2000］, pp. 98-101．この他，制度概要については三石［2012］, pp. 25-27，も参照．

48）　吉田［2012］, p. 32．

言われる[49]．また自らの記録に基づく年金が，配偶者年金よりも低くなり，事実上の掛け捨てになってしまう問題や，遺族年金の規定も含め就労を阻害する要因になっていることが指摘される[50]．

そもそも配偶者年金は，1939年の社会保障法（Social Security Act）の改正で導入された．被用者の家族に対する給付は「常に被保険者本人に対する基礎給付の支給を前提とし，これを捕捉するという意味で，いわば『附従的』『補足的』性格を有している」と説明され，夫が働き妻が育児・家事を行う当時の社会状況が反映され，結果的に異なる世帯類型間での不均衡が生じたことが指摘される[51]．例えばBornsteinは，アメリカにおける配偶者年金が女性に対する「潜在的賃金」（shadow wage）であるという認識を示したうえで，男性の稼ぎ手が女性の配偶者を養うというモデルを助長することを指摘する[52]．Alstottもアメリカの配偶者年金は，法律に基づく正式で長期間にわたる婚姻を前提としたものであり，未婚，離婚といった家族形態の変化がみられる現在においては，個々人の脆弱性を捉えきれなくなっていることを指摘する．そのうえで，女性の育児や就労を評価する仕組みを取り入れることを提案する[53]．これらの指摘から，配偶者年金が専業主婦モデルを前提に導入されたものの，現在のアメリカでは，専業主婦モデルの衰退と世帯の多様化への対応，あるいは女性の就労や家事活動の評価が問題となっていることがわかる．またイギリスの国民保険においても，年金受給者と配偶者が同居している場合は被扶養者加算が行われるが，配偶者本人の収入が一定額以上である場合には，加算されない[54]．

アメリカの配偶者年金は，拠出能力の無い被扶養配偶者に給付を行う点では，わが国の第3号被保険者制度と共通点を有する．他方で配偶者年金はあくまで老

49）　杉本［2011］, pp. 41-42. 寺本はアメリカの配偶者年金と日本の第3号被保険者制度を比較し，アメリカでは自営業者の被扶養配偶者も対象となっていること，日本の第3号被保険者制度はアメリカより所得要件が緩やかであること，給付割合が高いことをあげる．寺本［2010］, pp. 11-13. 永瀬は，日本の第3号被保険者制度は英・米の配偶者への給付の変形だと述べる．永瀬［2002］, p. 54.

50）　丸山［2007］, p. 22.

51）　菊池［1998］, pp. 182-183, 184.

52）　Bornstein［2008］, pp. 260-262.

53）　Alstott［2013］, pp. 706-707, 753-755.

54）　堀［1999］, p. 143.

齢年金受給者である者の年金額に加算されるものであって，被扶養配偶者本人が被保険者として組み込まれているわけではない．アメリカの制度に対する前述の指摘を踏まえると，配偶者に一定額を加算するという制度は，同じく専業主婦モデルが衰退するわが国と同じ課題を抱えており，メリットだけを強調することはできない．しかし生活保障という観点から，配偶者への年金を付加的なものとして位置づける手法自体は，現在のわが国の議論とは別の観点を与えるものであり，被用者以外の配偶者も対象としている点にも注目する必要がある．

5.3 わが国の年金制度と配偶者に対する加算 ──振替加算制度・加給年金

わが国の年金制度には現在，加給年金という制度が存在する．加給年金は，配偶者や18歳未満の子が老齢厚生年金の受給者によって生計を維持されている場合に支給されるものである．配偶者，第1子および第2子については22万4,000円で，第3子以降は約7万4,000円となっている．加算は扶養する必要がなくなる，あるいは親族関係がなくなった場合に終了する[55]．加給年金は「本来の年金額では必ずしも生活を営むのに十分ではないために加算される」ことから，「加給年金は，年金保険法の生活保障という目的を達成するための給付である」と説明される[56]．

またこの加給年金を，65歳以上の段階に振り替えたのが振替加算制度である．これは老齢厚生年金の受給権者に被扶養配偶者がいる場合，配偶者が65歳以上であっても，受給権者の年金額に，一定額が加算されるというものである．これは現在の第3号被保険者が，昭和60年改正で強制加入となった際，任意加入であった大多数の専業主婦の基礎年金額が低くなるため，それを補うために創設された．ただし年金額は加入期間に比例し上昇するため，加算額は減少していく[57]．

加給年金は，老齢年金受給者世帯の最低生活を保障するための補足的な制度であり，振替加算制度は第3号被保険者制度創設時の格差を埋めるための，補足的かつ過渡的な制度である．ただし配偶者への給付について加算方式を採用してい

---

55) 堀［2013］, pp. 401-405, 376-377. および日本年金機構HP参照.
http://www.nenkin.go.jp/n/www/service/detail.jsp?id=3224（2014年3月3日閲覧）.

56) 堀［2013］, p. 401.

る国があることを踏まえると，特に振替加算制度はわが国の年金制度体系においても加算という手法が機能しうることを示している．また加給年金は，生計維持関係にある各世帯員がおのおの被保険者ではなくても，個々の世帯員について年金額を加算することで，世帯の所得保障を行いうることを示している[58]．

5.4 第3号被保険者制度と配偶者加算

配偶者加算という方式は，被扶養配偶者を一被保険者類型として組み入れる代わりに，被扶養配偶者への加算を通じ，実質的には第3号被保険者制度と同じく，老後の生活保障という機能を果たす[59]．

第3号被保険者制度と加算方式の違いは，大きく2つある．1つが拠出と給付の牽連性という社会保険の原則であり，もう1つが給付内容の柔軟性である．

被扶養配偶者個人の名義で配偶者加算を給付する場合，受給者は給付に対し法的権利を有する．その点では現在の第3号被保険者制度と同じである．しかし第3号被保険者に対する給付が，拠出に基づく権利とされているのとは異なる．配偶者加算は，被扶養配偶者のニーズに基づき個人単位で給付されるが，拠出とのつながりは無い．また拠出と給付のつながりを断ち切ることで，配偶者加算の額および内容は柔軟かつ多様に設定することが可能となる．例えば子育てや介護等ケア活動に従事する者については，追加的な加算を行うこともできるだろう．

---

57) 堀［2013］, pp. 376-377. および日本年金機構HP参照.「老齢厚生年金（略）の額は，受給権者がその権利を取得した当時（略）その者によって生計を維持していたその者の65歳未満の配偶者又は子（略）があるときは，第43条の規定にかかわらず，同条に定める額に加給年金額を加算した額とする（略）」(厚年44条).

58) 岩村は，第3号被保険者制度は「65歳以上の被扶養配偶者にかかる加給年金が第3号被保険者たる配偶者の基礎年金に切り替わったにすぎない」との認識を示す．岩村［2007］, pp. 249-250. 吉中は「1954年の改定以前，妻の加算分を『配偶者加算』と呼んでいた」が，1954年改訂で「加給年金」と名称を変えたことについて，当時の年金局長が「将来的に個人単位化した年金へと発展させたい」と述べていることに着目する．吉中［2006］, p. 152.

59) 岩村は現行制度の捉え方として，「第3号被保険者は自らの保険料の拠出をするわけではないから，第3号被保険者制度に独自の年金受給権を付与する現行の仕組みは，第2号被保険者の年金受給権の一部（配偶者加算分）の法定分割制度と見るほうが実態に近い」と述べる．岩村［2007］, p. 250. なお寺本は，配偶者加算という方式について，ケア労働を評価できないこと，付随的かつ不安定な権利であることを指摘する．寺本［2010］, p. 13.

ただし公的年金の中で，自身の加入期間と無関係に，支給開始年齢時のニーズにのみ基づいて給付を受ける者が生まれる点で，現行制度に大きな変化をもたらす．またさらに第３号被保険者という類型が無くなることになれば，公的年金制度の構造を変えることになる．

加えて具体的なレベルでも，配偶者加算という方法には，いくつかの難点がある．１つは，わが国の加給年金がそうであるように，扶養者を受給者とする場合には，被扶養配偶者自身の受給権は失われてしまう．これは配偶者加算の名義を被扶養配偶者本人にすることで，解決をはかることができる．他方，本人名義の加算であれば，給付においては現在の第３号被保険者制度と大差が無いため，不公平感は解消されないのではないか，という問題が生じる．この問題を考えるためには，被保険者として給付を受け取ることと，加算として給付を受け取ることの違いについて，さらに検討する必要がある．

5.5 小 括

配偶者加算方式は，第３号被保険者制度以前の制度であるという沿革等を考慮すると，現実的に第３号被保険者制度の代替案とするには難点が多い．むしろ配偶者加算方式と比較すると，現行の第３号被保険者制度が一定の合理性を有していることがわかる．育児等に対する評価も，第３節，第４節で検討したとおり，現行の制度に変更を加えることで可能となる．しかし，配偶者加算方式の検討は，以下の点で示唆的である．

第１に，第３号被保険者制度の意義は老後の生活保障というニーズに対応することであり，拠出をしていない第３号被保険者に拠出を求めたり，拠出しているかのような「認識」を作り出すことは，被扶養配偶者の生活保障という点から必ずしも要請されるものではない．第２に，皆年金の維持を前提とすると，拠出や他の活動に従事しない被扶養配偶者が有する「権利」の性質は，他の被保険者と異なることもありうる．第３号被保険者制度が第３号被保険者自身の受給権を確立したことを評価するとしても，受給権の形は拠出に基づく他の被保険者と同じである必要はない．第３に，第３号被保険者制度を考える際には，就労や育児に従事しない被扶養配偶者こそ，重要な検討対象である．配偶者加算方式そのものは代替案として難点を持つとしても，現行制度を考える際には，以上の点で示唆的だと言える．

6　第3号被保険者制度と女性の年金権

6.1　所得保障に対する権利

ここまで第3号被保険者制度について，現行制度の意義と問題点を整理し，就労，育児に対する評価のあり方や，配偶者加算という視点について検討した．第3号被保険者制度の維持を前提に考えるならば，これらは現行制度の修正案，あるいは相対化するための視点だと考えることができる．もちろん二分二乗方式のように負担を求める提案も，その1つだと言える．

第3号被保険者制度は，他の制度とともに，女性の年金権を確立するための重要な制度であった．女性の年金権という時，スローガン的な意味を除けば，老後の所得保障に対する権利と言い換えることができる．この権利は制度改正によって失われる可能性はあるものの，年金による生活保障の観点から第3号被保険者制度をとらえると[60]，政策変更で容易に奪うことのできない権利だと考えることもできる．また第3号被保険者制度の重要な要素として，専業主婦を中心とした被扶養配偶者自身の権利であることがあげられる．

6.2　雇用を軸とした諸活動の評価

老後の所得保障に対する権利を支える一制度でありつつ，第3号被保険者自身の権利としての性質を維持するためには，第3号被保険者の多様な貢献を評価する必要がある．わが国の公的年金制度は社会保険方式を採用しているため，受給権は保険料を拠出することで生じる．しかし第3号被保険者の受給権は，第3号被保険者自身の保険料拠出に支えられているわけではない．もちろん保険料拠出能力が無く，同時に老後の所得保障ニーズを有することは，受給権を基礎づける重要な要素である．しかしここまで検討してきたように，就労や育児など，女性がライフコースの中で経験する様々な活動も，評価の方法によっては，受給権を支える要素になりうる[61]．ただし保険料の拠出に基づく給付は，保険料の額，拠出期間等に比例する．これに対し，就労，育児，介護といった活動は量的な評

60）　倉田［2010］参照．

価が難しい部分を含む．

なぜ公的年金制度の中でライフコースにおける諸活動を評価しなければならないのか．それは，短時間就労，育児，介護といった諸活動が，雇用され就労することを起点として結びついているからである．これは，現在のわが国において，特に女性に当てはまる[62]．公的年金制度が雇用形態との関係で被保険者を類型化してきたのは，制度の沿革的理由だけでなく，それが保険料拠出能力の有無や，老後の所得保障ニーズと結びついてきたからである．しかし本稿で検討してきたとおり，第 3 号被保険者問題を考えるためには，所得保障ニーズを基盤としつつ，保険料拠出では測ることのできない諸活動を評価対象とし，給付等に反映する必要がある．

6.3　第 3 号被保険者制度と被扶養者の自立

第 3 号被保険者制度は配偶者の老後の生活を保障するものであるが，これは女性が経済的に自立することと裏表の関係にある．第 3 号被保険者制度は，被扶養配偶者自身の年金権を確立し，扶養者たる配偶者から経済的に自立する基盤となっている[63]．他方で，就労抑制効果が存在するという前提に立つと，就労を通じた経済的自立の阻害要因になると考えることもできる．

第 4 節で検討したように，育児等の諸活動を就労とともに公的年金制度内で評価することになれば，女性が就労と育児の両方を通じて，年金給付に対する権利を得るような制度になる．これは被扶養配偶者であることのみを理由として給付を受ける現行制度とは異なる．

女性の経済的自立という場合，公的年金給付に対し自身の権利を持つことと，就労を通じ経済的に自立することの，いずれか片方のみが条件となるわけではな

---

61)　西村は，年金制度における「貢献には，有償労働のみならず，育児・介護や広い社会参加を考える必要がある」とし，「就労をはじめとする参加を権利の基礎に置くことで」，制度に対し「個人の事情に応じた多様な参加を支援するものであること」等の含意を導くことができると述べる．西村［2014］, p. 70.

62)　駒村は現在の年金制度が「女性が労働市場に参加することや離婚，再婚をためらわせる理由になっている」と指摘し，中立的，個人単位の年金にすることで，就労，学習や訓練，家族のケア，退職といった多様な生き方に対応できる仕組みにすべきと述べる．駒村［2014］, pp. 145-146.

63)　堀は第 3 号被保険者制度の意義を「第 3 号被保険者の老後の経済的自立を図るため」と説明する．堀［2009］, p. 129.

く，その2つの組み合わせが問題となる．これは第1号被保険者，第2号被保険者，第3号被保険者いずれの立場にも共通し，おのおの異なる方法で自立を支援することが可能である．そのためには女性自身が年金給付に対し権利を有することと，様々な活動を評価することの両方が必要になる．

7　おわりに

育児支援や女性の雇用とライフコースなど，公的年金制度外の背景を重視したとしても，公的年金制度には，社会保険方式としての拠出原則をはじめ年金制度内部の原則が存在する．しかし公的年金制度には，保険料の減免制度など，制度内部の原則に対し例外として機能している手法も存在している．第3号被保険者制度，特に第5節で検討した一部の被扶養配偶者に対する給付もこの1つだと言える．

これら公的年金制度内部で例外的に存在する制度については，他の社会保障制度との関係を考える必要がある．例えば低年金や無年金の問題は生活保護制度に関わる．第3号被保険者制度も，女性の老後の所得保障という側面だけでなく，育児支援や介護支援，女性の雇用機会の確保といった側面を持つため，他の社会保障制度との関係が重要になる．これらの検討は今後の課題としたい．

【参考文献】

生駒俊英［2007］「離婚時の年金分割に関する一考察――民法学の視点から」『法学ジャーナル』80号, pp. 75-141.

岩村正彦［2007］「基礎年金制度に関する一考察」菅野和夫・中嶋士元也・渡辺章編『友愛と法――山口浩一郎先生古希記念集』信山社，pp. 239-263.

江口隆裕［2011］「第3号被保険者のあり方」『週刊社会保障』2657号, pp. 36-37.

大高直美［2014］「多様性の時代における年金制度――第3号被保険者制度の役割再考」『日本年金学会誌』33号, pp. 38-45.

金子能宏［2000］「年金制度――OASDI」藤田伍一・塩野谷祐一編『先進国の社会保障7　アメリカ』東京大学出版会, 第4章.

神尾真知子［2005］「女性のライフスタイルと年金改革」『社会保障法』20号, pp. 35-49.

菊池馨実［1998］『年金保険の基本構造――アメリカ社会保障制度の展開と自由の理念』北海道大学図書刊行会.

衣笠葉子［2012］「女性と社会保険」日本社会保障法学会編『新・講座社会保障法　第1巻　これからの医療と年金』法律文化社，第3章．

日下部禧代子［2006］「女性の年金，世帯単位から個人単位へ――第3号被保険者制度の問題を中心に」『跡見学園大学マネジメント学部紀要』4号，pp. 1-7.

倉田賀世［2010］「3号被保険者制度廃止・縮小論の再検討」『日本労働研究雑誌』605号，pp. 44-53.

厚生労働省［2011］「平成23年パートタイム労働者総合実態調査の概況――個人調査」．

厚生労働省［2012］「公的年金制度の財政基盤及び最低保障機能の強化等を行うための国民年金法等の一部を改正する法律（平成24年8月10日成立・22日公布　平成24年法律第62号）概要」http://www.mhlw.go.jp/seisakunitsuite/bunya/nenkin/nenkin/topics/2012/tp0829-01.html（2015年2月23日閲覧）

厚生労働省［2014］「国民年金及び厚生年金に係る財政の現況及び見通し――平成26年財政検証結果」（平成26年6月3日）．

厚生労働省保険局［2012］第52回社会保障審議会医療保険部会資料「短時間労働者への厚生年金・健康保険の適用拡大について」（平成24年4月18日）．

小島妙子［2007］「離婚時年金分割制度の位置づけ」『家族〈社会と法〉』23号，pp. 71-85.

駒村康平［2014］『日本の年金』岩波書店．

産業競争力会議［2015］「成長戦略進化のための今後の検討方針（平成27年1月29日）」http://www.kantei.go.jp/jp/headline/seicho_senryaku2013.html（2015年2月23日閲覧）

社会保障制度改革国民会議［2013］「社会保障制度改革国民会議報告書――確かな社会保障を将来世代に伝えるための道筋」（平成25年8月6日）．

社会保障制度審議会［2011］第3回社会保障制度審議会年金部会資料「第3号被保険者制度の見直しについて」（平成23年9月29日）．

女性のライフスタイル等の変化に対応した年金のあり方に関する検討会［2001］「女性のライフスタイル等の変化に対応した年金のあり方に関する検討会報告（平成13年12月）」および資料編．

菅野和夫［2012］『労働法』（第10版），弘文堂．

杉本貴代栄［2011］「アメリカにおける高齢女性と所得保障――年金を中心として」『海外社会保障研究』175号，pp. 35-43.

鈴江一恵［2009］「女性と年金問題に関する一考察――『第1号被保険者』に焦点をあてて」『高松大学紀要』51号，pp. 65-87.

総務省統計局［2013］「平成25年労働力調査年報　基本集計」．

高畠淳子［2005］「年金分割――女性と年金をめぐる問題の一側面」『ジュリスト』1282号，pp. 74-82.

高畠淳子［2013］「社会保険料免除の意義――老齢年金における拠出と給付の関係」『社会保障法研究』2号, pp. 17-40.

竹中康之［2001］「公的年金と女性」日本社会保障法学会編『講座　社会保障法　第2巻　所得保障法』（法律文化社），第4章.

常岡史子［2009］「年金分割の請求すべき按分割合を0.5と定めた例他」『民商法雑誌』第141巻2号, pp. 259-278.

寺本尚美［2010］「年金制度はケア労働をどのように評価してきたか――育児を中心に」『現代人間学部紀要』7号, pp. 9-14.

永瀬伸子［2002］「年金制度における育児期間の配慮について」『年金と経済』第21巻1号, pp. 54-58.

永瀬伸子［2004］「年金と女性――第3号被保険者をめぐる課題を中心に」『法律時報』第76巻11号, pp. 54-58.

西村淳［2014］「年金給付の権利の基礎としての就労――日英年金制度史の比較から」『日本年金学会誌』33号, pp. 64-70.

二宮周平［2003］「財産分与と年金分割――判例の整理と今後の動向」『立命館法学』292号, pp. 242-287.

藤本健太郎［2014］「多様な働き方に対応した年金制度」『日本年金学会誌』33号, pp. 59-63.

堀勝洋［1999］「国民保険」武川正吾・塩野谷祐一編『先進国の社会保障1　イギリス』, 東京大学出版会，第6章.

堀勝洋［2005］「年金制度による育児への経済的支援」『週刊社会保障』2330号, pp. 46-49.

堀勝洋［2009］『社会保障・社会福祉の原理・法・政策』ミネルヴァ書房.

堀勝洋［2012］「第3号被保険者の論点と将来展望」『週刊社会保障』2664号, pp. 50-55.

堀勝洋［2013］『年金保険法　基本理論と解釈・判例』（第3版）, 法律文化社.

本田麻衣子［2013］「第3号被保険者をめぐる議論――年金制度の残された課題」『調査と情報』783号, pp. 1-12.

前田悦子［2005］「女性のライフスタイルの変化と年金制度」『駿河台経済論集』第14巻2号, pp. 187-210.

丸山圭［2007］「女性と年金に関する国際比較」『海外社会保障研究』158号, pp. 18-29.

三石博之［2012］『米国における退職所得保障制度を巡る議論とその動向に関する調査研究報告書――社会保障年金改革を中心として』年金綜合研究センター.

吉田健三［2012］『アメリカの年金システム』日本経済評論社.

吉中季子［2006］「公的年金制度と女性――『世帯単位』の形成と『個人単位化』」『社会問題研究』第55巻2号, pp. 149-168.

Alstott, Anne L. [2013] “Taxation and Politics : Updating the Welfare State : Marriage, the Income Tax and Social Security in the Age of Individualism", *Tax Law Review*, Vol. 66.

Bornstein, Laura C. [2009] "Homemakers and Social Security: Giving Credits Where Credits Are Due", *Wisconsin Journal of Law, Gender & Society*, Vol. 24.

第10章
年金給付の権利の規範的基礎としての雇用

西村　淳

1　規範的基礎に関する問題意識

わが国の年金制度は，就労収入の中から保険料を支払い，保険事故が生じた時には保険料拠出の見返りとして給付を受ける社会保険方式が中心となってきた．しかしながら，1990年代後半以降，失業や非正規雇用の増加などの雇用の不安定化や，母子家庭の増加などの家族の不安定化が顕著になる中で，世帯主が就労による収入からあらかじめ保険料を支払うことができず，保険事故を生じた時に給付を受ける社会保険が十分に機能しないケースが多く出てくるようになり，生活保護受給者が増加している．雇用や男性稼ぎ手家族モデルの不安定化が進んで社会保障の基盤としての支え合い集団が弱体化するとともに，経済の長期の低迷の中での少子高齢化により，高齢者への年金給付とそのための負担増が支持を得られにくい状況になってきた．

また，貧富の格差や世代間格差が増大する中で，年金制度のみならず社会保障全体についても，従来は困った時のための助け合いとして理解されていたものが，富者から貧者へ，また後の世代から先の世代への，立場が入れ替わる可能性のない一方的な移転と解されるようになってきた．

このような状況の下で，社会保障の負担を誰が何のためにするのかという観点から，年金，そして社会保障の権利の正当性が問われるようになってきている．

わが国の社会保障法学における権利の規範的基礎についての従来の通説は，憲法25条の「健康で文化的な最低限度の生活を営む権利」を保障するために国家が個人に対して社会保障給付を行うべきとする，生存権にもっぱら社会保障の権利の基礎を求めるものであった．こうした生存権論は，安定した雇用や家族を前提にし，社会保障を支える人（支払う側）と支えられる人（受給する側）の軋轢を考えずにいられた時代には問題を生じなかった．しかし，雇用や家族が不安定化し，社会保障を支える側のあり方を考えなければならなくなると，拠出や受給の条件について論じられず，雇用や家族の安定を前提にするだけで受身の立場に立つ従来の生存権論は，乗り越えられなければならないものとなっている．こうした無条件の給付という考え方を支えていた従来の生存権論を乗り越え，社会保障の受給の権利は就労など社会保障を支える何らかの行為を基礎とするのではないかという視点に立って，社会保障の権利の基礎づけを問うことが改めて求められていると考えられる．

本章では，こうした問題意識に立って，まず年金を中心とした所得保障の権利の規範的基礎としての就労[1)] について，日英比較を踏まえて論ずる．次いで，所得保障のみならず医療や介護など現物サービス給付を含めた社会保障一般について，就労を権利の基礎と考えることができるのではないか，なお一歩進んで，有償労働のみならず，育児介護やボランティアなど広い範囲の社会貢献を含めて，「貢献」を社会保障の権利の基礎として考えることができるのではないかと提案し，また，その場合の具体的な社会保障制度設計への含意について論ずることにしたい[2)]．

2　イギリス所得保障制度史からの抽出

わが国においては，憲法第25条の生存権規定があるために，社会保障の権利の基礎について改めて論じられることは少ない．一方，ベヴァリッジ型社会保障の祖国であるイギリスでは，成文憲法が無いこともあり，社会保障の権利の基礎についての議論が制度史を通じて行われてきた．そこでまず，比較法的観点から，イギリスの所得保障制度史における権利の基礎について整理してみたい[3)]．

1601年に成立した旧救貧法は，教区共同体の定住権を持つ貧民を救済する制度であった．その後，1834年の新救貧法では，労働能力のある貧民の院外救済を廃

1)　本章では被用者としての労働を意味する「雇用」よりも広い意味を持った「就労」の語を用いることとする．

2)　本章は西村［2013］において将来の課題としたものを論じたものであり，言わば同書の続編に当たる．

3)　イギリス年金制度史については，西村［2013］参照．

(NEST) などの創設や支給開始年齢の引き上げ，育児期間の社会保険クレジットの拡充などが行われた．これらは，就労促進と育児支援のため，引き続き社会保険を制度体系の中心に置きながら，中高所得者の所得保障において公私分担をはかりつつ，再分配と最低所得保障で低所得者の最低保障を行おうとしたものである．

このように，イギリスの所得保障制度においては，就労に基づいて拠出しその見返りに給付を受ける社会保険が制度体系の中心になってきた．また，公的年金は原則最低保障水準とし，所得比例年金創設の際も職域年金加入者への適用除外を設けるなど，就労により拠出する職域年金を阻害しない範囲に限定して発展してきた．年金・公的扶助とも原則として就労している者には給付されなかった．安定した働き方に基づき公的年金・私的年金への拠出ができることを前提とし，既婚女性は被扶養者としての扱いをされていた．

1980年代以降は，雇用の不安定化に伴い，拠出制を維持しつつも，十分な拠出をできない人に対しては，最低保障年金や国家第二年金の定額給付化によって再分配を行い，最低保障をはかるようになった．また，私的年金（職域・個人年金）においても，単なる任意加入ではなく，強く奨励または強制加入させるものに変化してきた．就労支援・育児支援を強化し，年金・公的扶助とも就労している者へ補足的な給付を行うようになってきた．

3　日本年金制度史からの抽出[4)]

わが国においては，戦前の1941年には労働者年金保険法が成立し，被用者年金保険制度が創設されていた（1944年に厚生年金保険法に改められた）．戦後社会保障制度の基本設計を提言した1950年の社会保障制度審議会勧告[5)]では，原則定額給付の単一の年金制度創設を勧告しながらも，国民年金の創設は経済回復まで後回しとされた．この時，社会保障制度審議会勧告では，制度体系の中心は，「自主的責任」を理由に「自らをしてそれに必要な経費を醵出せしめるところの

4)　日本年金制度史については，西村［2014］参照．
5)　1950年10月「社会保障制度に関する勧告」．

止し，厳しい労働要件を課して，ワークハウスでの労役と劣等処遇を救
にした．新救貧法時代の給付の労働義務との強い関係は，その後のイギ
保障制度との連続性がある．

20世紀初めの社会立法期には，貧困は個人の責任ではなく社会問題で
認識が高まり，給付を権利として認める無拠出制老齢年金が創設され
年）が，「働くことを怠ってきた者」には給付しないという倫理要件が
1925年には拠出制の老齢年金が創設されたが，その後失業扶助と同時に
が創設されて公的扶助化したため，この時代には年金の拠出原則は確立
た．

1942年のベヴァリッジ報告に基づき，戦争直後の1948年に国民保険法，
助法，家族手当法が施行され，所得保障の制度体系が確立した．就労に
出を給付の条件とする社会保険を制度体系の中心としていること，定額
額給付の最低生活保障水準の給付であり，それ以上は就労収入により拠
的保険によるものとしていることから，就労第一原則に基づく制度が確
のと言える．国民保険・国民扶助ともフルタイム労働者には給付しない
れ，就労している者と就労しない者は明確に区別し，前者は給付の対象
こととされていた．一方で，既婚女性は被扶養者として位置づけ，男性
拠出を要しないものとし，給付においても夫の拠出に基づく給付または
の対象とした．このように，制度体系は男性労働者の完全雇用と女性の
としての地位を前提としていた．

1950 ～ 70年代の戦後経済成長期には給付の拡充が行われた．国民保険
拠出・定額給付の設計で給付水準が伸びなかったため，公的扶助の比重
たことが問題になり，1959年の段階制年金（GP）と1975年の国家所得比
(SERPS）により，職域年金加入者の適用除外付きで所得比例年金が創設
社会保険中心主義を維持していること，就労に基づく職域年金を阻害しな
に適用除外を設けたことは，就労第一原則の維持を表している．

保守党政権下の1986年の社会保障改革法（ファウラー改革法）では，拠
維持しつつ，給付水準の引き下げと私的年金加入者への適用除外の拡大で
割を縮減した．1989年に所得要件と退職要件の廃止も行われた．1997年の
への政権交代後には，最低所得保障，手数料の低い個人年金であるステー
ルダー年金，再分配の強い国家第二年金（S2P），個人口座への自動加

社会保険」としたものの，「国民には生存権があり，国家には生活保障の義務がある」ことを第1に掲げていた．国民の社会的義務にも言及してはいたが[6]，国家扶助とは別に「一般国民に対する無醵出年金」の創設も同時に主張しており，就労との関係が正面に出ていなかった点は，イギリスのベヴァリッジ報告と異なっている．一方，生活保護制度においては，1950年に新生活保護法が成立し，旧法にあった欠格条項[7]を廃止した．一般的な稼働能力活用要件は設けられたものの，就労者にも所得補塡的に給付を行うものであり，就労と受給との明確な区分はなされず，この点もイギリスと異なっている[8]．1954年の適用範囲拡大と給付水準引き上げのための厚生年金保険法の全面改正時にも，社会保障制度審議会は定額給付制を主張し[9]，所得比例制を主張する厚生省との妥協で，結局生活扶助水準を考慮した定額部分[10]を持つ制度となった（2階建て）．もっぱら憲法上の生存権理念の実現として社会保障制度を位置づける社会保障制度審議会は，その後戦後を通じて定額最低保障・無拠出制の年金制度を主張し続け，拠出制による現実的な負担方法を探る厚生省側との緊張対立関係を生じつつも，影響を与えて戦後の年金改革は行われていくことになる．その後の戦後年金制度史は1959年法，1985年法，2000年法の3つのエポックを有する．

第1のエポックは，1959年の国民年金法の制定である．この時の社会保障制度審議会の意見は，他制度適用者以外の者に適用する制度を定額制の国民年金制度として創設するとし，拠出制を原則としつつも，70歳以上の老齢者は「社会が扶養する義務がある」という理由で無拠出制を恒久的に設けるとするものであっ

---

6)　「一方国家がこういう責任をとる以上は，他方国民もまたこれに応じ，社会連帯の精神に立って，それぞれの能力に応じてこの制度の維持と運用に必要な社会的義務を果さなければならない．」と述べている（「序説」）．

7)　旧生活保護法第2条は「能力があるにもかかわらず，勤労の意思のない者，勤労を怠る者その他生計の維持に努めない者」「素行不良な者」には保護を行わないとしていた．

8)　この時期の（第1次）適正化対策も就労促進より医療費抑制・外国人への適用の厳格化が中心であった（大友［2000］, p. 233）．

9)　1953年12月「年金制度の整備改革に関する勧告」．

10)　当時の60歳以上の者の生活保護法による2級地の生活扶助基準を参考に定めた（吉原［2004］, p. 32）．

11)　1958年6月答申「国民年金制度に関する基本方策について」．なお，この時の給付水準の考え方は，40年後の生活扶助水準を想定した月4,000円としていた．

12)　1958年3月「国民年金制度検討試案要綱」．

た[11]．一方で，1958年の厚生省の国民年金委員試案[12]は，従来の制度と二重加入する制度として，拠出制・積立方式・定額制の制度を提案し，無拠出年金は経過的・補完的とするものであった．結局，1959年の国民年金法で創設された国民年金制度は，自己責任の原則を基にすべきとする考え方に基づき[13]，拠出制・積立方式とすることとされたが，定額拠出・定額給付であり，就労や所得の有無にかかわらず加入義務を課すこととなったほか（ただし保険料免除制度を設けた），保険料を負担できなかった者やすでに老齢に達している者に対しては補完的なものとはいえ無拠出年金を設けており，就労による拠出制を中心にしつつも，生存権に基づく最低保障思想の強いものであった．給付水準も，拠出制国民年金の水準は25年加入で生活扶助と同額として月2,000円（40年加入は高齢者の1人当たり消費を考慮して月3,500円），福祉年金は半分の月1,000円とした．

その後1960年代以降，経済成長を背景に給付水準の引き上げが続いた．1973年改正では，5万円年金を達成し[14]，賃金再評価・自動物価スライドの創設とあわせ「福祉元年」と呼ばれた．その後年金の給付水準は大幅に高まることとなり，これ以降，国民年金の水準は生活保護と乖離することとなった[15]．

この時代における経済成長を背景にした給付水準の引き上げは，生活保護制度においても軌を一にしている．1965年には生活保護基準の決定方法がエンゲル方式から格差縮小方式へ移行し，絶対的貧困から相対的貧困対策に舵を切った．一方で，経済成長と，産炭地域を中心とした就労可能者への適正化対策の進行を背景に，就労可能な者の受給は減少していった[16]．

第2のエポックは，1985年改正による基礎年金の創設である．制度再編論議の中で，国民共通の基礎年金の創設が大きな課題となっていたが，1977年の社会保障制度審議会の建議「皆年金下の新年金体系」[17]は，税方式の基本年金[18]とそ

13）小山［1959］, p. 33.

14）厚生年金は加給を含めた27年加入額（20年加入の定額部分は2万円），国民年金は付加年金を含めた25年加入の夫婦合計額（福祉年金は5,000円）.

15）ただし，この時は国民年金制度発足後10年余しかたっておらず，25年加入者は実際にはまだいなかったため，25年加入の給付水準はまだ机上のものであったことに注意する必要がある.

16）副田［1995］, p. 200；大友［2000］, p. 237.

17）1977年12月.

18）基礎的生活水準とした（単身3万円，夫婦5万円）.

れに上乗せされる社会保険年金の2階建て方式に制度体系を再編するという基本年金構想を掲げたもので，これはまたしても生存権理念に基づく税方式最低保障年金創設の提案であった．実際に行われた1985年の制度改正では，社会保障制度審議会の構想の影響を受けて基礎年金が創設され，2階建ての制度体系とされたが，構想とは異なって基礎年金は拠出制であり，実質的には従来の国民年金と厚生年金の財政調整をはかるものであった．年金給付水準と生活保護基準との乖離も容認し，給付水準の引き下げにより単身では国民年金の水準は生活保護基準を下回ることとなった．さらに，障害者以外に新たな福祉年金は創設せず，免除で対応することとした[19]．

この時代における給付水準抑制への転換は，生活保護制度においても軌を一にしている．1981年には厚生省から被保護者の収入申告の強化を求める123号通知[20]が出され，補足性の原理の運用を強化する方向となった．1984年には生活保護基準の決定方式が格差縮小方式から水準均衡方式に移行し，基準の引き上げの時代は終わった．

バブル崩壊が明らかになり，高失業・非正規化などの雇用構造の変化や家族形態の変化が明らかになった2000年に行われた改正が，戦後日本年金制度史の第3のエポックであると言える[21]．この改正では従来のように給付改善を標榜せず，現役世代の負担の抑制という拠出側の論理を正面から訴え，給付乗率の5％引き下げなどで給付総額を2割削減するものであった[22]．また，保険料の抑制をはかるため基礎年金国庫負担の引き上げを約束し，ほぼ同時に公私年金の役割分担を進めるための企業年金改革（確定給付企業年金と確定拠出年金の創設）も行った[23]．さらに，1994年改正ではじめられた支給開始年齢の引き上げや育児期間中の保険料免除の一層の推進も行い，就労と育児の支援に努めた．半額免除制度の創設も，拠出しやすくするための工夫であると言える．2000年改正で始まったこうした就労世代の負担の限界を踏まえた負担抑制（税負担と公私分担の拡大を

19）ただし，免除期間については国庫負担分しか支給されず，水準の問題は残った．

20）1981年11月17日社保第123号厚生省社会局保護課長・監査指導課長通知「生活保護の適正実施の推進について」．

21）国民年金創設40年を迎え，満額支給の者が出てくるようになった時でもある．

22）西村［2000］参照．

23）西村［2009］参照．

含む）と就労・育児の支援の方向性はその後も続いている．2004年改正では若年世代の拠出能力に応じて給付抑制を行う保険料上限の設定とマクロ経済スライドの導入，基礎年金国庫負担引き上げの法定化，厚生年金基金の安定化（代行部分の財政の中立化），在職老齢年金の在職停止割合の緩和，育児期間中免除の改善，多段階免除の創設などが行われ，2000年改正で始められた取り組みが完成した[24)]．2009年および2012年の改革では基礎年金国庫負担2分の1の恒久化，低年金者への福祉的給付（年金生活者支援給付金）の創設，非正規労働者への厚生年金適用の一部拡大などが決まった．

この時代における就労支援強化の流れは，生活保護制度においても軌を一にしている．2005年には自立支援プログラムが始まり，福祉事務所における就労支援の強化が進められるようになった．2006年には老齢加算が廃止されている．

このように，日本の年金制度においては，拠出制を基本としつつ，国民年金は就労や所得と関係なく加入する定額制で設計され，無拠出制も一部容認していた．一方，厚生年金の定額部分は国民年金と整合的な水準とされ，給付水準は生活保護や最低生活費との関係を意識しつつ，経済成長期には拡充し，1980年代からは水準調整を行っていった．こうした考え方は，就労収入に基づく拠出制を基本としながらも，給付の権利の基礎として生存権を強調していたものと言える．また，年金制度がつねに整合性を意識してきた生活保護制度においては，生存権を直接に保障する制度として，就労を含むすべての収入を勘案して不足する分を補足する一般的な所得保障制度としての役割を期待されてきたものの，制度発足当初から，生活扶助の基準の引き上げよりも，障害や母子家庭など個別の事情を勘案した各種加算を多用してきたことや，就労者に対する適正化対策の強化で受給抑制をはかってきたことは，就労との関係を意識してきたことを表しているとも言える．

これに対し，2000年以後は，不安定雇用の増加，女性の就労の増加などの働き方の変化への対応がはかられ，現役世代の就労に基づく拠出能力の限界を明確に意識し，拠出から発想した制度設計になっていった．マクロ経済スライドを代表

24）　2000年改正時は保険料引き上げの凍結が行われたので，制度改正は机上のものにとどまった部分があるが，2004年改正時に保険料凍結解除と段階的引き上げが決まり，2000年改正の方向が実現した．

とする負担上限の設定，税負担と公私分担の拡大のほか，不安定な就労収入のため拠出できない者への対応として，福祉的・補足的給付が求められるようになった．また，高齢者の就労支援と現役世代の育児支援を行う動きが進むとともに，既婚女性の被扶養を前提とした第3号被保険者制度は批判されるようになってきた[25)]．つまり，生存権思想からの乖離，就労との関係の強化が見られ，就労・育児を前提とする制度から支援する制度への変化が見られるのである．こうした動きは，生活保護における就労支援の強化と軌を一にしており，所得保障制度体系全体の方向性としてもとらえることができる．

4　社会保障の権利の基礎としての就労，そして貢献

4.1　「所得保障の権利の基礎としての就労」から「社会保障の権利の基礎としての貢献」へ

4.1.1　日英制度史からの抽出による所得保障の権利の基礎としての「貢献」

前節のように，イギリスの所得保障制度史において，給付の権利が何に基づいて認められてきたかを見ると，社会の成員としての「地位」に基づく権利と，就労や拠出など社会的義務の履行によって給付を得るという「貢献」に基づく権利の2つがあるように考えられる[26)]．

25)　ただし，1985年改正の理念であった女性の年金権の確立が実現され，専業主婦の老後保障に大きな役割を果たしていること，基礎年金制度の不可分の一部をなしていることから，抜本的な改革案は見つかっていない．

26)　英語圏諸国の社会保障法学においては，社会保障の権利の基礎を論ずる際，「共同体の成員資格としての権利」としてのシティズンシップの概念を参照して議論されることが多い（Harris［2000］, p. 20など）．もともと社会学の概念であるシティズンシップには，「地位に基づくシティズンシップ」と「貢献に基づくシティズンシップ」があり，前者は古代ローマに由来し，権利・客体的地位・一方的給付を重視するのに対して，後者は古代ギリシアに由来し，義務・主体的行為・双務的契約を重視するという特色を持つとされる．シティズンシップ論は政治学で最近よく論じられているが，これは，1980年代の契約的福祉を重視する新自由主義政策の興隆をきっかけに，その是非を問う議論として，伝統的なマーシャルのシティズンシップ論を復権させ，貢献を重視した再解釈を行う形で論じられている（Heater［1999］（邦訳［2002］, p. 6）；Plant［2003］, p. 153；亀山［2007］, p. 74；田村［2007］, p. 137；石井［2010］, p. 145，など参照）．な

社会の成員としての「地位」に基づき，本人の価値や特段の行為と関係なく生活保障の権利を得るという考え方（以下，「地位原理」）は，定住権に基づき救貧の権利を得た旧救貧法以来のものであり，20世紀初頭に社会立法において無拠出制老齢年金などの形で成立した後，マーシャルのシティズンシップ論により権利論として完成し，戦後経済成長期に福祉権の考え方として法的に洗練されていった．

一方，就労などの義務を果たすことで社会の一員と認められ，そうした社会への「貢献」の見返りとして契約的に社会保障給付の権利を得るという考え方（以下，「貢献原理」）は，給付に当たり就労能力のある者の就労義務を厳しくテストされた新救貧法以来のもので，就労または就労による保険料拠出により生活保障を行う社会保険を中核とした戦後の制度思想に通底するものであった[27]．その後，1980年代以来の新たな社会経済状況に対応し，就労義務を強調する契約的福祉権の思想が復権し，公的扶助に関しても就労促進的な制度設計が取り入れられていった．

わが国の所得保障制度史においても，同様に「地位原理」と「貢献原理」を見て取ることができる．わが国では，1950年社会保障制度審議会勧告以来の生存権思想に基づく最低保障給付の考え方が制度設計や給付水準に大きく影響してきた．これは「地位に基づく権利」の考え方である．一方で，戦前の労働者年金保険法と1959年の国民年金法にはじまる所得保障制度体系は社会保険を中心とするものであり，「貢献に基づく権利」を中心としていた．生活保護は，より密接に生存権に関連する制度であったが，就労可能な者の受給をできるだけ制限するという考え方は制度史上通底していた．特に2000年代以降は，就労世代の負担の限界や不安定雇用の増加により拠出できない者が増加してきたことへの対応が行われるようになり，わが国においても所得保障給付における雇用との関係は強く意識され，就労支援や拠出上限設定などの制度設計が行われ，「貢献に基づく権利」の考え方が強くなってきている．

お，論者によって2つの概念を表現する語は異なっているが，ここではPlantほかが用いている「地位」「貢献」の語を用いることとする．「地位」は代表的な論者であるマーシャルの用いた語であるし，「貢献」は拠出（contribution）と英語が同じで，就労・育児などを含めた多様な行為を包括的に表すのに適当な用語と考えられるからである．

27）Deakin and Wilkinson [2005], p. 110.

このような日英両国の所得保障制度史上に見られる「地位原理」と「貢献原理」の関係をどのように考えればよいだろうか．拠出や就労などの貢献が給付にあたっての強い条件とされている場合，貢献すべき時と給付を受ける時が近い場合，貢献の程度と給付の程度が比例している場合は，「貢献原理」に近くなり，その逆の場合は「地位原理」に近くなる．このように考えると，地位原理と貢献原理の違いは，拠出や就労などの貢献行為と給付との関係における条件性・同時性・等価性の強さの相対的な程度の違いであり，「貢献」を一元的に権利の基礎と考えることができるのではないかと思われる．

4.1.2　「貢献を前提とした制度」から「貢献を支援する制度」への変化

また，日英両国の所得保障制度史においては，「貢献を前提とした制度」から「貢献を支援する制度」への変化を見て取ることができる．イギリスでは，新救貧法の時期でも，所得保障制度体系の下においても，就労している状況と社会保障給付を受給している状況は完全に区分され，就労しながら受給するということは考えられず，したがって就労能力のある者が給付に値するとはされなかった．わが国においても，就労していない者のみを年金制度の給付対象者とする取り扱いが長く続き，生活保護においては就労できる者に対する給付を抑制してきた．これらは，就労能力のある者は働こうとすれば安定した雇用が得られることが前提とされていたためであると考えられる．

一方，1980年代以降においては，就労している低所得者に対しても所得保障給付を補完的に支給したり，社会保険年金においても年金を受給しながら就労することを認める制度設計になり，就労するほど手取り収入が増えるような就労支援的な設計が行われるようになってきた．これは，失業の増大等の経済社会の変化により，就労能力があっても必ずしも安定的な雇用を得て生活保障が得られる状況でなくなったので，就労を前提とすることができなくなり，就労の義務を果たすべく努力さえすれば給付に値する者とみなされることになって，給付の対象となるようになったためである．老齢年金における就労しながらの受給も，老齢年金給付に対する圧力を減じるために高齢者の就労を支援するものとしてとらえることができる．また，就労に基づく拠出がしやすくなるように，拠出の上限を考えた設計や私的年金の支援なども行われるようになってきた．このように，就労を所得保障の権利の基礎と考える中で，当初の，就労を「前提」として所得保障を考えていたものから，近時は就労を「支援」する制度設計になってきたと解することができる．

4.1.3 「就労」から「貢献」への拡大

所得保障の権利の基礎の中心には，就労があったと見ることができる．一方で，特に近時においては，社会保険において育児・介護期間も保険料を払ったものとして取り扱われたり，公的扶助の給付の要件となる就労努力活動にはボランティア活動が含まれるようになるなど，より広い範囲の社会に貢献する活動を雇用と同様に取り扱うようになってきている．

社会保障の権利の基礎についても，狭く有償労働とそれに基づく拠出のみと考えるのではなく，育児・介護やボランティアなど広い範囲の社会貢献行為を評価し，含めることにより，「貢献」としてとらえる必要があるのではないかと考えられる．

4.1.4　社会保障一般の権利の基礎としての貢献

上記においては，所得保障の制度史から，所得保障の権利の基礎としての貢献を抽出した．一方で，社会保障の中で，現金給付の制度（所得保障）のみならず，現物サービス給付の制度（医療や福祉）も社会に貢献できるようになるための支援としてとらえることができる．病気や要支援状態にあることにより社会に貢献できないでいる状況にある人に対し，医療や福祉のサービスを提供することによって，社会に貢献できるようになることを内容とするサービスだからである．このように考えると，「貢献」は社会保障共通の権利の基礎としてとらえることができると考えられる．

4.1.5　貢献に基づく権利を語る意義

貢献に基づく社会保障の権利を論ずる意義は，受給権の裏には拠出や雇用などの貢献義務があることに着目することによって，社会保障についてそれを支える側からの見方ができるようになることである．より具体的には，

①社会的ニーズのある者を支援するための負担能力のある者の支援義務を根拠づけ，従来の連帯基盤が脆弱化しつつある中で，何故支援するのかという新たな連帯の根拠とするとともに，給付を受ける側だけではなく支援を行う側から見た

社会的支援（保険料拠出，個別支援，就労努力支援など）のあり方を論じていくのに役立つ．

②1980年代以降の低成長経済と少子高齢化で負担増大は避けられない状況の中で，受給する者が貢献する者になれるように支援するための貢献行為という目的から考え，負担と給付の水準・内容・手続・制度体系を受給者と負担者の双方が納得できるものにするという規範的含意がある．

③雇用と家族の不安定化によって，安定的雇用を前提とすることができなくなった現在，就労や育児などの社会的貢献ができるようになるように社会保障で支援することで，就労や育児ができる社会を「前提」とするのではなく，そのような社会を作り上げていくように「支援」するとともに，社会保障を受給するという単に受身の立場ではなく，貢献する行為によって参加し，社会保障をつくっていくという積極的な立場に立つことを重視し，社会保障の主役を国家ではなく人間の側に取り戻す，という狙いがある．

④社会保障の実際の制度の多くは，静的な権利の基礎づけだけでは説明しきれない．拠出に基づく社会保険や契約に基づく私的保険との公私分担も含めて広く社会保障制度を論ずるためには，貢献から論じることが不可欠である．

4.1.6　これまでとは何が違うか

このように貢献を社会保障の権利の基礎と位置づけることによって，これまでとは何が異なってくるだろうか．

これまでの社会保障の理念論では，ニーズのある受給者には生存権がある，あるいは自律して生きる権利があるために，国や社会はその権利を実現するために給付のための負担を行わなければならないとされていた．いわば，要支援者に受給する権利があるから，支援者には自動的に（反射的・受動的に）支援の義務があるとされており，支援者が支援のために負担しなければならない理由が今ひとつ明確でなかったように思われる．これに対し，貢献を基礎として考えると，要支援者の貢献する権利と支援者の貢献支援の義務が，同じ貢献行為の対照的な双方向の働きかけとしてとらえられることになり，積極的支援の契機を位置づけることができるのではないかと考えられる．

支援される側の人（要支援者・個人）には，雇用，育児・介護，非営利活動などの形で社会に貢献する権利があり，支援する側の人（支援者・社会）には対照的に，要支援者が社会貢献できるようになるために，衣食住，医療や福祉サービス，雇用支援サービスなどを提供する形で（具体的には負担の形で）貢献を支援する義務があると考えられる．支援者の支援自体も貢献行為であり，要支援者は支援されることによって貢献行為ができるようになり，支援者と要支援者の立場は常に入れ替わりうる．要支援者が貢献できるようになることによって支援される側から支援する側に回れるようにするための支援であるために，支援者もその支援義務を理解し，負担を甘受することができる．反対に，要支援者もその能力の限りにおいて積極的に貢献行為を行う義務を有する．このようにとらえることができる．

4.2　検　討

以下においては，「貢献」を社会保障の権利の基礎と考えた場合に論点となると思われる事項に関し，検討を加えていきたい[28]．

4.2.1　貢献を論じる意義

貢献の理念は，イギリス等において近時見られるようになった，公的扶助の受給要件として要支援者の求職活動など就労努力義務を厳しく求める制度や，それを支える契約的福祉権論から抽出して手がかりとしたものであるが，要支援者の貢献を給付の要件とすることで，貢献をしない場合に給付を制約することを目的とするものではない．社会保障給付を支えるためには，保険料や税の拠出による負担が必要であることに着目し，こうした支援者の支援義務を位置づけるためのものであり，むしろ，負担に理解を得ることで要支援者が貢献できるように支援するための給付を確保・拡充しようとするためのものである．

近時の制度改正動向を見ると，社会保障給付（特に公的扶助）において就労努力要件を強化するとともに，ジョブセンターなどによるケースワークや就労経験の機会を提供する事業など，就労を支援するためのサービスを積極的に提供するようになっている．このような給付における就労要件と就労支援サービスの関係

28）　本節においては，西村［2013］の総括章および「おわりに」において，貢献に基づく権利について論じたことに対し，その後いただいたご批判・コメントを踏まえて検討したことをまとめている．ご批判・コメントをいただいた先生方に感謝したい．

は，前者は要支援者に受給の権利を与えるとともに就労努力義務を課すものである一方，後者は権利義務とは無関係に国がサービスを提供するものであるととらえるのではなく，給付において要支援者の就労要件があるために，それに対応して国に就労支援サービスを提供する義務があるとして，対照的にとらえるべきであり，その共通の規範的基礎として貢献を位置づけるべきものと考えられる．

4.2.2 貢献の定義・範囲

社会保障の権利の規範的基礎としての貢献は有償労働だけでなく，育児・介護やボランティアなどを含め広く社会貢献行為としてとらえる必要があり，近年の制度改正動向もそうした広い社会貢献行為を促進するようになっている．一方で範囲を広げすぎると概念が曖昧になり，法概念として論ずる意味が希薄になるので，個々人の能力に応じた何らかの「行為」を行うことを貢献ととらえるべきである[29]．その場合，その人の能力に応じて行為を行うことが重要であり，行為を行った結果社会にどれだけの利益をもたらすかというよりも，能力に応じた行為を行うという過程そのものが評価されるべきであると考えられる．

貢献を上記のようにとらえることによって，「重度障害者には貢献は困難であるから，貢献を社会保障の権利の基礎とすることは，重度障害者に給付の権利を認めないことにつながるのではないか」という批判に対しても，重度障害者の権利を尊重する方向で解決できると思われる．重度の障害がある人であっても，その能力に応じた社会貢献行為があると考えられるからである[30]．重度障害者を例外とし，何らの貢献行為も求めないとすることは，貢献する権利も認めないということになり，適当でないと思われる[31]．

29） その意味で，単に共同体の一員として存在しているだけでも，社会の構成員として社会と関わりを持ち，広く何らかの貢献をしていると解することもできるとした西村［2013］, p. 275，の記述は改められるべきである．

30） 糸賀［1968］, p. 175は，脳性小児麻痺の子が，保母がおむつの交換に来ると全力をふりしぼって腰を少しでも浮かそうと努力する姿を紹介している．

31） その意味でロールズの障害者を正義論の構想から除外する考えは適当でない．センやヌスバウムの潜在能力の考え方を活かして障害者の権利を認める考え方は，上記の考え方に近い．

4.2.3　制度設計との関係

このような考え方と，社会保険方式か税方式かの制度設計との関係をどのように考えるべきであろうか．貢献を社会保障共通の権利の基礎であると考えれば，貢献行為と給付の牽連性がより明確である社会保険制度が望ましいということになる．ただし，貢献行為と給付の関係（条件性，同時性，等価性）が弱い場合には，社会保険方式は理解を得られにくくなる．例えば，貢献行為を行えなくなった時に最低保障給付を受けるという公的扶助や福祉的給付は，社会保険方式になりにくい．また，医療・介護などの現物サービスが社会保険方式であるかどうかについて各国で異なっているのは[32]，ニーズに対する給付の程度が明らかで，貢献（拠出）の程度との比例性が無いため，貢献行為との牽連性がどの程度強い制度にすべきかについての判断が分かれているためであると考えられる．

4.2.4　歯止め

貢献を権利の基礎と考えることは，社会保障給付の権利の目的が明確になるとともに，支援義務の契機となるという意義がある一方，弱者の権利を損ないかねないという問題点がある．貢献が困難な人の受給権が損なわれる，低賃金労働しかできなかったり，どうしても就労できない人が出てきてしまう，就労要件に関して専門家や行政の裁量が増大してしまう，などのおそれがあるのである[33]．貢献に基づく権利を主張することによるこうした問題点に対応するためには，次のような点を押さえておくことが重要であると考えられる．

第１に，個人の権利は義務に先行する（権利が守られてはじめて義務が課される）と考えるということである[34]．具体的には，社会保障給付の受給の権利は貢献の義務に先行すると考えることである．就労努力要件付きの公的扶助の場合でも，就労努力義務を果たさなければ給付の権利が生じないと考えるのではなく，

---

32)　例えば，医療についてはイギリスは税方式，フランス・ドイツ・日本は社会保険方式，介護についてはイギリス・フランスは税方式，ドイツ・日本は社会保険方式である．

33)　排除や恣意的支配などの危険も指摘されている．西原［2009］, p. 71；笹沼［2008a］, p. 30，を参照．

34)　White［2003］, p. 91は，極度の貧困からの脱却や雇用機会を提供されるというような分配的公正が満たされてはじめて社会に貢献する義務が生じると考えるべきであるとし，それを「公正な相互性」(fair reciprocity）と呼んでいる．

義務履行の条件としてまず給付の権利が満たされることが求められる．つまり，ニーズに基づいて給付の権利は生じるが，その受給のための手続きとして就労努力を果たす必要があるもの，と考える必要がある．

第2に，受給者の受給の権利は負担者の貢献の義務に対応する一方，受給者の貢献の義務は負担者が貢献を求める権利とは対応しないということである．具体的には，受給者が社会保障給付を受給する権利を得るためには，負担者がその費用を負担する義務が生じる．一方で，受給者が公的扶助の受給の要件として就労努力の義務を果たさなければならない場合でも，負担者の側に受給者がそのような義務を果たすことを求める権利があるというわけではない，ということである．

第3に，貢献と受給の間の条件性・同時性・等価性を緩やかに考えることである[35]．具体的には，就労努力要件付き公的扶助について，受給に当たって就労努力という貢献の義務を果たすことが求められるものの，就労努力をすることができないような状況がある場合には，義務を果たさないからといって即座に支給停止にするのではなく，就労努力をすることができるようになる機会を待つことが求められる（条件性と同時性を緩く解する）．また，社会保険においても，貢献（拠出）と受給は対価的に同等のものである必要はなく，社会保険内部における再分配を認めたり，育児期間は拠出したものとみなすなど事前の拠出を広く解釈して給付を行うように設計するべきである．

第4に，個人が貢献できることを前提とするのではなく，貢献を支援により達成されるべきものとして考えることである．個人は多様であり，様々な理由で貢献できない者が存在する．貢献できることを当然視し，貢献できない者には権利を与えないというのではなく，支援することにより能力に基づいた貢献ができるようにすると考えるべきである．

第5に，貢献には就労だけでなく広い範囲のものを考えるということである．育児，介護，奉仕活動など広いものが含まれるものと考え，就労に限らず権利の基礎とするという考え方が求められる．

第6に，受給者の権利を守るための法的手続きを確立することである．貢献と給付の相互性に基づく制度は，個人の事情を踏まえたケースワークに基づき，専門家が広範な裁量を行使したり，受給者との合意や契約に基づいて運営されるの

35） Goodin [2002], pp. 579-596. 秋元 [2010], p. 98, がこの議論を紹介している．

で，従来のような法的な基準の明確化と司法・準司法機関による行政裁量の統制手続きにより権利を守ることができない．適正な手続きの確保や，定期的・非定期的な検査によりサービスの質の確保をはかるなど，民間商品における品質管理的な手法も取り入れた新たな権利擁護の仕組みが確保される必要がある．

5　法学的位置づけ

5.1　社会保障法理論との関係

わが国の社会保障法学においては，近時，社会保障の法理念をめぐる議論がさかんに行われている．菊池馨実は，憲法25条の生存権にのみ社会保障の規範的基礎を求めてきた従来の議論に対し，社会連帯を社会保障法の基本原理ととらえる見解[36]があることを指摘したうえで，自身は社会保障の目的を自律した個人の主体的な生の追求による人格的利益の実現のための条件整備としてとらえ，憲法との関係では13条に規範的根拠を置く，個人的自由の確保（最近は「自律の支援」と言い換えている）に着目した自由基底的社会保障法理論を展開している[37]．

このような社会保障の法理念をめぐる議論との関係では，「貢献に基づく権利」を論ずる意味は，次のように考えられる．

生存権論は，社会保障の法関係を国家から国民に対する一方的な給付関係としてとらえがちであり，個人を保護されるべき客体として位置づける見方につながった[38]．働こうとしない者に生存権は及ばないというのが学説上の整理ではあるが[39]，戦後の生存権の議論は，何らの貢献とは無関係に社会の一員として存在しているだけで無条件に給付の権利が与えられるべきであるというような論じ方をしてきており，拠出負担や就労という個人の社会への働きかけとの関わり

36）　高藤［1994］, p. 22以下；堀［2004］, p. 99以下など.

37）　菊池［2000］, 第3章；同［2010］, 第1章第3節を参照.

38）　菊池［2000］, p. 139.

39）　憲法第25条の創設時においては生存権は勤労の義務と同時に導入された．働く意欲を持たず働かない者に生存権に保障は及ばないとするのは通説となっている（後掲注48）参照）.

が見えなくなっている．これに対し，「貢献に基づく権利」を論ずることで，個人が積極的・能動的な主体性を回復する視点を持つことができる．

また，社会連帯論は，社会保障は単に国と個人の縦の関係ではなく，社会構成員の間の横の関係に基づくという新しい視点を示したという意義を有するものの，わが国においては社会全体の利益の中に個人を埋没させ，個人の自由ないし自律を抑圧する危険性をはらんでいるとともに，連帯の社会的基盤自体が脆弱化している中で，社会連帯の理念の存在を所与の前提とすることができない状況にある[40]．これに対し，「貢献に基づく権利」を論ずることで，社会貢献によって個人が主体的に社会に参加し，連帯を作り上げていくという社会保障の動的なとらえ方をすることができる．

さらに，自由基底論は，「貢献」を下位原則の１つとしており，「貢献に基づく権利」をも含んでいる考え方であるが[41]，個人の自由の保障を社会保障の指導的理念とすることで，必然的に社会の側に個人の自律を支援する義務が生じるとするところに，不明確さがあると言えないでもない．また，個人の自由を尊重するために，社会保障給付の水準をミニマム・レベルのものにしてしまうことにつながりかねない[42]．これに対し，「貢献に基づく権利」を論ずることで，貢献をより強調することによって，個人が社会を作っていく契機を強調するとともに，個人が社会貢献できるようになるための社会の側からの支援義務（すなわち弱者が社会貢献できるように支援する強者の貢献義務）を明確に導くことができるようになるとともに，要支援者が貢献できるようになるための社会保障の充実に寄与すると思われる．

5.2　憲法理論との関係

5.2.1　憲法第25条１項と２項の関係

社会保障の権利の基礎を貢献に置き，要支援者の貢献の権利と支援者の貢献支援の義務を位置づける時に，憲法第25条１項と２項の関係が問題になる．

周知のように，憲法第25条１項と２項の関係については一体論と分離論があ

40）菊池［2010］, p. 37.

41）菊池［2010］, p. 20.

42）菊池は，同書において，年金制度の２階部分や医療の予防給付に消極的な見解を述べている．

る[43]．堀木訴訟控訴審判決や松本訴訟控訴審判決などは分離論を採り，１項に基づく救貧施策と２項に基づく防貧施策に分けて，防貧施策については広く立法府の裁量を認めている．社会保障法学説では分離論が有力であり，例えば，堀勝洋は１項は最低保障として国に強い義務がある一方，２項はより広い目的についての努力義務を定めたものと解し，分離論に立っている[44]．

一方，憲法学説では一体論が通説であり，１項は目的を２項はその達成のための方法を定めたものと解している[45]．国民の主観的権利としての生存権を直接定めているのが１項で，１項の健康で文化的な最低限度の生活を営む権利の中に，最低限度の生活とより快適な生活の保障を求める権利の両方が含まれ，２項は１項の国民の権利に対応した国の責務を定めたものと解する[46]．要支援者の貢献の権利と支援者の貢献支援の義務を関係づける私も，同様に一体論を採り，１項は権利を定め，２項はそれに対応した国の義務を定めたものとし，１項の中に最低生存水準と貢献可能水準の双方が含まれると解したい．

5.2.2　憲法第25条の生存権と憲法27条の勤労の義務との関係

憲法第27条の勤労の義務は第25条の生存権と密接な関係がある．憲法制定時には，第25条の生存権と第27条の勤労の義務は表裏一体のものとして同時に国会修正によって挿入された[47]．働く能力があり，機会があるにもかかわらず働こうとしない者に対して生存権の保障は及ばないとするのは通説となっている[48]．憲法は経済活動の自由を前提としており，自己の生存は自己の勤労により確保するというのが基本原則であるから，まず勤労の権利が保障されなければならず，第２の政策として生存権が働くとも整理されている[49]．このように，憲法第25条の生存権を第27条の勤労の義務と結びつける考え方は，従来の憲法第25条に基づきもっぱら給付の権利のみを強調する考え方の下では明確に議論されてこな

43）堀［2004］, p. 146以下を参照.
44）同旨，菊池［2000］, p. 32；西村［2003］, p. 39；岩村［2001］, p. 35.
45）佐藤［1977］, p. 18.
46）中村［1976］, p. 14.
47）葛西［2011］, p. 20.
48）宮沢［1971］, p. 330；小林［1980］, p. 275.
49）高橋［2010］, pp. 283-284.

かったものの，けっして従来の憲法学上の考え方と整合しないものではないものと考えられる[50]．

5.2.3　その他の義務規定等との関係

社会保障の権利について，第25条（生存権）のみならず，第13条（国民の権利の総論的規定）・第14条（平等権）との関係が論じられているが[51]，さらに，特に義務・権利制限に関する諸規定である第12条（国民の義務の総論的規定）・第27条（勤労の権利と義務）・第29条2項（公共の福祉による財産権の制限）・第30条（納税の義務）の規定も生存権を支えているのではないかと考えられる．

6　規範理論との関係（思想的位置づけ）

6.1　シティズンシップ論と契約的福祉権論

T.H.マーシャルのシティズンシップ論は，現在でもイギリスをはじめ英語圏諸国の社会保障法学における権利の根拠論としてよく用いられている[52]．マーシャルは，1950年に刊行された『シティズンシップと社会的階級』[53]で市民的・政治的・社会的の3つのシティズンシップをあげ，そのうち社会的シティズンシップの実現方法の中核を占めるのが社会保障であるとした．マーシャルは，シティズンシップを，「ある共同社会の完全な成員である人々に与えられた地位身分（status）」であると定義し，「この地位身分を持っているすべての人びとは，その地位身分に付与された権利と義務において平等である」「すべての人が社会の完全な成員として，つまりは市民として受け入れられるべきだという要求を意味している」と述べており，マーシャルの言うシティズンシップの本質は，生活の権利を保障することで社会に統合していくことであるとわかる．マーシャルは，シティズンシップという地位身分に由来する義務についても言及しているが，納税と保険料拠出，教育と兵役のほかについては，明白なものではなく，「卓越した

50）　菊池［2010］同旨．これに対する批判として，笹沼［2008b］, p. 31.
51）　菊池［2010］, 堀［2004］参照.
52）　Harris［2000］, p. 20；Carney［2006］, p. 76など.
53）　Marshall［1950］. 以下の引用は，訳書［1993］による.

意義を持つのは労働の義務である」としながらも，労働は完全雇用の下では容易に達成でき，勤勉さを測る基準はかぎりなく弾力的であるから，労働の義務感覚を再生させるのは困難であるとしていた．

その後，1990年代以来，シティズンシップを「社会の成員としての地位」よりも「成員としての社会への貢献」から読み直す議論がさかんになっている[54]．マーシャルはそのシティズンシップ論において，権利と義務のバランスを重視していたにもかかわらず，従来の福祉権論においては，もっぱら給付の権利付与の側面が強調されていた．これに対し，近年のシティズンシップ論においては，権利の見返りとしての義務を強調する議論がさかんになっているのである[55]．

これを具体的な制度に即して論じたものが，福祉への依存の減少と社会的排除との戦いを目指して，給付の権利と市民の義務の相互性を強調する契約的福祉権論（welfare contractualism）であり，1980年代以降現在までのイギリスやオーストラリアなどの実際の制度改革にも大きく影響してきている．受給の見返りとして社会に対する何らかの貢献を果たすことを求めるもので，とりわけ，社会保障の受給の要件としての就労努力義務の強化，就労努力をしない受給者への支給制限，積極的な就労促進策の推進などが進められている[56]．

6.2　正義論と社会保障の根拠づけ

社会保障の根拠づけとして言及されることが多くなっているものとして，個人の自由な生き方を前提としつつ，社会的公正を重視する，ロールズ，セン，ドゥオーキンなどのリベラリズムがある．これに対し，私的所有権を重視し政府の干渉を否定するリバタリアニズム[57]，共同体の価値と役割を重んじるコミュニタリアニズム[58]，個人の倫理的に卓越した自律的な生き方の追求の促進のために

54）　前掲注26）参照．

55）　シティズンシップについては，わが国の憲法学や社会保障法学における議論でも言及されるようになっており，排除との関係で包摂を扱ったもの（西原博史，遠藤美奈，伊藤周平，秋元美世，笹沼弘志など），政治参加を扱ったもの（辻村みよ子，佐藤潤一など），個人消費者や契約性を扱ったもの（伊藤周平，秋元美世など）があるが，政治学における議論と異なり，義務について正面から取り扱ってはいない．

56）　具体的な政策については西村［2013］を参照．

57）　ハイエク，ノージックなど．

58）　ウォルツァー，サンデルなど．

国家が積極的な役割を果たすべきであるとする卓越主義的リベラリズム（または社会参加による公共性を重視する公民的共和主義）[59] の批判があり，正義論をめぐる論争がさかんになっている[60].

このうち，社会保障の根拠づけとしては，社会保障を個人の自由の追求の条件整備をはかるものとする自由基底的社会保障法理論はリベラリズムと，国民の横の連帯を重視し多様な社会保障の法主体の存在を認識する社会連帯論はコミュニタリアニズムと親和性があると考えられる．これに対し，「社会保障の権利の基礎としての貢献論」は，卓越主義的リベラリズム（または公民的共和主義）に親和的であるように思われる[61].

6.3 承認論と社会的包摂論

社会保障に関する規範理論として，近時，承認の理論が注目されている．ロールズやセンを代表とする再分配の規範理論に対し，承認の理論では，自己と異なる他者を尊重することを重視する[62]．チャールズ・テイラーやアイリス・マリオン・ヤングによる，人種と性の差別など，経済的不平等と必ずしも直接の関連を持たない少数集団の承認を求めるものが多いが，肯定的な自己の確立を求める闘争としてより一般的な承認理論を完成したアクセル・ホネットの承認論は，社会保障との関係で近時特に注目されている[63].

ホネットは，愛の関係，法的権利，連帯的同意の３つの承認形式をあげている[64]．第１の承認形式は，家族などの親密な人たちによる感情的な配慮・気遣い（愛，ケア）であり，個人は個体として承認され，それによって自己信頼を得られる．第２は，法により１人の人格として認められる法的権利関係であり，そ

59） ラズ，塩野谷祐一など.

60） さしあたり川本［1995］，ウルフ&ヒッティンガー［1999］を参照.

61） 公民的共和主義は憲法学・政治学でも取り上げられるが，政治参加のみを取り上げがちであり，労働による社会参加については論じられないことが多い.

62） ナンシー・フレイザーは，ホネットとの「再配分か承認か？」論争を通じて，承認のみならず再分配の重要性を指摘しているが（ホネット&フレイザー［2012］），ジェンダー間の経済的平等の実現を目指す再配分的正義論と，女性に固有な文化を求める承認的正義論の連帯が「中断」されていることを指摘し，承認論の重要性を提起したのはフレイザーであった（フレイザー［2003］）.

63） 山森［1998］，武川［2007］，宮本［2013］，中村［2014］を参照.

64） ホネット［2014］.

れによって自己尊敬が得られる．第3は，共同体から建設的価値ある能力を持った人格として認められる社会的価値評価（連帯）であり，それによって自己評価が与えられる．この業績原理に基づく社会的価値評価は，何よりもまず社会的労働によって獲得されるもので，承認論の中心を占めるものである．これらは，それぞれケア，衣食住と自由，労働の3つの承認欲求に対応するものであり，社会保障は，これら3形態の承認を支援するものであると解することができる．先の議論との関係では，第2のものが地位に基づく権利であるのに対し，第3のものは貢献に基づく権利に近いものであると考えられる[65]．このような社会の承認を重視する議論は，個人の自立を重視した議論に比べて，承認される個人だけでなく承認する側が登場することになるため，支援の契機が現れる点に意味がある．

これを具体的な制度に即して論じたものが，社会的包摂（social inclusion）論である[66]．社会的包摂の政策は，貧困を単なる低所得ではなく社会的排除としてとらえ，それへの対応として現れたもので，もともとはフランスの概念であるが，イギリスでは1990年代後半からの労働党ブレア政権において用いられ，「社会的包摂ユニット」の創設や就労促進的な社会保障政策の推進につながった[67]．

7　具体的な制度設計への規範的含意

それでは，貢献を権利の基礎に置いて社会保障をとらえなおした場合には，社会保障の具体的な制度設計内容へはどのような含意が見えてくることになるだろうか．ここでは，「貢献支援原則」「多様性原則」「納得原則」の3つから論じてみたい．

65）なお，ケアだけを取り上げるケア論（ギリガン，キティなど）は依存者への一方的な支援になりがちである．生存権論が受給者の権利に偏っていると同様にケア論は支援者の義務に偏っていて，いずれも受給者は受動的にならざるをえなくなるという問題があると考えられる．

66）包摂論と承認論の関係は，武川［2007］，宮本［2013］，岩田［2008］などが論じている．

67）イギリスの政策については西村［2013］を参照．

7.1 貢献支援原則

社会への貢献は，社会保障給付の受給の権利の条件であるのみならず，貢献できるようになるように支援することこそが給付の目的である．そのような目的に合うような給付と負担となるように，社会保障の範囲と水準が決定されるべきである．

具体的には，まず，給付の内容と水準は，最低生存保障を超えて，受給者が社会に貢献できるようになるための支援としてふさわしい水準であり，内容であるべきだということである．年金で言えば，水準的には最低保障水準を超え，所得比例の拠出によってそれに対応した給付水準を確保し，内容的には就労支援につながるような就労促進的な設計になっている必要がある．

また，社会貢献できるようにするための支援という観点からは，年金など高齢者を中心に就労できなくなった場合の事後的所得補塡という性格を持つ現金給付よりも，就労できるように予防・回復するための医療等の現物給付を，そして将来の社会貢献の可能性の高い児童への給付を優先すべきだということになる．

7.2 多様性原則

貢献は個人の事情に応じた多様なものであるべきであり，そのような貢献ができるように支援するべきである．

具体的には，まず，保険料の拠出，職業訓練の受講など就労の努力，在宅での育児や介護，非営利活動など多様なものが社会貢献として認められるべきであり，保険料の拠出や就労のみならず，多様な形での貢献を広く考慮するべきである．特に，在宅での育児や介護は，前後の世代のケアという，それがなければ社会で対応しなければならないことを行っているという意味で，就労と同様に社会貢献として考慮し，社会保険における保険料の拠出や公的扶助における就労努力をなしたものとみなすべきである．

また，就労支援は，個別の事情に応じたサービス支援という観点から，類型に応じた一律の現金給付よりも，個々の事情に応じて必要な支援を行うソーシャルワークの手法を活用したサービスを重視するべきである．具体的には，生活保護の自立支援プログラムを拡充するとともに，生活保護受給以前の生活困難者にも拡大し，求職者支援制度におけるケースワークとあわせて運用することが必要である．また，このような個別支援が分断された形にならないよう，地域における包括的なサービスのネットワークを確立することが求められる．

7.3　納得原則

社会保障の給付と負担は，貢献を支援するものとして納得できるものであるべきである．

具体的には，まず，貢献（拠出）と給付の相互性がより明確である社会保険を制度体系の中心にすべきだということである．一方で，負担する側に理解される必要があることを考えると再分配には自ずから上限があると考えるべきであり，支援される（受給する）する側の生活水準が，支援する（負担する）側の生活水準を超えるようなことは適切でない．就労して負担する者の税・社会保障負担後の手取り収入額は，受給者の手取り収入額を超えるように設計するべきである．

また，貢献に応じた給付であることを明確にし，負担と給付に納得を得るためにも，個人勘定を設けて拠出立て的な説明を行い，個人の持分を明らかにすることや，個人の選択により契約により給付を受ける準市場的な説明を行うことの活用が有効になっている．このような説明は，公私分担によりニーズに対応することと親和的である．

さらに，貢献による給付としての納得を得るためには，損得を明らかにすることではなく，貢献がどのように給付につながっているかを明らかにする必要がある．そのためには，手続きを透明にすること，公平性を追求すること，選択の機会を認めること，ミクロとマクロの政策決定への参加の機会を設けること，などが不可欠であると考えられる．

8　おわりに

本章では，年金，さらに社会保障の権利の基礎として，従来の生存権論を乗り越え，負担も視野に入れたものとして「貢献」を置き，「貢献を支援」する社会保障を作りあげていくことを提案した．なお，貢献を社会保障の権利の基礎と考えた場合の年金，医療，福祉など社会保障制度各分野の具体的制度設計のあり方や，規範理論および憲法理論との関係のより厳密な整理については，今後の課題としたい．

【参考文献】

秋元美世［2010］『社会福祉の利用者と人権――利用関係の多様化と権利保障』有斐閣.

石井健司［2010］「シティズンシップと福祉国家」藤原孝・山田竜作編『シティズンシップ論の射程』日本経済評論社.

糸賀一雄［1968］『福祉の思想』NHKブックス.

岩田正美［2008］『社会的排除――参加の欠如・不確かな帰属』有斐閣.

岩村正彦［2001］『社会保障法Ｉ』弘文堂.

ウルフ, C.& J. ヒッティンガー［1999］『岐路に立つ自由主義――現代自由主義理論とその批判』ナカニシヤ出版.

大友信勝［2000］『公的扶助の展開』旬報社.

葛西まゆこ［2011］『生存権の規範的意義』成文堂.

亀山俊朗［2007］「シティズンシップと社会的排除」福原宏幸編『社会的排除／包摂と社会政策』法律文化社.

川本隆史［1995］『現代倫理学の冒険――社会理論のネットワーキングへ』創文社.

菊池馨実［2000］『社会保障の法理念』有斐閣.

菊池馨実［2010］『社会保障法制の将来構想』有斐閣.

小林直樹［1980］『憲法講義（上）』（新版）, 東京大学出版会.

小山進次郎［1959］『国民年金法の解説』時事通信社.

笹沼弘志［2008a］『ホームレスと自立/排除――路上に〈幸福を夢見る権利〉はあるか』大月書店.

笹沼弘志［2008b］「社会権保障における憲法学の成果――社会的排除の現実から問う」『憲法問題』19号.

佐藤功［1977］「障害福祉年金と児童扶養手当の併給禁止の違憲性」『社会保障判例百選』（初版）, 有斐閣.

副田義也［1995］『生活保護制度の社会史』東京大学出版会.

高橋和之［2010］『立憲主義と日本国憲法』（第２版）, 有斐閣.

高藤昭［1994］『社会保障法の基本原理と構造』法政大学出版局.

武川正吾［2007］『連帯と承認――グローバル化と個人化のなかの福祉国家』東京大学出版会.

田村哲樹［2007］「シティズンシップ論の現在――互恵性概念を中心に」長谷部恭男ほか編『岩波講座・憲法３』岩波書店.

中村剛［2014］『福祉哲学の継承と再生』ミネルヴァ書房.

中村睦男［1976］「生存権の法的性格」『法律時報』第48巻第５号.

西原博史［2009］『自律と保護――憲法上の人権保障が意味するものをめぐって』成文堂.

西村健一郎［2003］『社会保障法』有斐閣.

西村淳［2000］「年金改革関連法」『ジュリスト』No. 1185.
西村淳［2009］「企業年金制度の現状と課題——適格退職年金の移行を中心に」『ジュリスト』No.1379.
西村淳［2013］『所得保障の法的構造——英豪両国の年金と生活保護の制度史と法理念』信山社.
西村淳［2014］「年金給付の権利の基礎としての就労——日英年金制度史の比較から」『日本年金学会誌』第33号.
フレイザー，ナンシー［2003］『中断された正義』御茶の水書房.
ホネット，アクセル［2014］『承認をめぐる闘争——社会的コンフリクトの道徳的文法』法政大学出版局.
ホネット，A.& N. フレイザー［2012］『再配分か承認か？』法政大学出版局.
堀勝洋［2004］『社会保障法総論』（第2版），東京大学出版会.
宮沢俊義［1971］『憲法Ⅱ』（新版），有斐閣.
宮本太郎［2013］『社会的包摂の政治学——自立と承認をめぐる政治対抗』ミネルヴァ書房.
山森亮［1998］「福祉国家の規範理論に向けて——再分配と承認」『大原社会問題研究所雑誌』No.473.
吉原健二［2004］『わが国の公的年金制度』中央法規出版.
Carney, Terry［2006］*Social Security Law and Policy*, Federation Press.
Deakin, Simon and Frank Wilkinson［2005］*The Law of the Labour Market: Industrialization, Employment, and Legal Evolution*, Oxford University Press.
Goodin, Robert E.［2002］“Structures of Mutual Obligation”, *Journal of Social Policy*, Vol. 31, No. 4.
Harris, Neville［2000］*Social Security Law in Context*, Oxford University Press.
Heater, Derek［1999］*What Is Citizenship?*, Polity Press（田中俊郎・関根政美訳『市民権とは何か』岩波書店, 2002年）.
Marshall, T. H.［1950］*Citizenship and Social Class: And Other Essays*, University Press（岩崎信彦・中村健吾訳『シティズンシップと社会的階級——近現代を総括するマニフェスト』法律文化社, 1993年）.
Plant, Raymond［2003］“Citizenship and Social Security”, *Fiscal Studies*, Vol. 24, No. 2.
White, Stuart［2003］*The Civic Minimum: On the Rights and Obligations of Economic Citizenship*, Oxford University Press.

【執筆者略歴】

西村　淳（にしむら　じゅん）――編著者，第10章

1986年東京大学法学部卒業．2013年早稲田大学大学院法学研究科博士後期課程修了，博士（法学）．厚生労働省勤務を経て，現在，北海道大学公共政策大学院教授．主要著書に，『所得保障の法的構造』（信山社，2013年），『社会保障の明日（増補版）』（ぎょうせい，2010年），『社会保険の法原理』（共著，法律文化社，2012年），『希望の社会保障改革』（共著，旬報社，2009年），『自立支援と社会保障』（共著，日本加除出版，2008年）など．

上村敏之（うえむら　としゆき）――第2章

1999年関西学院大学大学院経済学研究科博士課程後期課程単位取得退学．現在，関西学院大学経済学部教授，博士（経済学）．主要著書に，『公的年金と財源の経済学』（日本経済新聞出版社，2009年），『検証 格差拡大社会』（共編著，日本経済新聞出版社，2008年）など．

金　明中（キム　ミョンジュン）――第6章

2006年慶應義塾大学大学院経済学研究科博士課程単位取得退学．現在，ニッセイ基礎研究所生活研究部准主任研究員，日本女子大学非常勤講師．主要著書・論文に，「韓国における女性の労働市場参加の現状と政府対策――積極的雇用改善措置を中心に」（『日本労働研究雑誌』第643号，2014年），『福祉と労働・雇用（福祉＋α）』（共著，ミネルヴァ書房，2013年），“Precarious Work in Japan,” *American Behavioral Scientist*, Vol. 57, No. 3（共著，2013年），『労働経済学の新展開』（共著，慶應義塾大学出版会，2009年），『地域における雇用創造――未来を拓く地域再生のための処方箋』（共著，雇用問題研究会，2008年）．

四方理人（しかた　まさと）――第3章

2007年慶應義塾大学大学院経済学研究科単位取得退学，博士（経済学）．現在，関西学院大学総合政策学部准教授．主要論文に，「家族・就労の変化と所得格差 ――本人年齢別所得格差の寄与度分解」（『季刊社会保障研究』第49巻3号，2013年），「非正規雇用は『行き止まり』か？――労働市場の規制と正規雇用への移行」（『日本労働研究雑誌』第608号，2011年）など．

関ふ佐子（せき　ふさこ）――第7章

1993年東京大学法学部卒業，1998年北海道大学大学院法学研究科博士後期課程単位取得退学，博士（法学）．現在，横浜国立大学大学院国際社会科学研究院教授．主要著書に『世界の医療保障』（共著，法律文化社，2013年），『新講座社会保障法2 地域生活を支える社会福祉』（共著，法律文化社，2012年），『社会法の再構築』（共著，旬報社，2011年），『高齢者の働きかた』（共著，ミネルヴァ書房，2009年），『希望の社会保障改革』（共著，旬報社，2009年），『エイジフリー社会』（共著，社会経済生産性本部，2006年）など．

田中聡一郎（たなか　そういちろう）――第3章
2008年慶應義塾大学大学院経済学研究科後期博士課程単位取得退学．現在，関東学院大学経済学部講師，修士（経済学）．主要論文に，「高齢者の税・社会保障負担の分析――『全国消費実態調査』の個票データを用いて」（『フィナンシャルレビュー』（共著：四方理人・駒村康平，第115号，2013年），「市町村民税非課税世帯の推計と低所得者対策」（『三田学会雑誌』第105巻4号，2013年）．

常森裕介（つねもり　ゆうすけ）――第9章
2012年早稲田大学大学院博士後期課程修了．現在，武蔵大学非常勤講師，博士（法学）．主要論文に，「社会保障法における児童の自立――アメリカ貧困児童法制の総合的考察」（『社会保障法』第28号，2013年），「生活保護制度における個人情報利用の限界――行政機関個人情報保護法八条の解釈を通じて」（『賃金と社会保障』第1594号，2013年），「働く児童と教育を受ける権利――労働法制における就業と就学の両立に着目して」（『季刊労働法』第246号，2014年）．

福島　豪（ふくしま　ごう）――第5章
2010年大阪市立大学大学院法学研究科後期博士課程所定単位取得後退学，修士（法学）．現在，関西大学法学部准教授．主要著書に，『よくわかる社会保障法』（共著，有斐閣，2015年），『障害法』（共著，成文堂，2015年），『社会保険の法原理』（共著，法律文化社，2012年）．

藤森克彦（ふじもり　かつひこ）――第4章
1992年国際基督教大学大学院行政学研究科修了．同年富士総合研究所（現みずほ情報総研）入社．ロンドン事務所駐在（1996～2000年）を経て，現在，みずほ情報総研主席研究員，2011年日本福祉大学より博士（社会福祉学）．主要著書に，『単身急増社会の衝撃』（日本経済新聞出版社，2010年），『構造改革ブレア流』（阪急コミュニケーションズ，2002年）．

丸谷浩介（まるたに　こうすけ）――第8章
1998年九州大学大学院法学研究科博士課程退学，修士（法学）．現在，佐賀大学経済学部教授．主要論文に，「失業労働法の今日的意義――求職者法試論」（良永彌太郎・柳澤旭編『労働関係と社会保障法』法律文化社，2013年），「イギリスにおける年金支給開始年齢の引き上げと『定年制』の廃止」（『海外社会保障研究』第181号，2012年）など．

山田篤裕（やまだ　あつひろ）――第1章
1999年慶應義塾大学大学院経済学研究科博士課程単位取得退学．現在，慶應義塾大学経済学部教授，博士（経済学）．主要著書に，『最低生活保障と社会扶助基準』（共編著：布川日佐史，『貧困研究』編集委員会，明石書店，2014年），『労働経済学の新展開』（共編著：清家篤・駒村康平，慶應義塾大学出版会，2009年），『高齢者就業の経済学』（共著：清家篤，日本経済新聞社，2004年）．

雇用の変容と公的年金
法学と経済学のコラボレーション研究

2015年5月7日発行

編著者――西村 淳
発行者――山縣裕一郎
発行所――東洋経済新報社
〒103-8345 東京都中央区日本橋本石町 1-2-1
電話＝東洋経済コールセンター 03(5605)7021
http://toyokeizai.net/

装 丁……………吉住郷司
D T P……………丸井工文社
印 刷……………丸井工文社
製 本……………東京美術紙工業協同組合
編集担当…………村瀬裕己

Printed in Japan ISBN 978-4-492-70141-6